"十四五"职业教育国家规划教材

新能源汽车技术

（第二版）

主　编　陈　新　潘天堂

副主编　卞荣花　张凤娇

　　　　孙彭城　王　建

南京大学出版社

图书在版编目（CIP）数据

新能源汽车技术/陈新,潘天堂主编. —2版. —
南京：南京大学出版社,2022.2(2024.7重印)
ISBN 978-7-305-25370-6

Ⅰ. ①新… Ⅱ. ①陈… ②潘… Ⅲ. ①新能源—汽车
—高等职业教育—教材 Ⅳ. ①U469.7

中国版本图书馆 CIP 数据核字(2022)第 032081 号

出版发行　南京大学出版社
社　　址　南京市汉口路 22 号　　　　邮　编 210093
书　　名　新能源汽车技术
　　　　　XINNENGYUAN QICHE JISHU
主　　编　陈　新　潘天堂
责任编辑　吴　华　　　　　编辑热线　025-83596997
照　　排　南京开卷文化传媒有限公司
印　　刷　南京人文印务有限公司
开　　本　787 mm×1092 mm　1/16　印张 16.25　字数 395 千
版　　次　2022 年 2 月第 2 版　　2024 年 7 月第 4 次印刷
ISBN　978-7-305-25370-6
定　　价　49.80 元

网　　址：http://www.njupco.com
官方微博：http://weibo.com/njupco
微信公众号：njupress
销售咨询：(025)83594756

扫一扫可免费获取
教学资源

＊版权所有，侵权必究
＊凡购买南大版图书，如有印装质量问题，请与所购
　图书销售部门联系调换

前　言

积极稳妥推进碳达峰碳中和。实现碳达峰碳中和是一场广泛而深刻的经济社会系统性变革。自我国提出"力争2030年前实现碳达峰，2060年前实现碳中和"（以下简称"双碳"）战略目标后，发展新能源汽车成为我国实现"双碳"目标的重要路径。

国务院办公厅印发的《新能源汽车产业发展规划（2021—2035年）》提出，到2025年，新能源汽车新车销售量达到汽车新车销售总量的20％左右。到2035年，纯电动汽车成为新销售车辆的主流，公共领域用车全面电动化，燃料电池汽车实现商业化应用，高度自动驾驶汽车实现规模化应用，有效促进节能减排水平和社会运行效率的提升。随着新能源汽车保有量的增加，为了培养新能源汽车领域的高素质、技能型人才，我们结合当前职业教育教学特点，精心编写了本书。

本书遵循职业教育规律，充分考虑汽车服务行业、企业的职业岗位能力需求，采用任务引领方式，贯彻理论与实践一体化教学模式，突出以能力为本、以学生为中心的原则，对新能源汽车的学习内容进行整合，确定明确的学习目标，通过本书学生可自主完成学习任务，教师起到任务的引领者与指导者作用即可。

全书共设置6个学习单元，包括新能源汽车基础认知、电动汽车类型、电动汽车技术、替代燃料汽车类型、替代燃料汽车技术、太阳能汽车。重点介绍了电动汽车用动力电池、电动汽车用电动机、纯电动汽车、混合动力电动汽车和燃料电池电动汽车的结构、原理等；对天然气汽车、液化石油气汽车、甲醇燃料汽车、乙醇燃料汽车、二甲醚燃料汽车、氢燃料汽车和太阳能汽车的特点、发展现状及趋势也进行了介绍。通过学习，学生能理解新能源汽车各系统的结构特点与工作原理。本书第一版于2020年入选"十三五"职业教育国家规划教材，第二版于2023年入选"十四五"职业教育国家规划教材。

本书由陈新、潘天堂担任主编，卞荣花、张凤娇、孙彭城、王建担任副主编，具体分工如下：陈新、潘天堂编写了第一单元、第二单元、第三单元，卞荣花和张凤娇编写第四单元、第五单元和第六单元；同时陈为、孙彭城、王建、宋永乾、刘平和张红党也参与了编写工作。

本书编写过程中参阅了大量的文献资料，在此，编者对原作者表示真诚的谢意。

由于编者水平有限，书中难免有不妥之处，恳切希望读者批评指正。

编　者

2023年9月

目　录

扫码可见本单元视频

新能源汽车概况

知识目标

1. 掌握新能源汽车的概念及种类;
2. 了解发展新能源汽车的必要性和国内外新能源汽车的发展现状;
3. 对新能源汽车的发展趋势有明确的认识。

技能目标

1. 能根据驱动汽车的能量不同,掌握新能源汽车的类型;
2. 了解石油短缺、环境污染、气候变暖是发展新能源汽车的根本原因;
3. 会分析电池、电机、汽车产业政策,明确发展新能源汽车的方向。

单元导读

随着社会和经济的发展,世界各国的能源消费需求也在不断增长,一次能源的消耗量也越来越大,依据2021年《BP世界能源统计年鉴》中的有关数据,2020年新冠疫情对能源市场产生巨大影响,一次能源和碳排放的减少速度创"二战"以来的新高。这是一个可喜的现象,但长时间对一次能源的开采和使用,也出现了一次能源短缺、环境污染和气候变暖的问题。

图1-1是某城市空气污染的照片。全球大气污染42%源于交通车辆的污染,在北京、上海和广州等大城市中,汽车对空气污染的分担率已超过60%。

图1-1　城市空气污染　　　　　图1-2　全球变暖

图1-2是1999年科考人员在北极拍摄的照片。由于气候变暖,一只北极熊正从一块

浮冰向另一块浮冰跳越。全球气候变暖使得北极的生态环境更加脆弱。CO_2 是全球最重要的温室气体,是造成气候变暖的主要原因。汽车排放的尾气中包含的 CO_2 导致全球性的温室效应,使得气候异常,从而引发飓风等自然灾害。如果大气中的 CO_2 浓度增加一倍,气温将上升 1.5℃～4.5℃。

试想,50 年后,如果汽车还都使用传统的燃油,生活将会变成什么样?

面对石油短缺、环境污染、气候变暖等问题,新能源汽车是汽车工业发展的必然趋势。

模块一 新能源汽车基础认知

【知识点 1】 新能源汽车的定义

新能源汽车英文为 New Energy Vehicles,我国 2009 年 7 月 1 日正式实施了《新能源汽车生产企业及产品准入管理规则》,此规则明确指出:新能源汽车是指采用非常规的车用燃料作为动力来源(或使用常规的车用燃料,但采用新型车载动力装置),综合车辆的动力控制和驱动方面的先进技术,生产出来的技术原理先进,具有新技术、新结构的汽车。

【知识点 2】 新能源汽车的分类

新能源汽车包括的范围较广,一般可分为电动汽车和替代燃料汽车,其中替代燃料汽车又分为气体燃料汽车、生物燃料汽车和氢燃料汽车等。

1. 电动汽车

电动汽车包括纯电动汽车、混合动力电动汽车和燃料电池电动汽车。

纯电动汽车是指以电池为储能单元,以电动机为驱动系统的汽车;混合动力电动汽车是指同时装备两种动力源——热动力源(由传统的汽油机或者柴油机产生)与电动力源(电池与电动机)的汽车;燃料电池电动汽车是指采用燃料电池作为电源的电动汽车。

2. 气体燃料汽车

气体燃料汽车是指利用可燃气体作为能源驱动的汽车。汽车的气体代用燃料种类很多,常见的有天然气和液化石油气。根据汽车使用可燃气体的形态不同,燃料可分为 3 种:压缩天然气(Compressed Natural Gas,CNG),主要成分为甲烷;液化天然气(Liquefied Natural Gas,LNG)由甲烷经深度冷冻液化产生;液化石油气(Liquefied Petroleum Gas,LPG),主要成分是丙烷和丁烷的混合物。

气体燃料汽车一般有 3 种,即专用气体燃料汽车、两用燃料汽车和双燃料汽车。专用气体燃料汽车是以液化石油气、天然气或煤气等气体为发动机燃料的汽车,如天然气汽车、液化石油气汽车等,这种汽车可以充分发挥天然气理化性能特点,价格低、污染少,是最清洁的汽车;两用燃料汽车是指具有两套相对独立的供给系统,一套供给天然气或液化石油气,另一套供给天然气或液化石油气之外的燃料,两套燃料供给系统可分别但不可共同向气缸供给燃料的汽车,如汽油/压缩天然气两用燃料汽车、汽油/液化石油气两用燃料汽车等;双燃料汽车是指具有两套燃料供给系统,一套供给天然气或液化石油气,另一套供给天然气或液化石油气之外的燃料,两套燃料供给系统按预定的配比向气缸供给燃料,在气缸混合燃烧的汽车,如柴油-压缩天然气双燃料汽车、柴油-液化石油气双燃料汽车等。

3. 生物燃料汽车

燃用生物燃料或燃用掺有生物燃料燃油的汽车称为生物燃料汽车,与传统汽车相比,生物燃料汽车结构上无重大改动,但排放总体上较低,如乙醇燃料汽车和生物柴油汽车等。

4. 氢燃料汽车

氢燃料汽车是指以氢为主要能源驱动的汽车。一般汽车使用汽油或柴油作为内燃机的燃料,而氢燃料汽车则使用气体氢作为内燃机的燃料。

氢内燃机在汽车上的应用方式有以下 3 种。

(1)纯氢内燃机。纯氢内燃机只产生 NO_x 排放,但中、高负荷时存在爆震,且 NO_x 生成量远大于汽油机,发动机功率受限且氢气消耗量大,续驶里程短,这些问题需要进一步研究解决。

(2)氢/汽油两用燃料内燃机。它可根据燃料的存储状况灵活选择汽油和氢进入纯汽油或纯氢气内燃机模式。

(3)氢-汽油双燃料内燃机。它可将少量氢气作为汽油添加剂混入空气中,氢气扩散速率大,能够促进汽油的蒸发、雾化和与空气的混合;氢燃烧过程中产生活性自由基,能使汽油火焰传播速度明显加快,得到较大的热效率,并产生较低的排放。

除了以上提到的 4 种新能源汽车外,新能源汽车还包括利用太阳能、原子能等其他能量形式驱动的汽车。

模块二　新能源汽车发展的必要性认知

石油短缺、环境污染、气候变暖是全球汽车产业面对的共同挑战,各国政府及产业界纷纷提出各自的发展战略,积极应对,以保持其汽车产业的可持续发展,并提高未来的国际竞争力。新能源汽车已成为 21 世纪汽车工业的发展热点。

【知识点 1】　石油短缺

世界能源主要包括石油、天然气、煤炭等,目前汽车的燃料主要来自石油的汽油和柴油。2020 年 6 月 17 日,《BP 世界能源统计年鉴》第 69 版发布对 2019 年能源数据的收集和分析。据预测,目前全球已探明的石油储量可开采不到 40 年,已探明天然气储量可开采约 60 年,已探明煤炭储备量可开采约 150 年,世界能源危机日益突出。

2020 年,在世界能源消耗总量中,石油占 31.2%,煤炭占 27.2%,天然气占 24.7%,其他占 16.9%。中长期角度来看,在碳中和背景下,一次性能源需求将不断降低,新能源新业务实现清洁替代是未来能源发展的大方向。

截至 2019 年底,全球前 10 大探明石油储量国排名见表 1-1,石油储量总共为 17 339 亿桶,占世界石油储量的 86.7%。

表 1-1　全球前十大探明石油储量国排名

排　名	1	2	3	4	5
国家	沙特阿拉伯	加拿大	伊朗	伊拉克	科威特
储量/亿桶	2 599	1 752	1 376	1 150	1 015
所占比例	21.8%	14.69%	11.54%	9.65%	8.51%

排名	6	7	8	9	10
国家	委内瑞拉	阿联酋	俄罗斯	利比亚	尼日利亚
储量/亿桶	994	978	600	443	372
所占比例	8.34%	8.2%	5.03%	3.72%	3.12%

石油在交通运输行业的消费占比非常大,近60%。美国能源部预测,2020年以后,全球石油需求与常规石油供给之间将出现净缺口,2050年的供需缺口几乎相当于2000年世界石油总产量的两倍。

我国是一个能源短缺的国家,已探明石油储量约256亿桶,约占世界储量的1.50%,但却是一个能源消费大国。我国的石油消耗量仅次于美国,位居世界第2位,国际能源机构预测,随着中国汽车购买量的增加,到2030年,我国石油消耗量的80%需要依靠进口。

目前世界汽车保有量约8亿辆,预计到2030年全球汽车保有量将突破20亿辆,主要增量来自发展中国家。至2021年年底,我国汽车保有量已达3.95亿辆,由此带来的能源安全问题将更加突出。

汽车消费的快速增长导致石油消耗加速增长。我国机动车燃油消耗量约占全国总油耗的1/3,这也使得我国石油对外依存度每年都在不断攀升,2021年我国石油对外依存度已达70%,其中汽车的石油消耗占国内石油总需求的70%。表1-2为我国2005～2007年汽油和柴油的消耗情况。可以看出,全国汽油的消耗主要是汽车消耗,约占87%,而汽车柴油的消耗占38%左右。

表1-2　汽车占全国汽油和柴油消耗的比例

年　份	汽　油			柴　油		
	汽油消耗量/万吨	汽车消耗量/万吨	汽车消耗比例(%)	柴油消耗量/万吨	汽车消耗量/万吨	汽车消耗比例(%)
2005	4 816	4 193	86.7	10 967	3 971	36.2
2006	5 209	4 547	87	11 600	4 469	38.5
2007	5 606	4 894	87	12 422	5 050	40.7

从我国单车耗油量来看,平均单车所耗油的实际值约2.5吨,比美国高10%～25%,比日本高1倍以上。

【知识点2】　环境污染

燃油汽车在行驶过程中会产生大量的有害气体,不但污染环境,而且大大地影响人类健康。汽车尾气排放的主要污染物为一氧化碳(CO)、碳氢化合物(HC)、氮氧化物(NO_x)、铅(Pb)、细微颗粒物及硫化物等。这些一次污染物还会通过大气化学反应生成光化学烟雾、酸沉降等二次污染物。全球大气污染的42%源于交通车辆产生的污染。随着城市机动车数量的快速增长,机动车排气污染已成为城市大气污染的主要贡献者。一些城市机动车排放的污染物对多项大气污染指标的贡献率已达到70%。机动车排放污染已对城市大气污染构成了严重威胁。因此,必须研究改善城市机动车排放污染的对策和措施。

即使每一辆机动车都达到了国家规定的排放法规要求,也不能保证城市的交通污染就一定可以达到环保标准要求。这是由于大量机动车在一定时间、空间内的相对集中,从而造成城市的某一地区在排放污染物总量上超标。因此,从机动车管理的角度来考虑,减轻环境污染就要疏导交通,提高机动车运行速度,优化路网布局,合理分配车流,减少城市中心区的车流密度,改善汽车运行工况,降低机动车污染物排放。

欧洲制订了旨在限制汽车污染物排放的欧Ⅴ和欧Ⅵ标准。根据新标准,未来欧盟国家本地生产及进口汽车的污染物排放量,特别是氮氧化物和颗粒物排放量的控制将日益严格。

欧Ⅴ标准于2009年9月1日开始实施。根据这一标准,柴油轿车的氮氧化物排放量不应超过180 mg/100 km,比欧Ⅳ标准规定的排放量减少了28%;颗粒物排放量则比欧Ⅳ标准规定的减少了80%,所有柴油轿车必须配备颗粒物滤网。柴油SUV执行欧Ⅴ标准的时间是2012年9月。

相对于欧Ⅴ标准,于2014年9月实施的欧Ⅵ标准则更加严格。根据欧Ⅵ标准,柴油轿车的氮氧化物排放量不应超过80 mg/100 km,与欧Ⅴ标准相比,欧Ⅵ标准对人体健康的益处将增加60%~90%。

柴油面包车和7座以下载客车实施欧Ⅴ和欧Ⅵ标准的时间分别比轿车晚1年。2010年9月,面包车等实施欧Ⅴ标准,面包车的氮氧化物排放量不应超过280 mg/100 km;2015年9月实施欧Ⅵ标准后,新款面包车的氮氧化物排放量不应超过125 mg/100 km。

欧洲标准是我国借鉴的汽车排放标准,目前国产新车都会标明发动机废气排放达到的欧洲标准。2020年7月1日起,我国汽车尾气排放标准全面迈进国六时代,与国五标准相比,重型车国六标准要求进一步加严,NO_x和颗粒物限值分别减低77%和67%,本次"国六"标准是目前世界上尾气排放最严标准之一,甚至超过了"欧六"标准。

【知识点3】 气候变暖

能源的大量消耗会带来温室气体排放问题。二氧化碳是全球最重要的温室气体,是造成气候变化的主要原因,而它主要来自石化燃料的燃烧。

据世界上许多科学家预测,未来50~100年人类将完全进入一个变暖的世界。由于人类活动的影响,温室气体和硫化物气溶胶的浓度增加过快,未来100年全球平均地表温度将上升1.4℃~5.8℃,到2050年我国平均气温将上升2.2℃。

越来越多的证据证明,人类活动是造成气候变暖的原因,而气候变暖又是由于大气中聚集了大量温室气体,主要是二氧化碳。

气候变化风险加剧,交通领域二氧化碳排放成为关注焦点,据IEA估计,汽车二氧化碳总排放量将从1990年的29亿吨增加到2020年的60亿吨。汽车排放对地球环境造成了巨大的影响。

模块三 新能源汽车发展趋势认知

汽车已经发展了一百多年，为能源危机所迫，人类开始研发新能源汽车，新能源汽车量产的历史只有十余年。面对全球范围日益严峻的能源形势和环保压力，近年来，世界主要汽车生产国都把发展新能源汽车作为提高产业竞争能力、保持社会可持续发展的重大战略举措，新能源汽车成为市场新的增长点。

目前，新一轮的新能源汽车研发、示范和产业化已经开始，而且得到各国政府和企业的高度重视。

【知识点1】 国外新能源汽车发展现状

一、欧洲市场：碳排标准提高，车企转型提速

1. 碳排政策不断加码，长期发展驱动不减

欧盟碳排放政策趋严，立法规定 2020 年 95％乘用车新车平均 CO_2 排放量为 95 g/km，2021 年起所有新登记汽车的 CO_2 平均排放需低于 95 g/km，每超 1 g 则按 95 欧元/辆的标准罚款，此举倒逼各国加速新能源汽车布局、各车企向电动化方向转型。

Fit for 55 规定至 2030 年所有登记注册的新车的排放总量较 2021 年降低 55％，和 2021 年 4 月《欧洲气候法》临时协议"较 1990 年水平上减少至少 55％"的规定要求相比，要求更高，至 2035 年这一条例将更加严格，要求所有登记注册的新车的排放总量较 2021 年降低 100％，即实现汽车净零排放。同时规定各国政府加强车辆充电基础设施建设。

往年新车实际碳排放量基本达到新车政策标准排放量要求，高额罚款加速车企转型。1998～2008 年新车政策规定碳排放量为 186 g/km，后不断下调至 140、130 g/km，在每次新政策颁布生效之后新车的实际碳排放量基本在政策要求线以下（如图 1-3）。2020 年规定至少 95％新车需达到 95 g/km 的 CO_2 排放量，超出碳排放准备的车辆将受到 95 欧元/g 的罚款，面对可能的高额罚款，欧洲车企正在抓紧向电动化方向转型以尽快达到政策要求。

图 1-3 新车实际排放量与政策规定排放量对比图（单位：g/km）

2021 年各国新能源汽车补贴略有所下滑，整体退坡温和有序。欧洲各国补贴退坡幅度都在 2 000 欧元以内，税收优惠减免退坡幅度都在 4 个百分点以内，整体退坡幅度温和有序。

德国购置税比例于 2021 年起由 16% 恢复至 19%；法国私人购车补贴 2021 年从 7 000 欧元降至 6 000 欧元；英国政府将新能源车的补贴额度从 3 000 英镑调整至 2 500 英镑，并且把车价限制从 5 万英镑降低到 3.5 万英镑；意大利 2021 年起 EV 和 PHEV 单车补贴将上涨至 8 000 和 4 500 欧元；荷兰企业用车税 2021 年上调 4 个百分点至 12%。

2. 各大车企更新电动化战略，加速电动化转型

传统车企更新电动化战略规划及销量目标，拟加速电动化转型。大众集团发布"E-Mobility"战略，预计 2040 年实现 100% 电动化，最迟在 2050 年实现碳中和；戴姆勒集团、沃尔沃集团预计 2030 年实现 100% 电动化；宝马集团则于同年将 MINI 打造成全电动品牌；Stellantis 预计 2028 年实现欧宝品牌在欧洲、中国市场全电动；雷诺-日产联盟预计 2030 年纯电动汽车销量达 90%；捷豹路虎预计在 2030 年，100% 的捷豹和 60% 的路虎将配备零尾气动力系统。

欧洲新能源汽车前十大车型：特斯拉高居榜首，大众 ID 系列表现出色。2021 年 1～9 月 Model 3 在欧洲共交付 10.1 万辆，占比达 6.37%；大众 ID.3、ID.4 销量排名第二、四，分别为 5.3、3.8 万辆，占比达 3.35%、2.42%。其余车型含法系车 1 款（雷诺 ZOE）、美系车 1 款（福特翼虎 PHEV）、韩系车 2 款（起亚 Niro、现代科纳）、瑞典系车 1 款（沃尔沃 XC40PHEV）、意系车 1 款（菲亚特 500e）、德系车 1 款（宝马 330e），占比均匀（如图 1-4）。

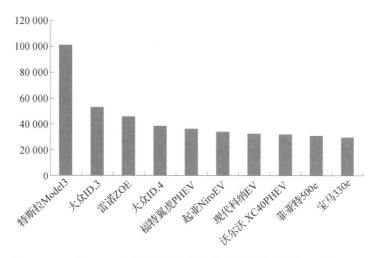

图 1-4　21 年 1～9 月欧洲新能源汽车前十大车型销量情况（单位：辆）

二、美国市场：拜登政策落地在即，美国市场爆发前夜

目前美国市场渗透率低，拜登政府政策持续刺激美国新能源车销量增长，市场处于需求爆发前夜，未来有望加速电动化进程。预计 2021 年美国新能源车市场渗透率仅为 5%，仍有较大市场空间尚未打开，2021 年前三季度渗透率同比 2020 年增速高达 87.8%，保持加速增长趋势。政策靴子落地在即，未来美国市场有望复刻中国、欧洲等国的发展路径。我们预计，2021～2023 年美国新能源车销量分别可达 65 万、121 万、196 万辆，同期 CAGR 有望达到 68% 以上。

美国市场竞争格局集中，特斯拉一家独大。一方面，受益于美国新能源车市场车型结构以皮卡、SUV 车型占主导，需求旺盛，轻型卡车供给紧张的客观情况，另一方面，基于公司自

身绝对龙头地位和自备充电站等差异化优势,未来特斯拉将扩大规模和电动化布局,新车型
Cybertruck 有望引爆电动皮卡市场。

1. 政策支持逐渐明晰,有望驱动美国新能源车市场加速渗透

拜登政府持续推动关于促进美国新能源车领域发展相关政策的进程,鼓励美国车企的
电动化转型,完善基础充电设施网络配备,明确指标要求(如图1-5)。

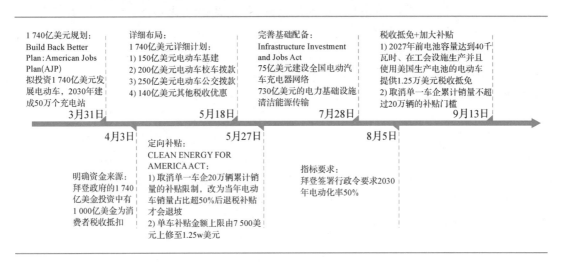

图1-5 2021年拜登政府美国新能源汽车政策

计划布局:3月31日,拜登提出的《重建更好未来计划》中,AJP 部分提到拟投资1 740
亿美元发展电动车领域,2030年建成50万个充电站。5月27日,《美国清洁能源法案》提出
倾向电动车车企的补贴政策。

指标要求:8月5日,拜登签署行政令要求2030年电动化率50%。

税收抵免:9月13日,众议院筹款委员会通过提案,明确税收抵免政策且加大补贴
力度。将在2027年前为电池容量达到40千瓦时、在工会设施生产并且使用美国生产
电池的电动车提供1.25万美元税收抵免;取消单一车企累计销量不超过20万辆的补
贴门槛。

顺应拜登政府政策倾向,美国各汽车制造商、电动汽车组织和各州陆续宣布禁止销售或
停止生产内燃机驱动汽车,以实现2040年前的停产停售目标(见表1-3)。

表1-3 美国各政府及组织关于燃机驱动车停产停售的未来目标/政府 2025 2030 2035 2040 目标内容

组织/政府	2025 2030 2035 2040	目标内容
General Motors	×	通用汽车希望到2035年专门提供电动汽车,停止生产配备柴油和汽油发动机的汽车、卡车和SUV。
Volvo	×	沃尔沃2030年汽车系列将实现全电动化。
Jaguar	×	2025年后,捷豹将成为纯电动奢侈品牌。
FedEx	×	到2040年,整个FedEx包裹接送(PUD)车队都将是零排放电动汽车。

（续表）

组织/政府	2025 2030 2035 2040	目标内容
ZEV2030	✕	加州非营利组织,到2030年在加州购买的所有新车都将成为零排放汽车。
Zero Emission Transportation Assoc.	✕	ZETA是第一个由行业支持的联盟,倡导到2030年销售的汽车100%为电动汽车(EV)。

停产方面:捷豹预计2025年起将成为纯电动奢侈品牌;沃尔沃2030年整个汽车系列将实现全电动化;通用汽车希望到2035年专门提供电动汽车,停止生产配备柴油和汽油发动机的汽车、卡车和SUV。

停售方面:马萨诸塞州(2025年)和加州(2030年)销售的新型轻型汽车100%是零排放汽车(ZEV)。华盛顿、新泽西州和纽约也发布清洁能源汽车的相关政策。

2. 美国新能源车市场正处爆发前夜,轻型卡车需求旺盛

美国市场发力向电动化转型,新能源汽车销量明显飙升。2021年以来,美国市场整体上电动化渗透率整体提升加速,消费者接受度提升,需求保持高速增长,前三季度美国新能源车总销量为43.5万辆,预计2021年总销量可达65万辆。在拜登政府汽车业电动化相关的支持政策持续刺激下,2022年和2023年新能源汽车销量分别有望达到121万和200万辆(如图1-6)。

图1-6　2015~2023E美国新能源车销量情况(单位:万辆)

【知识点2】　国内新能源汽车发展现状

2020年11月份,在国务院办公厅印发的《新能源汽车产业发展规划(2021~2035年)》指出(如图1-7):到2025年,新能源汽车新车销售量达到汽车新车销售总量的20%左右;到2035年,纯电动汽车成为新销售车辆的主力,公共领域用车全面电动化,发展新能源是我国从汽车大国走向汽车强国的必由之路。

虽然欧盟美国的很多汽车生产技术领先于我们,但是我国的电池生产技术在世界范围内占有一定的领先地位,因此,目前在世界新能源汽车领域出现了三座大山:中国、美国、欧盟。全世界88%的新能源汽车是由中国、美国和欧盟生产的,其中中国市场的销售量占比最大,高达34%。由此看来,我国新能源汽车行业的发展势态良好。

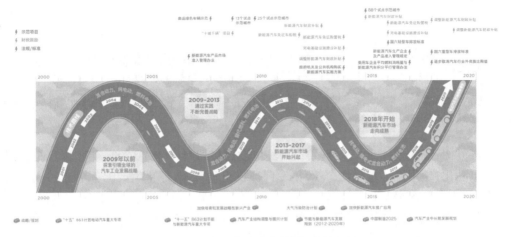

图 1-7　中国电动汽车的发展历程图

　　早在 2001 年根据"863"计划,建立了"三横三纵"的开发布局(三纵指的是混合动力、纯电动和燃料电池汽车;三横指的是多能源动力总成控制、驱动电机和动力蓄电池),随后在"十五"期间、"十一五"期间等相继提出一系列的鼓励扶持政策,推动着新能源汽车行业的快速发展。相关数据显示,2021 年我国新能源汽车产量达 354.5 万辆,同比增长 145.6%;同时,新能源汽车的销售量为 352.1 万辆,同比增长 1.6 倍,连续 7 年位居全球第一。其中,纯电动汽车产销分别完成 294.2 万辆和 291.6 万辆,同比分别增长 1.7 倍和 1.6 倍;插电式混合动力汽车产销分别完成 60.1 万辆和 60.3 万辆,同比分别增长 1.3 倍和 1.4 倍;燃料电池汽车产销完成 0.2 万辆,同比呈现增长。

　　在新能源汽车产销两旺的背景下,中国品牌新能源乘用车也借势急追,实现"弯道超车"。2021 年,中国品牌新能源乘用车销售 247.6 万辆,同比增长 1.7 倍,占新能源乘用车销售总量的 74.3%。

　　中国新能源汽车行业已完成转型,政策端激励逐渐退潮,市场内生需求开始接力。未来整个行业料将完全进入市场化竞争状态,To C 端将成为未来增长的主要动力,丰富的车型结构或将刺激消费端需求持续发力,如图 1-8 所示。

图 1-8　中国新能源汽车市场阶段发展

1. 政策端:"1＋N 双碳"顶层政策布局,双积分政策引领

"1＋N 双碳"顶层政策发布助力实现"碳中和、碳达峰"。2021 年 10 月 24 日,中共中央、国务院印发了《关于完整准确全面贯彻新发展理念做好碳达峰碳中和工作的意见》;10 月 26 日,发布《2030 年前碳达峰行动方案》,其中《意见》在双碳政策体系中发挥统领作用,是"1＋N"中的"1",而《方案》则是"N"中为首的政策文件,除此之外,"N"还包括重点领域、具体行业的碳达峰实施方案以及各种保障政策,后续也将陆续出台。

国补政策持续支撑。新能源车的补贴延长两年至 2022 年,原则上 2021～2022 年补贴标准分别在上一年基础上下降 20%、30%;公用领域用车 2021～2022 年补贴标准分别在上一年基础上下降 10%、20%,奠定今后两年相对稳定的政策环境。

地方政策频繁刺激需求。各省市包括一线城市深圳、上海、广州、北京以及杭州、长沙、武汉等皆通过一系列地方政策刺激新能源车销量增长。上海于 2020 年 10 月 24 日发布了更加严苛的外地牌照机动车限行政策,在沪牌月度中标率仅为 10%的情况下,部分潜在购车者势必会将注意力转移到绿牌上,而随着政策的进一步收紧,后续上海对绿牌需求或将持续高增。

2. 车企端:2022 年新车型周期爆发

自主品牌向上,合资外资品牌电动化加速,带动高端品牌车型持续放量。见表 1-4 所示,2021 年大量新电动化平台和新车型上市,且 2021 年新车投放将继续加速,优良车型的供给将刺激需求提升,2021～2022 年预计将有超 40 款车型上市,涵盖多个车型级别,车型丰富度和产品力将进一步提升。

表 1-4　2021～2022 年国内自主品牌、合资品牌上市

车企	品牌	品牌分类	车型	动力类型	上市时间
小鹏汽车	小鹏	自主品牌	P5 G3i	EV EV	2021 年 9 月 2021 年 7 月
蔚来汽车	蔚来	自主品牌	ET7 ET5 EF9	EV EV EV	2022Q1 2022 2022
理想汽车	理想	自主品牌	X01	PHEV(增程式)	2022
威马汽车	威马	自主品牌	M7 E5	EV EV	2021H2 2021Q4
上汽集团	智己 R	自主品牌 自主品牌	L7 LS7 ES33	EV EV EV	2022 2022 2022
哪吒汽车	哪吒	自主品牌	Eureka 03	EV	2022
吉利集团	沃尔沃 路特斯 极氪	合资/外资 合资/外资 自方品牌	极星 3 极星 4 路特斯 Lambda 路特斯 Sigma 路特斯 Alpha ZEEKR 001	EV EV EV/PHEV EV EV EV	2022 2022 2022 2023 2024 2021Q4

（续表）

车企	品牌	品牌分类	车型	动力类型	上市时间
宝马集团	宝马	合资/外资	3系 EV X2 PHEV ix1	EV PHEV EV	2022 2022 2023
戴姆勒集团	梅赛德斯-奔驰 Smart	合资/外资 合资/外资	EQA EQE EQS Smart	EV EV EV EV	2021Q4 2022 2022 2022
比亚迪汽车	比亚迪	自主品牌	元 PLUS EV 汉 EV 海豚	EV EV EV	2021H2 2021H2 2021H2
大众集团	大众 奥迪	合资/外资 合资/外资	ID. 6 X/CROZZ ID. 3 Q4 e-tron	EV EV EV	2021Q3 2022 2022
通用集团	凯迪拉克 五菱	合资/外资 自主品牌	Lyriq 宏光 Mini 敞篷版	EV EV	2022 2022
丰田集团	丰田	合资/外资	bZ4X	EV	2022
长城汽车	长城	自主品牌	C30 - C01 沙龙 SUV 车型	EV EV	2022 2022

　　自主品牌引领市场,新势力发展势头强劲,特斯拉地位稳固,豪华车亟待发力。从国内新能源乘用车市场结构来看,自主品牌转型加速占据较大的市场份额,成为国内市场中流砥柱,新势力"蔚小理"等凭借优质的车型及较好的市场口碑,市场占有率稳步提升,特斯拉自2020 年进入国内市场后鲶鱼效应显著,倒逼国内企业不断创新,同时自身占据近 20% 市场份额,豪华品牌渗透率亟待提升(如图 1-9、图 1-10)。

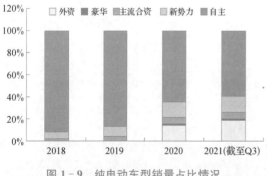

图 1-9　纯电动车型销量占比情况

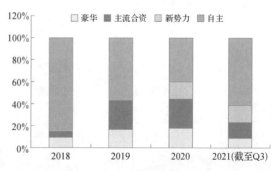

图 1-10　插混车型销量占比情况

【知识点3】　新能源汽车发展趋势

根据目前新能源汽车的发展状况,新能源汽车主要有以下发展趋势。

1. 动力深度电气化

现如今,第三次工业革命推动能源动力电气化转型升级,从全球范围看,纯电驱动正成为主流的技术路线,纯电驱动汽车的大规模市场正在形成。

相关的动力蓄电池、氢燃料电池、太阳能电池(转化效率高达30%)等能源技术突飞猛进,各类电动动力系统的技术已经全面开始商业化,被业界认为很难的燃料电池汽车也进入市场,因此,可以说电动汽车的技术全方位产业化已经开始。

动力深度电气化的表现:

首先,插电式混合动力汽车。机电混合装置也已经成熟,尤其值得一提的是,比亚迪"秦"成为全球最畅销的插电式车型之一,总体上达到了国际先进水平。

第二,动力电池与纯电动汽车的技术。动力电池的综合性能总体趋势在今后10年比能量会有大幅度增长,成本也将会随着比能量的提升大幅下降,但是安全性和耐久性的问题会进一步凸显。

第三,燃料电池汽车。燃料电池发动机技术在不断进步,燃料电池的波载量已经从每千瓦1克下降到目前像丰田轿车到0.3克以下,实验室已经到0.1克,在未来会接近于现在燃油汽车催化剂的波载量,而且燃料电池发动机逐步在成熟。

2. 车身底盘轻量化

在车身底盘轻量化方面,电动汽车比传统汽车更需要轻量化,更能平衡轻量化材料导致的成本上升,更能够带动轻量化的规模应用。为提升电动汽车能效和续驶里程,国际上先进的轻量化材料与技术呈现广泛应用到电动汽车上的趋势。

轻量化材料与车身电池相结合是理想化目标,特斯拉电动汽车是汽车轻量化的典型。因为要放电池,所以形成了真正的电池车身底盘,承载除了这个车身之外还有底盘的框架,而且全采用了铝合金。

宝马i3的轻量化技术也是这样,采用一个独立的底盘平台,车身全部采用碳纤维。

车身底盘轻量化设计使新能源汽车在保证强度和安全性能的前提下,降低了整车的整备质量、减少了燃料消耗、降低了排气污染,使新能源汽车的节能效果更佳。

3. 整车智能网联化

在整车智能网联化方面,电动汽车是实现智能化技术的最佳移动平台,整车智能网联化技术的应用必将推动电动汽车产业和技术的大发展。除了传统汽车企业在开发自动驾驶技术,像谷歌等互联网公司也纷纷借助车辆智能,开始介入智能驾驶、自动驾驶的研究开发。

整车智能网联化技术变革包含了三个方面、三个阶段。目前是以驾驶员为中心的主动安全辅助系统,接着会进入以网络为中心的网联汽车的阶段,再到以车辆为中心的自动驾驶汽车。目前,智能驾驶辅助系统(ADAS)系统已是欧美争相市场普及化的热点。

整车智能网联化技术在产业化方面,美、德两国走在前列。美国交通运输部于2016年9月发布联邦《自动驾驶汽车政策指南》,持续推进自动驾驶汽车的安全监管与测试,并于2018年10月发布《为未来交通做准备:自动驾驶汽车3.0》,加强自动驾驶汽车与整个交通出行体系的安全融合。德国联邦参议院在2017年通过法律,允许汽车自动驾驶系统未来在特定条件下代替人类驾驶。

在欧美车企加快民用自动驾驶技术应用的同时,中国自主车企也已开始涉足这一领域。现阶段国内已有一汽、上汽、长安、广汽、比亚迪和吉利等多家自主车企开始相继研发自动驾驶技术;另外我国一些大学和多家科研院所也相继投入自动驾驶技术的研发,并取得了不错的成果。

以电动汽车为储能终端的能源互联网、汽车物联网、信息互联网将会相互融合,也就是说在人类历史上第一次将能源、信息、物质这三个基本元素全部连接起来,这也要靠电动汽车,因为电动汽车跟智能电网的互动是双向的,既可以储能作为分布式的能源,也可以往电网回馈电,这是第三次工业革命的一个核心支柱。

另外,政府对加快新能源汽车的发展起着至关重要的作用,政府要加大资金投入和政策引导;企业要加大对新能源汽车研发的力度;同时要加大示范运行范围和力度,为新能源汽车规模化、产业化发展做准备。

思考与练习

一、填空题

1. 新能源汽车包括的范围较广,一般可分为_____汽车和_____汽车,其中_____又分为气体燃料汽车、_____汽车和氢燃料汽车等。

2. 电动汽车包括_____、混合动力电动汽车和_____电动汽车。

3. 混合动力电动汽车是指同时装备两种动力源——_____(由传统的汽油机或者柴油机产生)与_____(电池与电动机)的汽车。

4. 汽车的气体代用燃料种类很多,常见的有_____和_____。

5. 气体燃料汽车一般有 3 种,即专用气体燃料汽车、_____和_____。

6. 双燃料汽车是指具有_____供给系统,一套供给天然气或液化石油气,另一套供给_____的燃料,两套燃料供给系统按预定的_____向气缸供给燃料,在气缸混合燃烧的汽车。

7. _____、环境污染、_____是新能源汽车发展的必要性。

二、简答分析题

1. 新能源汽车的主要发展趋势是什么?

2. 混合动力汽车、纯电动汽车和燃料汽车的优点分别是什么?

3. 混合动力汽车、纯电动汽车和燃料汽车的缺点分别是什么?

4. 从国外新能源汽车的发展情况来看,电动汽车拥有的三个特点是什么?

扫码可见本单元视频

电动汽车类型

单元二

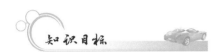

知识目标

1. 掌握纯电动汽车的结构原理、驱动布置形式和特点，了解关键技术和主要车型特点；
2. 掌握混合动力电动汽车的定义与分类、结构原理和特点；
3. 掌握燃料电池电动汽车的类型、结构原理和特点，了解主要车型特点。

技能目标

1. 熟悉目前主流纯电动汽车、混合动力电动汽车和燃料电池电动汽车车型；
2. 会正确提取出纯电动汽车、混合动力电动汽车和燃料电池电动汽车技术参数；
3. 会对比分析不同品牌同类车型在结构与技术上的优劣。

项目导读

2022 年 2 月 4 日北京冬奥会隆重开幕。本届冬奥会新能源车辆的使用比例为历届冬奥会之最，在全部车辆中占比高达 85% 左右。冬奥会期间使用清洁能源车辆将实现减排约 1.1 万吨二氧化碳，相当于 5 万余亩森林一年的碳汇蓄积量。

根据北京冬奥组委公布的数据，本届冬奥会示范运行超 1 000 辆氢能源汽车，并配备 30 多个加氢站，是全球最大的一次燃料电池汽车示范。这也使得氢燃料电池汽车成为绿色冬奥中一抹亮色，来自丰田汽车、北汽集团、宇通客车、福田汽车等车企的氢燃料电池汽车均积极投入到北京冬奥会之中。

据了解，本次冬奥会示范运营车型包括氢燃料电池大巴、氢燃料电池小轿车、氢燃料电池特种车等。其中，福田汽车提供了 515 辆氢燃料客车，在为本次冬奥会提供保障的氢燃料大客车中占比高达 80%，创下有史以来氢燃料客车服务国际级运动赛事规模最大、车型数量最多的纪录；宇通 185 辆氢燃料客车（北京 100 辆，张家口 85 辆）服务北京、延庆、张家口全赛区（如图 2-1）；吉利星际提供了 80 辆氢燃料城市客车，丰田提供了 107 辆氢燃料中巴车；在小轿车车型方面，丰田提供了 140 辆第二代 MIRAI。

图 2-1　助力冬奥会的宇通氢燃料电池客车

值得一提的是,从 2008 年北京奥运会的 3 辆氢燃料电池大巴,到 2010 年上海世博会的 196 辆氢燃料电池车,再到 2022 年北京冬奥会的上千辆氢燃料电池车示范运行,经过十几年发展,我国氢能和燃料电池汽车正迎来新的发展机遇。

在"双碳"目标的指引下,以绿色冬奥为契机,氢燃料电池汽车产业也将步入新的发展阶段。

模块一　纯电动汽车

纯电动汽车是指以车载电源为动力,用电机驱动车轮行驶,符合道路交通、安全法规各项要求的车辆,一般采用高效率充电蓄电池作为动力源。纯电动汽车不需要使用内燃机,因此,纯电动汽车的电动机相当于传统汽车的发动机,蓄电池相当于原来的油箱,电能是二次能源,可以来源于风能、水能、热能、太阳能等多种方式。

【知识点 1】　纯电动汽车的类型

纯电动汽车可分为 2 种类型,即用纯蓄电池作为动力源的纯电动汽车和装有辅助动力源的纯电动汽车。

1. 用纯蓄电池作为动力源的纯电动汽车

用单一蓄电池作为动力源的纯电动汽车,只装置了蓄电池组,它的电力和动力传输系统如图 2-2 所示。

图 2-2　用单一蓄电池作为动力源的纯电动汽车的电力和动力传输系统

2. 装有辅助动力源的纯电动汽车

用单一蓄电池作为动力源的纯电动汽车,蓄电池的比能量和比功率较低,蓄电池组的质量和体积较大。因此,在某些纯电动汽车上增加辅助动力源,如超级电容器、发电机组、太阳能等,由此改善纯电动汽车的启动性能和增加续驶里程。装有辅助动力源的纯电动汽车的电力和动力传输系统如图 2-3 所示。

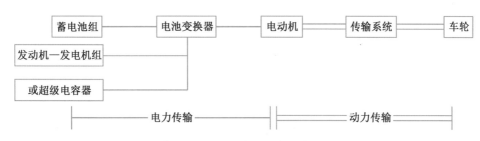

图 2-3　装有辅助动力源的纯电动汽车的电力和动力传输系统

【知识点 2】　纯电动汽车的结构原理

燃油汽车主要由发动机、底盘、车身和电气 4 大部分组成,纯电动汽车的结构与燃油汽车相比,主要增加了电力驱动控制系统并取消了发动机。电力驱动控制系统的组成与工作原理如图 2-4 所示,它由电力驱动主模块、车载电源模块和辅助模块 3 大部分组成。

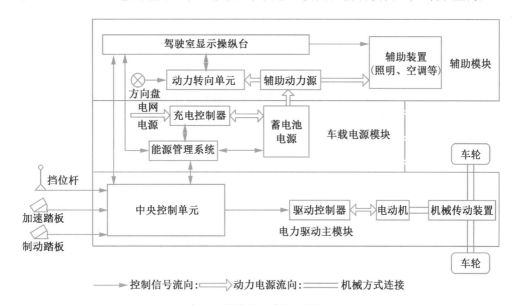

图 2-4　电力驱动控制系统的组成与工作原理图

当汽车行驶时,由蓄电池输出电能(电流)通过控制器驱动电动机运转,电动机输出的转矩经传动系统带动车轮前进或后退。电动汽车续驶里程与蓄电池容量有关,蓄电池容量受诸多因素限制。要提高一次充电续驶里程,必须尽可能地节省蓄电池的能量。

1. 电力驱动主模块

电力驱动主模块主要包括中央控制单元、驱动控制器、电动机、机械传动装置和车轮等。它的功用是将存储在蓄电池中的电能高效地转化为车轮的动能,并能够在汽车减速制动时,将车轮的动能转化为电能充入蓄电池。

中央控制单元根据加速踏板和制动踏板的输入信号,向驱动控制器发出相应的控制指令,对电动机进行启动、加速、减速、制动控制。

驱动控制器是按中央控制单元的指令、电动机的速度和电流反馈信号,对电动机的速度、驱动转矩和旋转方向进行控制。驱动控制器必须和电动机配套使用。

电动机在电动汽车中被要求承担电动和发电的双重功能,即在正常行驶时发挥其主要的电动机功能,将电能转化为机械能;在减速和下坡滑行时又被要求进行发电,将车轮的惯性动能转化为电能。

机械传动装置是将电动机的驱动转矩传输给汽车的驱动轴,从而带动汽车车轮行驶。

2. 车载电源模块

车载电源模块主要包括蓄电池电源、能量管理系统和充电控制器等。它的功用是向电动机提供驱动电能、监测电源使用情况以及控制充电机向蓄电池充电。

纯电动汽车的常用蓄电池电源有镍氢电池、锂离子电池、铅酸电池和燃料电池等。

纯电动汽车的能量管理主要是指电池管理系统,它的主要功用是对电动汽车用电池单体及整组进行实时监控、充放电、巡检、温度监测等。

充电控制器是把交流电转化为相应电压的直流电,并按要求控制其电流。

3. 辅助模块

辅助模块主要包括辅助动力源、动力转向系统、驾驶室显示操纵台和辅助装置等。辅助模块除辅助动力源外,依据不同车型而不同。

辅助动力源主要由辅助电源和DC/DC功率转换器组成,其功用是供给电动汽车其他各种辅助装置所需要的动力电源,一般为12 V或24 V的直流低压电源。它主要给动力转向单元、制动力调节控制、照明、空调、电动窗门等各种辅助装置提供所需的能源。

动力转向单元是为实现汽车的转弯而设置的,它由转向盘、转向器、转向机构和转向轮等组成。作用在转向盘上的控制力,通过转向器和转向机构使转向轮偏转一定的角度,实现汽车的转向。

驾驶室显示操纵台类同于传统汽车驾驶室的仪表盘,不过其功能根据电动汽车驱动的控制特点有所增减,其信息指示更多地选用数字或液晶屏幕显示。

辅助装置主要有照明、各种声光信号装置、车载音箱设备、空调、刮水器、风窗除霜清洗器、电动门窗、电控玻璃升降器、电控后视镜调节器、电动座椅调节器、车身安全防护装置控制器等。它们主要是为提高汽车的操控性、舒适性、安全性而设置的,可根据需要进行选用。

【知识点3】 纯电动汽车驱动系统布置形式

电动汽车的驱动系统是电动汽车的核心部分,其性能决定着电动汽车运行性能的好坏。电动汽车的驱动系统布置取决于电机驱动系统的方式。常见的驱动系统布置形式如图2-5所示。

1. 传统的驱动模式

图2-5(a)与传统汽车驱动系统的布置方式一致,带有变速器和离合器,只是将发动机换成电动机,属于改造型电动汽车。这种布置可以提高电动汽车的起动转矩,增加低速时电动汽车的后备功率。

2. 电动机—驱动桥组合式驱动模式

图2-5(b)和(c)取消了离合器和变速器,但具有减速差速机构,由一台电动机驱动两车轮旋转。优点是可以继续沿用当前发动机汽车中的动力传动装置,只需要一组电动机和逆变器。这种方式对电动机的要求较高,不但要求电动机具有较高的起动转矩,而且要求具有较大的后备功率,以保证电动汽车的起动、爬坡、加速超车等动力性能。

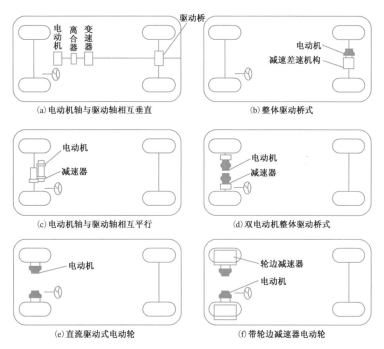

图 2-5　纯电动汽车驱动系统布置方案

3. 电动机—驱动桥整体式驱动模式

图 2-5(d)是将电动机装到驱动轴上,直接由电动机实现变速和差速转换。这种传动方式同样对电动机有较高的要求,要求有大的起动转矩和后备功率,同时不但要求控制系统有较高的控制精度,而且要具备良好的可靠性,从而保证电动汽车安全、平稳行驶。

4. 轮毂电机驱动模式

图 2-5(e)、(f)同图 2-5(d)布置方式比较接近,将电动机直接装到了驱动轮上,由电动机直接驱动车轮行驶。

目前,我国的电动汽车大都建立在改装车的基础上,其设计是一项机电一体化的综合工程。改装后高性能的获得并不是简单地将内燃机汽车的发动机和油箱换成电动机和蓄电池便可以实现的,它必须对蓄电池、电动机、变速器、减速器和控制系统等参数进行合理匹配,而且在总体方案布置时必须保证连接可靠、轴荷分配合理等才能获得。

【知识点 4】　纯电动汽车的特点

纯电动汽车与燃油汽车相比,具有以下特点。

1. 无污染,噪声低

纯电动汽车无内燃机汽车工作时产生的废气,不产生排气污染,对环境保护和空气的洁净是十分有益的,有"零污染"的美称;电动汽车无内燃机产生的噪声,电动机的噪声也较内燃机小。

2. 能源效率高、多样化

电动汽车的能源效率已超过汽油机汽车,特别是在城市运行、汽车走走停停、行驶速度不高时,电动汽车更加适宜。电动汽车停止时不消耗电量,在制动过程中,电动机可自动转化为发电机,实现制动减速时能量的再利用。

另一方面,电动汽车的应用可有效地减少对石油资源的依赖,可将有限的石油资源用于更重要的方面。向蓄电池充电的电力可以由煤炭、天然气、水力、核能、太阳能、风力、潮汐等能源转化。除此之外,如果夜间向蓄电池充电,还可以避开用电高峰,有利于电网均衡负荷,减少费用。

3. 结构简单、使用维修方便

电动汽车较内燃机汽车结构简单,运转、传动部件少,维修保养工作量小。当采用交流感应电动机时,电动机不用保养维护,更重要的是电动汽车易操纵。

4. 动力电源使用成本高、续驶里程短

目前电动汽车技术尚不如内燃机汽车技术完善,尤其是动力电池的寿命短、使用成本高。电池的储能量小,一次充电后行驶里程不理想,且电动车的价格较贵。但随着电动汽车技术的发展,电动汽车存在的缺点会逐步得到解决。

【知识点 5】 电动汽车的关键技术

发展电动汽车必须解决好 4 个方面的关键技术:电池及管理技术、电机及控制技术、整车控制技术以及整车轻量化技术。

1. 电池及管理技术

电池是电动汽车的动力源,也是一直制约电动汽车发展的关键因素。要使电动汽车能与燃油汽车相竞争,关键就是要开发出比能量高、比功率大、使用寿命长、成本低的高效电池,但目前还没有任何一种电池能达到纯电动汽车普及的要求。

电池组性能直接影响整车的加速性能、续驶里程以及制动能量回收的效率等。电池的成本和循环寿命直接影响车辆的成本和可靠性,所有影响电池性能的参数必须得到优化。

电动汽车的电池在使用中发热量很大,电池温度影响电池的电化学系统的运行、循环寿命和充电可接受性、功率和能量、安全性和可靠性等。所以,为了达到最佳的性能和寿命,需将电池包的温度控制在一定范围内,减小包内不均匀的温度分布以避免模块间的不平衡,以此避免电池性能下降,且可以消除相关的潜在危险。

2. 电机及控制技术

电动汽车的驱动电机属于特种电机,是电动汽车的关键部件。要使电动汽车有良好的使用性能,驱动电机应具有较宽的调速范围及较高的转速,足够大的起动转矩,体积小、质量轻、效率高,且有动态制动强和能量回馈的性能。电动汽车所用的电机正在向大功率、高转速、高效率和小型化方向发展。

随着电机及驱动系统的发展,控制系统趋于智能化和数字化。变结构控制、模糊控制、神经网络、自适应控制、专家系统、遗传算法等非线性智能控制技术,都将各自或结合应用于电动汽车的电动机控制系统。它们的应用将使系统结构简单,呼应迅速,抗干扰能力强,参数变化具有鲁棒性,可大大提高整个系统的综合性能。

3. 整车控制技术

新型纯电动汽车整车控制系统是两条总线网络结构,即驱动系统的高速 CAN 总线和车身系统的低速总线,高速 CAN 总线每个节点为各子系统的 ECU,低速总线按物理位置设置

节点,基本原则是基于空间位置的区域自治。

实现整车网络化控制,其意义不只是解决汽车电子化中出现的线路复杂和线束增加问题,网络化实现的通信和资源共享能力成为新的电子与计算机技术在汽车上应用的一个基础,同时也为 X-by-Wire 技术提供有力的支持。

4. 整车轻量化技术

整车轻量化技术始终是汽车技术重要的研究内容。纯电动汽车由于布置了电池组,整车重量增加较多,轻量化问题更加突出,可以采用以下措施减轻整车质量。

（1）通过对整车实际使用工况和使用要求的分析,对电池的电压、容量、驱动电机功率、转速和转矩、整车性能等车辆参数的整体优化,合理选择电池和电动机参数。

（2）通过结构优化和集成化、模块化优化设计,减轻动力总成、车载能源系统的重量,这里包括对电动机及驱动器、传动系、冷却系统、空调和制动真空系统的集成和模块化设计,使系统得到优化;通过电池、电池箱、电池管理系统、车载充电机组成的车载能源系统的合理集成和分散,实现系统优化。

（3）积极采用轻质材料,如电池箱的结构框架、箱体封皮、轮毂等采用轻质合金材料。

（4）利用 CAD 技术对车身承载结构件（如前后桥、新增的边梁、横梁等）进行有限元分析研究,用计算和试验相结合的方式,实现结构最优化。

【知识点 6】　纯电动汽车车型性能分析

一、比亚迪纯电动汽车

1. 一家做车的科技企业

比亚迪是全球范围内唯一的同时掌握 IGBT 芯片、SiC 全产业链核心技术、三电技术、太阳能和储能解决方案的整车企业。2020 年,比亚迪动力电池装机量全国第二、全球第四,电机、电控装机量均位居全国第一,2019 年 IGBT 模块出货量全国第二,目前公司已经是全国最大的 IGBT 制造商,在汽车市场占比接近 20%（如图 2-6）。全产业链协同发展赋予公司明显的成本优势和技术壁垒。

2. 纯电平台:发布 e3.0 平台,加速车型迭代

2021 年 9 月 8 日,比亚迪发布了 e 平台 3.0 版,在"安全、高效、智能、美学"四大方面实现突破,进一步释放电动汽车潜能,化解电动车发展痛点。

e3.0 平台在此前 e2.0 平台的基础上进一步实现了整车核心模块的集成化,同时构建了全新的车身结构、电子电器架构以及车用操作系统。从 e2.0 平台高低压双层架构扩展至 3.0 时代底盘层、动力层、智能层、车身层的四层架构,如图 2-7 所示。

（1）在安全方面,e3.0 平台标配刀片电池（如图 2-8）,电芯到整包的直接集成,大幅提升电池能量密度,三明治结构有效提升电池系统的结构强度。比亚迪的刀片电池可安全通过严苛的针刺测试,杜绝电池爆燃问题,相比三元锂电池和磷酸铁锂块状电池更为安全。此外,e3.0 平台为纯电平台打造专属的传力结构,正面传力路径方面,缩小了纵梁高度差,可顺畅传力,标配的全框式副车架,可分散传力;侧面传力路径方面,采用全平地板设计,使侧面传力结构稳定连贯。刀片电池与纯电专属传力结构的搭配,使车身与电池更好地融合,形成完整的传力结构,赋能整车安全。

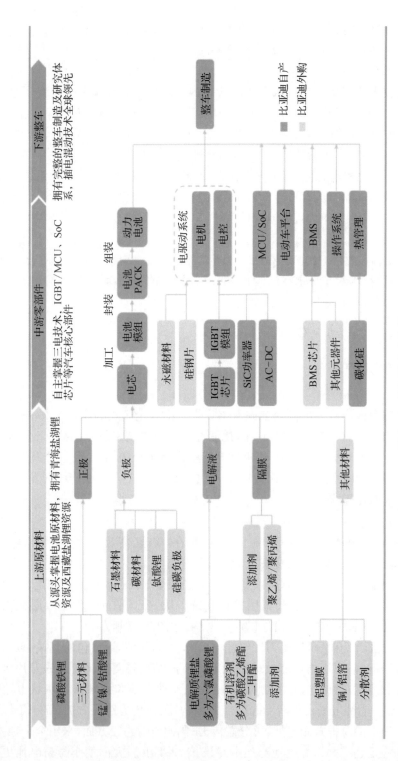

图 2 - 6　比亚迪产业布局

| 三电关键部件平台化
突破电动汽车核心技术

主要特点：
➤ 双向逆变充放电式
　电机控制器
➤ 高电压架构高安全
　高能量动力电池
➤ 大功率高转速电机 | 整车关键系统平台化
满足多样化电动需求

打造"33111"模式：
➤ 3-电驱动三合一模块
➤ 3-充配电三合一模块
➤ 1-高安全高比能电池
➤ 1-DiLink智能网联系统
➤ 1-深度集成控制模块 | 核心模块进下步集成化
实现整车架构平台化
"安全、高效、智能、美学"
➤ 安全-车身电池融合，赋能
　整车安全
➤ 高效-全场景高效体验
➤ 智能-软硬件完全解耦，赋
　能整车持续自进化
➤ 美学-重新定义美学，更长
　的轴距设计，更大设计空间 |

e平台1.0　　　　　　　e平台2.0　　　　　　　e平台3.0

2010　　　　　　2018　　　　　　2021　　　　　　年份

图 2-7　e平台发展历程及亮点

图 2-8　e3.0 平台打造纯电平台专属传力结构

（2）在高效方面，在零部件层级，e3.0 平台搭载了高性能发卡式扁线电机，最高效率达到了 97.5％，高性能电机控制器的模块最大效率达到了 99.7％。e3.0 平台搭载了全球首款深度集成的八合一电动力总成，将电驱动、充配电、VCU、BMS 集成在一起，最大功率达到了 270 kW，综合效率达到了全球顶级的 89％。e3.0 平台采用异步电机加永磁同步电机的高性能四驱架构，加速工况双电机最大输出，日常行驶以永磁同步电机驱动为主，兼顾不同使用场景，既可实现四驱的动力，又能兼顾两驱的能耗（如图 2-9）。

图 2-9　高性能四驱架构

e3.0 平台同时实现了三次首创，各是动力总成多模式热量补偿技术、动力电池直冷直热技术、驱动电机升压充电架构（如图 2-10）。e3.0 平台的宽温域高效热泵系统（如图 2-11），使整车热量综合利用，打破传统乘员舱电池驱动总成、热管理系统分裂的边界，通过热泵将各个系统深度融合。

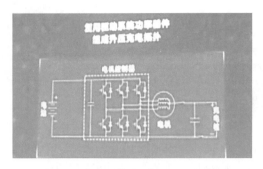

图 2-10 驱动电机升压拓扑架构

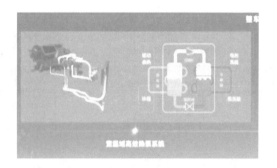

图 2-11 高温域高效热泵系统

在极端低温环境下,动力总成多模式热量补偿技术,通过系统的融合设计,开源和节流并重,热泵系统可实现-30 ℃~60 ℃的宽域工作温度;动力电池直冷直热技术,使热效率最大提升 20%;驱动电机升压充电架构,复用大功率驱动系统,实现宽域大功率充电。

基于刀片电池、八合一电动力总成、宽温域高效热泵系统融合创新,搭载全新 e 平台的高端车型可实现最大续航 1 000 公里、百公里加速 2.9s、百公里电耗比同级别车型降低10%,低温续航提升最大 20%,充电 5 分钟,最大行驶 150 公里等突破。

(3) 在智能方面,e3.0 平台实现硬件与软件的双向智能化。

➤ 在硬件层面,开发行业首个动力域控制器(如图 2-12),将整车的驱动、制动、转向等功能深度融合,充分发挥电机快速响应的优势。以驱动防滑控制(如图 2-13)为例,通过动力域功能集成,响应时间缩短至 10 毫秒,而传统的分散控制架构则需要 100 毫秒以上。整车的域控制融合使车辆在冰雪路面等低负荷工况的响应更快,稳定性更好,为智能驾驶提供安全基础。动力域控制器由智能动力域、智能车控域、智能座舱域和智能驾驶域四部分组成,将算力分散的分布式控制器融合为高性能域控制器,算力提升 30%。功能融合,交互效率提升 50%,支持高等级自智能驾驶。

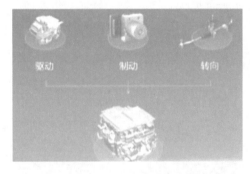

图 2-12 动力域控制器

图 2-13 驱动防滑控制

➤ 在软件层面,比亚迪自主研发了国内首个车控操作系统,通过构建通用的硬件驱动层、操作系统层、系统服务层和功能服务层,实现了应用软件和整车硬件的完全解耦,应用程序跨平台复用不再受制于硬件差异。即插即用的硬件设计也为架构的持续升级提供了有力保障。后续搭载 e3.0 平台的电动汽车,将支持软件 OTA 和硬件升级,电动汽车将持续进化,持续智能。

（4）在美学方面，e3.0平台重新定义整车美学，扁平化的刀片电池、深度集成的动力总成使得整车的前后悬更短，轴距更大，乘坐空间大幅提升。例如，基于e3.0平台推出的首款车型"海豚"，其车身长度与A0级小型车尺寸相当，但内部空间比B级轿车更大（如图2-14），后续推出的"元Plus"也是基于紧凑平台打造。整车架构关键节点的模块化设计，使e3.0平台拥有优异的带宽特性，为整车空气动力学设计提供更多发挥空间。基于该平台，车辆可跨越A~C级，轴距可涵盖2.5~3.5米，从紧凑型到大中型轿车、SUV、MPV以及未来新物种等（如图2-15）。

图2-14　"海豚"车内空间

图2-15　e平台后续车型规划

3. 纯电品牌向上，成功攻入豪华轿车市场腹地

（1）比亚迪汉成功引领公司品牌向上。5月，比亚迪汉单月销量达到8 214辆，其中汉EV销量为5 763辆，汉DM销量为2 451辆（如图2-16）。截至5月底，比亚迪汉累计销量达到84 401辆，实现了中国品牌中大型轿车市场销量第一，填补了中国品牌在中大型C级轿车市场热销车型的空白。作为一款中国品牌的中大型C级轿车，比亚迪汉全系车型售价区间为21.98万元~27.95万元，销量最大的汉EV平均销售价格达到26万元以上，汉顶配车型销量占到整体销量的60%，成功突入主流豪华轿车市场的"腹地"，在由BBA燃油车把持的高端市场站住脚。汉车主中，有67%已经是豪华或超豪华品牌车主，高学历、高职阶、高收入人群占比较大，有72%分布在北京、上海、广州、深圳、杭州、西安等一二线城市。而唐系列的性价比也超过理想ONE、蔚来ES6、EC6、ES8等新势力畅销SUV，在高端车市场占据一席之地。

图2-16（a）　汉EV外观（侧面）

图2-16（b）　汉EV内饰

图 2 - 16(c)　汉 EV 主动安全

图 2 - 16(d)　汉 EV 5G 速联

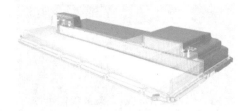

图 2 - 16(e)　汉 EV 刀片电池

图 2 - 16(f)　汉 EV 智能辅助系统

（2）深化高端布局,全面提升品牌价值。

① 布局高端品牌,公司预计于 2023 年推出高端品牌,价格区间在 30 万～50 万元,高端品牌的智能化以及产品性能将会有大幅度提升,并且该品牌将拥有独立品牌、独立团队、独立销售网络。

② 智能化加持,比亚迪汉(见表 2 - 1)已经具备基于鸿蒙系统的 HiCar 系统、NFC 车钥匙、HiCar、DiPilotL2 的智能驾驶辅助系统,高端品牌车型将在此基础上再度提升智能化水平,目前比亚迪正在搭建 L3 以上自动驾驶团队,进行算法融合和 OTA 开发,基于华为自动驾驶解决方案的路测也已开展。

表 2 - 1　汉 EV 电动车技术参数

电动机	交流永磁同步电机
电机功率	前电机最大功率 163 kW;后电机最大功率 200 kW
蓄电池	刀片电池电池容量分别为 64.8 kWh/76.9 kWh
续航里程	续航里程分别为 506 km/605 km/550 km
百公里加速时间	7.9 s/3.9 s
充电时间	25 min 可充电完成 80%

二、特斯拉纯电动汽车

1. 以智能电动车业务为核心

特斯拉成立于 2003 年,受马斯克主导。公司于 2003 年由马丁·艾伯哈德和马克·塔彭宁共同创办,埃隆·马斯克 2004 年进入公司并领投了 750 万美元的 A 轮融资,马斯克持股约 22% 并拥有最终控制权,此后他持续跟投注资并保持住控制权。2010 年公司在美国纳斯达克上市。

目前公司以汽车业务为核心(如图2-17)。特斯拉已覆盖Master plan提出的汽车和能源业务,包括汽车生产销售/租赁、能源生产及储存、其他相关服务。其中汽车业务位居核心,2021年1季度汽车业务营收占比高达86.6%。

图2-17 特斯拉以汽车业务为核心

特斯拉车型发展历程(如图2-18所示)。按照Master Plan的计划,特斯拉于2006年与莲花跑车合作打造电动超跑Roadster,由莲花Elise改装而来,搭载性能强悍的电动系统,售价10万美元。之后于2008年和2012年分别推出轿车Model S、SUV Model X,定位豪华车,售价7.5万美元以上,克服了量产过程中的各种难题并成功上市。在2016年、2019年又分别推出Model 3、Model Y,定位消费级爆款车型,售价3.4万美元起。

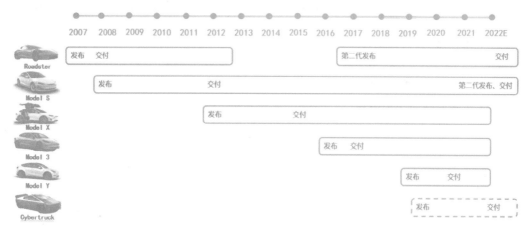

图2-18 特斯拉产品发展进程

2019年推出皮卡Cybertruck,售价4万美元起,计划于2022年大规模交付,希望打造成皮卡爆款。

2. 五大核心竞争力引领行业发展

特斯拉成立18年来取得一系列令人瞩目的成绩:稳坐新能源车销量第一宝座,股价连续超越传统车企巨头,推动整个行业向电动化和智能化发展。推动其发展的核心竞争力主要有以下五点:

(1)三电系统打造基础竞争力

① 电池持续引领高能量密度、低成本、低衰减技术趋势

依靠 18650 电池率先实现商业化。特斯拉在 2008 年即开始在 Roadster 和 Model S 车型上应用松下的 18650 圆柱形动力电池。

21700 电池在能量密度和降低成本方面成效明显,见表 2-2 所示。Model 3/Y 车型开始应用松下的 21700 电池,21700 电池尺寸更大、单体电芯能量密度更高,同等带电量下电池的数量大幅减少,LFP 电池进一步拉低成本。国产 Model 3 车型采用宁德时代提供的磷酸铁锂电池(LFP),结合宁德时代特有的 CTP 电池组装技术,电池成本降至约 100 美元/kWh。

表 2-2　特斯拉电池发展历程

时间	2008—2016	2016—2018		2018—2020	
车型	Roadster、Model S	Model S、Model X		Model 3、Model Y	
电池型号	18650	18650	21700	21700	方形
正极类型	LCO	NCA	NCA	NCM811	LEP
负极材料	石墨	硅碳	硅碳	石墨	石墨
电池组能量密度	120 Wh/kg	150 Wh/kg	160 Wh/kg	125 Wh/kg	
成本	190+ 美元/kWh	190~160 美元/kWh	160~120 美元/kWh	153~114 美元/kWh	约100 美元/kWh
供应商	松下	松下	松下	LG	宁德时代

② 电机持续升级,性能处于行业领先(如图 2-19~图 2-22)

电机持续升级。2012 与 2015 年推出的 Model S 与 Model X 受永磁材料供应链的限制,从性能考虑选择了感应电机。随着大功率永磁电机技术成熟、供应链成熟,2017 年上市的 Model 3 开始转向永磁电机。在双电机车型方面,从最早 Model S 采用的双感应电机方案,到 Model 3 转向感应＋永磁双电机方案,两类电机优势结合形成互补,同时兼顾了性能与成本。2021 年 Model Y/3 开始换装扁线电机,比圆线电机槽满率高 20%~30%,有效绕组电阻降低,进而降低铜损耗,宽截面又提升了输出功率,进一步提升电机效率,减小电机体积,并能降低成本。

应用车型	Model S/Model X	Model 3/Model Y
电机	异部感应交流电机	永磁同步交流电机
转速范围(r/min)	9000-15000	4000-10000
过载能力%	300-500	300
峰值效率%	94-95	95-97
结构坚固性	好	一般
成本	低	高
可靠性	好	较好
电机外形尺寸	中	小
控制操作性能	好	好

图 2-19　特斯拉两种电机参数对比

图 2-20　特斯拉电机升级历程

图 2 - 21 特斯拉采用扁线电机功率密度高,体积小

图 2 - 22 扁线电阻小以降低铜耗

③ 电控掌握核心技术,确保高效安全

率先使用新一代 SiC 功率器件。特斯拉是第一家集成全碳化硅 SiC 功率模块的车企,如图 2 - 23 所示。Model 3 逆变器由 24 个功率模块组成,为达到更好的连接效果,特斯拉采用了大量的激光焊接工艺。与特斯拉 Model S 相比,Model 3 逆变器效率从 82% 提升至 90%,对续航里程数提升显著,同时可降低传导损耗和开关损耗。

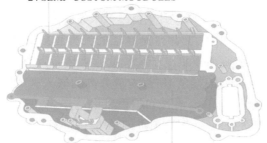

图 2 - 23 Model 3 采用全 SiC 逆变器

自主研发的 BMS 系统实现精确控制,如图 2 - 24 所示。特斯拉 2008~2015 年间的核心知识产权大多与 BMS 相关,特斯拉在每个电池片、电池组整体及整车层面均设置有监控板,以监控电池电压和温度,已经实现了对超过 7 000 节电池单体的有效管理,电池的可靠性与安全性得到充分认证。另外,特斯拉 BMS 电池管理系统中包含 4 个核心芯片,其中两个 38 针芯片是特斯拉自研,独有的技术可对电池单体的荷电状态进行精准的估测和一致性控制。

图 2 - 24 特斯拉 BMS 系统及控制单元

④ 超充桩布局领先,解决充电便利性难题

充电桩分布密集。2012 年特斯拉在美国为 Model S 配套了第一批超级充电桩,之后在

全球范围拓展充电网络,目前全球超级充电桩已超过 25 000 个,计到 2021 年年底,特斯拉的全球超充桩数量已达 30 000 个,如图 2-25 所示。而在国内,特斯拉超级充电站数量突破 900 座,超级充电桩超过 6 900 桩,搭配 700+目的地充电站、1 700+目的地充电桩,特斯拉充电网络已覆盖中国 320 个以上的城市。

图 2-25　特斯拉全球充电站布局

(2) 引领汽车底层架构变革,OTA 升级持续带来先进体验

特斯拉重构 EEA 架构(如图 2-26),是真正的汽车底层革命。传统汽车的每项功能都由独立的 ECU 进行控制,随着车辆电子化程度越来越高,汽车 ECU 的应用数量急速增加,增加成本与能耗,造成算力的冗余浪费;大量分离的嵌入式 OS 和应用程序 Firmware,由不同 Tier1 提供,软、硬件强耦合,语言和编程风格迥异,功能更新需同步升级软、硬件,导致没法统一维护和 OTA 升级。特斯拉对 EEA 架构进行了全面彻底的自主研发,率先定义了下一代电子电气架构的形态。在 Model 3 中,整个 EEA 架构被整合为非常简洁的三大部分(如图 2-27):中央计算模块(CCM)、左车身控制模块(BCMLH)和右车身控制模块(BCMRH)。其中中央计算模块完全整合了 ADAS 域、信息娱乐系统域和通信系统域,左车身和右车身控制模块分别整合了车身与便利域、底盘与安全域和动力总成域。域控制器尽可能集中,EEA 架构更抽象化、标准化,实现了软硬件的解耦。电子电气架构的改变,是真正底层的革命。其带来最重要的改变,就是智能汽车可以实现 OTA(Over-the-Air)升级。

图 2-26　传统分布式 EEA 架构　　　　图 2-27　特斯拉域集中式 EEA 架构

(3) 芯片、算法自研,掌握智能化的核心竞争力

特斯拉是全球第一家具备自研芯片能力的车企。特斯拉是全球最早推出自动驾驶的车企(见表 2-3)。

表 2-3　特斯拉 Autopilot 系统演进历程

时间	2014.1	2016.1	2017.08	2019.04
系统版本	Autopilot 1.0	Autopilot 2.0	Autopilot 2.5	Autopilot 3.0
硬件版本	HW1.0	HW2.0	HW2.5	HW3.0
决策控制冗余	无	部分	完整	完整
毫米波雷达	1个	1个	1个	1个
后视摄像头	1个	1个	1个	1个
侧后摄像头	无	2个	2个	2个
侧前摄像头	无	2个	2个	2个
前置摄像头	1个	1个	1个	1个
超声波雷达	12个	12个	12个	12个
计算平台	MobileEye EyeQ3	Nvidia drive PX2	Nvidia drive PX2+	Tesla FSD
定位模块	/	/	有	有
性能(TOPS)	36	24	24	144

其自动驾驶系统 Autopilot 自推出至今历经四代,2014 年推出 Autopilot 1.0,搭载 Mobileye Q3 芯片,实现全速自适应巡航、车道保持、紧急制动、变道辅助、自动泊车等 L2 级别功能;2016 年推出 Autopilot 2.0,增加传感器数量,搭载英伟达 Drive PX2 芯片,实现 L2＋级功能。2019 年推出 Autopilot 3.0 时,即开始使用自研芯片 FSD 替代英伟达 Drive PX2,拥有每秒可处理 2300 帧的图像处理能力,是 HW2.5 版本的 21 倍,可实现 L2＋＋级自动驾驶功能,而算力 216TOPS 的 HW4.0 芯片也将会在 2022 年投入量产,继续保持领先地位。

（4）"硬件预埋＋软件收费"引领商业模式革新

"硬件预埋＋软件收费"的商业模式将成主流。智能化时代,消费者的驾驶将变得更加简单,增加了用户在车内的"剩余时间",进而具备将时间变现的可能,车企后端的软件服务收费业务潜力巨大。特斯拉正在利用其在电动汽车方面的成本领先优势,积极扩大用户群。随着特斯拉销量的上涨,"硬件预埋＋软件收费"的商业模式,将为特斯拉的营收贡献重要力量。

特斯拉的软件收入由 3 块业务组成,分别是车联网功能、OTA 付费升级和 FSD 自动驾驶功能,如图 2-28 所示。

（5）一体压铸技术引领制造革命

压铸是将熔化状态金属在模具内加压冷却成型的精密铸造方法,相比传统的冲压-焊装工艺,具备高效、高精度的优势。大众、宝马等车企已逐步应用压铸件替代传统钣金件,但受固有工艺流程及压铸机规格限制,冲压-焊接仍是白车身的主流制造工艺。

特斯拉率先采用一体压铸技术。特斯拉在 2019 年申请了"汽车车架的多向车身一体成型铸造机和相关铸造方法"的技术专利,并开发出独家的适用于一体压铸的铝合金配方,稳定性强,成型效果好,为一体压铸做好技术储备。随后联合大型压铸设备头部供应商力劲科技,研发出 6 000 吨级压铸设备 Giga Press,在四座超级工厂都进行了布局。2020 年开始采用一体压铸成型的工艺生产 Model Y 的整个后部车体,如图 2-29 所示。

```
                        软件收入组成

AutoPilot(FSD)    OTA 付费升级      车联网         超级充电网络      车辆保险

  激活付费         以OTA 更新升级为主，  可视化实时路况显示、  充电缴费、停车     4年或8万公里保修
                 包括OTA 加速包、后排  卫星地图、流媒体视频、  位占位延时罚款     期，高压电池与驱
                 加热座椅升级、续航升  流媒体音乐、互联网浏               动总成质保期享8年
                 级等等           览器等网络服务                  或24万公里

  一次性购买，最新价格              订阅服务收费2019年4月  2019年全球超级     正常车险缴费模式
  10000美元，国内64000元  按照具体功能收费   开始，收取9.9美元/月，  充电站的充电价
                                  国内9.9元/月       格平均提高33%
```

图 2 – 28　特斯拉软件收费构成

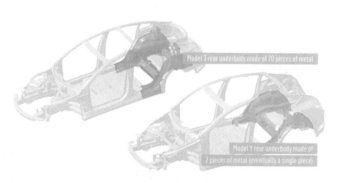

图 2 – 29　Model Y 采用一体压铸后零件数大幅减少

3. Model Y 加速替代燃油车

Model Y 是特斯拉第四款大规模量产车型。特斯拉 Model Y 是基于 Model 3 研发的一款中型 5 座 SUV(可选装 7 座)，如图 2 – 30 所示，于北京时间 2019 年 3 月 15 日在洛杉矶发布，2020 年一季度开始在美国交付，目前在美国有标准续航版(3.4 万美元)、长续航版(4.4 万美元)以及高性能版(5.1 万美元)三种版型。2021 年 1 月 1 日在国内发售国产的长续航版和高性能版，7 月 8 日发售标准续航版。

Model Y 有望成为特斯拉销量最多的车型。Model Y 基于 Model 3 打造，有 75% ~ 80% 的组件可共用，拥有同样的外观和内饰设计，智能化和驾驶体验一致。且 Model Y 将大规模采用一体式压铸工艺，提高产品质量的同时节约生产成本，可让利给用户，增强车型售价吸引力。标续版 Model Y 的上市直接将价格打入 25 万 ~ 30 万元区间，空间实用性高于 Model 3，见表 2 – 4 所示，潜在市场大于 Model 3，有望成为特斯拉最走量的车型。

图 2 – 30　Model Y 与 Model 3 造型风格一致

表 2 - 4　Model Y 与 Model 3 配置对比

	Model 3 标准续航版改款	Model Y 标准续航版
指导价(万元)	25.174	29.2
补贴后售价(万元)	23.59	27.6
上市时间	2021 年 1 月	2021 年 7 月
交付时间	2021 年 1 月	2021 年 8 月
尺寸(mm)	4 694×1 850×1 443	4 750×1 921×1 624
轴距(mm)	2 875	2 890
驱动方式	后驱	后驱
总功率/kW	220	220
总扭矩/Nm	440	440
续航里程/km	468	525
电池类型	磷酸铁锂	磷酸铁锂
带电量/kWh	55	60
最高时速(kW/h)	225	217
百公里加速时间/s	5.6	5.6

相比电动车竞品,Model Y 综合实力最强。2021 年 25 万以上高端电动车市场优质供给增加,相比直接竞品福特 Mach-E,Model Y 在续航、加速性能全面占优,相比极氪 001 品牌和渠道建设更成熟。相比汉、小鹏 P7,SUV 的空间更优,相比蔚来 EC6、ES6 具备价格优势,见表 2 - 5 所示。

表 2 - 5　相比电动车竞品,Model Y 综合优势明显

	Model Y	福特 Mustang Mach - E	极氪 001	蔚来 ES6	蔚来 ES6	宝马 IX3	ID. 6	比亚迪唐	比亚迪汉
车型	SUV	SUV	轿车	SUV	SUV	SUV	SUV	SUV	轿车
车型类型	B	B	C	B	B	B	C	B	C
补贴后售价(万元)	27.9～37.79	26.5～37.99	28.1～36	34.648～50.8	35.36～50.8	39.99～43.99	23.99～33.59	27.95～31.48	22.98～27.95
长(mm)	4 750	4 739	4 970	4 850	4 850	4 746	4 876	4 870	4 980
宽(mm)	1 921	1 881	1 999	1 965	1 965	1 891	1 848	1 950	1 910
高(mm)	1 624	1 621	1 560	1 758	1 731	1 683	1 680	1 725	1 496
轴距(mm)	2 890	2 984	3 005	2 900	2 900	2 864	2 965	2 820	2 920
续航里程 km	525/540/594	470/480/540/600	526/606/712	420/430/610	430/440/605/615	490/500	436/510/588	505/565	550/605
能量密度(wh/kg)	160	—	175	170	170	154	175	161	140

（续表）

	Model Y	福特 Mustang Mach-E	极氪 001	蔚来 ES6	蔚来 ES6	宝马 IX3	ID.6	比亚迪唐	比亚迪汉
百公里电耗 (kwh/100 km)	13.9	16.7	16.26	—	—	16.7	15.4/15.5/17.7	—	14.1/15.4
带电量 kwh	60/76.8	75.7/98.8	86/100	70/100	70/100	74	63.2/83.4	86.4	76.9
百公里加速时间(S)	3.7/5.0/5.6	3.65/5/7	3.8/6.9	4.7/5.6	4.5/5.4	6.8	6.6/9.1/9.3	4.4/4.6/8.9	3.9/7.9

三、大众纯电动汽车

1. MEB 是大众转型新能源的重要平台

大众电动化战略：大众汽车计划截至 2020 年基于现有车型推出 10 款新能源车型版本，到 2022 年底，大众汽车旗下所有子品牌 VW、奥迪、斯柯达、西雅特等将累计发布 27 款基于 MEB 平台生产的车型。至 2023 年大众将推出 10 款纯电动 ID 家族车型，截至 2025 年大众汽车计划达到每年销售 100 万电动车的目标，在中国市场销售车型将有 25%～30% 为纯电动车型。截至 2028 年将推出 70 款电动车，并将计划销量由 1 500 万提升至 2 200 万辆。大众集团首席执行官表示，2020 年起大众后期基于 MEB 平台打造的电动车累计产量将达到5 000 万辆。

大众的 MEB 平台是模块化电气化工具 Modular Electrification Toolkit 的缩写，MEB 平台是大众首个模块化传统车平台 MQB 向电动化进化的平台，结构层面来看，与大众传统燃油车模块化平台 MQB 相比，MEB 去除了传统燃油车底盘需要的横向设计、前置发动机、前轮驱动的布局，将电池以及电机融入底盘架构，采取平板式电池模组布置于车轴两侧，其外观类似于一块"巧克力"，位于底盘中央，前桥与后桥之间，一方面可实现载荷的均匀分布，同时电池可实现前驱、后驱以及四驱，此外，由于省略了前置发动机、复杂的变速箱以及配套的传动系统，因此，车身在相同的车长情况下可以拥有更长的轴距和更短的前后悬挂。

MEB 平台模块化程度较高，动力层面，后期所有基于 MEB 生产的车型根据车型是后驱还是四驱可提供两套标准的动力传统系统，但是仅采用一款通用的动力电子系统，且所有车型仅配备一款永磁同步电机，如图 2-31 所示。

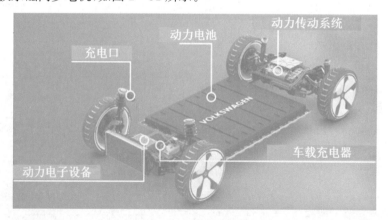

图 2-31　大众 MEB 平台示意图

MEB采用3区域的域控EEA架构,从目前披露的大众MEB的EEA架构来看,大众主要是基于3个ICAS域控系统:

ICAS1:主要是车内应用服务,依靠网关进行传递的ECU,包括车身控制、电动系统、高压驱动系统、舒适系统、灯具系统,全部引入车身应用的服务单元里;

ICAS2:支持高级自动驾驶功能,有单独的自动驾驶域控制器;

ICAS3:是娱乐系统的域控制器,把导航系统、仪表系统、抬头显示、智能座舱,即所有算法和硬件放入第三个域控制器。

2. MEB延续性强,产品外观改善,成本下降,续航里程提升

MEB平台因其模块化能力较强而具备较好的延展性,目前发布的基于MEB平台打造的新能源车型其最高续航里程将达到550多公里,并且全部搭载vw. OS操作系统。MEB平台车型包括轿车、SUV、MPV以及部分商用车,可实现紧凑型到中大型的跨越,同时不局限于大众品牌,还将涵盖斯柯达、西雅特以及奥迪等高端品牌。首批车型主要包括奥迪Q4e-tron、大众 ID. CROZZ、ID. 3、西雅特 EL－BORN、斯柯达 Vision E、ID. BUZZ、ID. BIZZION等。

通过对大众MEB2020～2022年上市部分车型的分析(见表2-6),我们认为这些车型具备以下共性:

表2-6　大众 MEB 平台新能源车型与竞品续航里程对标分析

品牌	子品牌	车型					
特斯拉	—	Model S 660(国际工况法)	Model X 575(国际工况法)	Model 3 445/590/595(国际工况法)	Model Y 480/505(WLTP标准)	皮卡 403/483/805(EPA标准)	
蔚来	—	EST 610(NEDC标准)	ES8 580(NEDC标准)	EC6 615(NEDC标准)			
大众	VW	ID. 3 330/420/550(WLTP标准)	ID. 4(ID. CROZZ)500(NEDC标准)	ID. BUZZ Concept 600(NEDC标准)/435(EPA标准)	ID. Vizzion Concept 665(NEDC标准)	ID. ROOMZZ (ID. Lounge) 450(WLTP标准)	ID. SPACE VIZZION 590(WLTP标准)	BUDD-e 533(NEDC标准)
	斯柯达	VISION E Concept 500	VISION iV 500(WLTP标准)	CITIGO-e iV 260(WLTP标准)			
	奥迪	Q4 e-tron 450(WLTP标准)	e-tron Sback 347/446(WLTP标准)				
	西雅特	el-born 420(WLTP标准)					
比亚迪	—	唐 EV600 600(等速法)	秦 Pro-EV500 420(工况法)	e1 305(工况法)	e2 305/405(工况法)	e3 305/405(工况法)	s2 305(工况法)

第一,续航里程大幅度提升,普遍达到 500 km 以上。当前大众推出的国产纯电动车型

续航里程均低于300 km(上汽大众朗逸续航里程为278 km,一汽大众纯电动高尔夫续航里程为270 km),后续车型高配版本的续航里程普遍达到450~600 km。与对标车型特斯拉、蔚来、比亚迪的核心车型相当。MEB平台车型的续航里程大幅度显著提升主要由于MEB是专门针对新能源汽车的独立平台,而且之前大众国产车型的新能源均是基于原传统车平台打造,由于新能源独立平台的结构有所差异,所以车身搭载的电池数量大幅度提升。基于MEB平台打造的ID车型的基本续航里程是350 km,最高可提升至665 km。

第二,外观内饰相较传统车改动较大,更加具备科技感,如图2-32和图2-33所示。基于MEB的新能源车型外观普遍更加具有运动感和科技感,体现在造型整体偏圆润,前脸均取消原传统燃油车使用的横拉式进气格栅而采用封闭式进气格栅,车身流线感加强,前后均大部分采用贯穿式大灯等设计,采用五幅式轮毂。内饰层面则普遍做了较大简化,整体设计理念更加向造车新势力靠拢。

图2-32　ID.3外观(侧面)

图2-33　ID.3内饰

第三,成本显著下降。纵向比较来看,以车型类似的ID.3(基于MEB平台)与纯电动版高尔夫(基于MQB平台)进行比较,据大众CEO Herbert Diess表示,ID.3成本比纯电动版高尔夫便宜大约40%。成本大幅度下降主要由于MQB平台虽然能够兼容新能源车型,但是重心仍是传统燃油车系统的平台架构,而MEB由于专门为新能源车型打造,结构布局等更加合理化,同时模块化研发、采购、设计也将使得MEB平台具备横向比较的成本相对优势,见表2-7所示。

表2-7　近期大众车型规划及对应产品性能参数

品牌	车型	级别	长宽高 (mm)	轴距 (mm)	续航里程 (km)	电池功率 (kWh)	充电时间 (min)
VW	ID.3	紧凑级两厢车	4 260/1 810/ 1 550	2 765	330/420/550 (WLTP标准)	45/58/ 77	30 (290公里)
VW	ID.4(ID. CROZZ)	紧凑级SUV	4 625/1 890/ 1 608	2 774	500(NEDC标准)	83	30(80%, 快速充电)
VW	ID.BUZZ Concept	紧凑级MPV (4~8座小型客车)	4 941/1 979/ 1 963	3 300	600(NEDC标准) /435(EPA标准)	111	30(80%, 快速充电)
VW	ID.Vizzion Concept	全尺三厢车	5 163/1 947/ 1 506	3 100	665(NEDC标准)	111	—

（续表）

品牌	车型	级别	长宽高（mm）	轴距（mm）	续航里程（km）	电池功率（kWh）	充电时间（min）
VW	ID. ROOMZZ	全尺寸跨界 SUV	4 930/1 903/1 675	2 965	450/600（WLTP 标准）	77/111	30(80%，快速充电)
VW	ID. SPACE VIZZION	紧凑级跨界 SUV	4 958/1 897/1 529	2 964	590（WLTP 标准）	82	30(80%，快速充电)
VW	BUDD-e	MPV	4 597/1 938/1 834	3 152	533（NEDC 标准）	101	30(80%，快速充电)
奥迪	Q4 e-tron	紧凑级跨界 SUV	4 590/1 900/1 610	2 770	450（WLTP 标准）	82	30(80%，快速充电)
斯柯达	CITIGO-e iV	次紧凑级两厢车	3 597/1 926/1 645	2 765	260（WLTP 标准）	32.2	1 小时(80%，40 kW，快速充电)

ID. 3 是大众基于 MEB 平台打造的首款车型，定位紧凑型纯电动轿车，车型长宽高分别为 4 261 mm、1 809 mm、1 552 mm，轴距为 2 765 mm，整体车长与 Golf 相近，但得益于纯电动平台带来优势，其轴距更大，且车内无中央通道，内部空间显著提升，见表 2-8 所示，如图 2-34、图 2-35 所示。

表 2-8　ID. 3 电动车技术参数

电动机	后置永磁单电动机　最大功率：150 kW
蓄电池	锂离子蓄电池电池容量分别为 45 kWh/58 kWh/77 kWh
续航里程	续航里程分别为 330 km/420 km/550 km
充电时间	直流快充时 30 分钟便可充入续航 290 公里所需的电量

图 2-34　ID. 4 外观（正面）

图 2-35　ID. 4 外观（侧面）

ID. 4 基于 ID. CROZZ Concept 打造，该车型同样基于 MEB 平台，ID. 4 比 ID. 3 尺寸更大，定位紧凑型 SUV，车型长宽高分别为 4 565 mm、1 845 mm、1 621 mm，轴距为 2 765 mm，见表 2-9 所示，如图 2-36、图 2-37 所示。

表 2-9　ID.4 电动车技术参数

电动机	前、后轴搭载两台电机　224 kW
蓄电池	锂离子蓄电池电池容量分别为 58 kWh/83 kWh
续航里程	续航里程分别为 330 km/500 km
充电时间	30 min 可充电完成 80%

图 2-36　Q4 e-tron 外观（正面）　　　图 2-37　Q4 e-tron 外观（侧面）

Q4 e-tron 是奥迪首款基于 MEB 平台打造的车型,相对于由保时捷纯电平台(J1)打造的 e-tron 车型更加平民化。Q4 e-tron 定位紧凑型跨界 SUV,车身介于 Q3 和 Q5 之间,车型长宽高分别为 4 590 mm、1 900 mm、1 610 mm,轴距为 2 770 mm,尺寸与 Q5 相当,见表 2-10 所示,如图 2-38、图 2-39 所示。

表 2-10　　Q4 e-tron 电动车技术参数

电动机	搭载 quattro 电动四驱系统,前后分别配备一台感应异步电机和一台永磁同步电机,综合输出功率 225 kW
蓄电池	锂离子蓄电池　电池容量:82 kWh
续航里程	续航里程最大为 450 km
充电时间	直流快充时 30 分钟可充电完成 80%

图 2-38　斯柯达 CITIGOe iV 外观（正面）　　图 2-39　斯柯达 CITIGOe iV 外观（侧面）

斯柯达 CITIGOe iV 是大众旗下 e-Up 车和未来的 eMii 的姊妹款,为 MEB 平台产品,定位次紧凑型微型车,车型长宽高分别为 3 597 mm、1 926 mm、1 645 mm,轴距为 2 765 mm,见表 2-11 所示。

表 2-11　斯柯达 CITIGOe iV 电动车技术参数

电动机	搭载 quattro 电动四驱系统,前后分别配备一台感应异步电机和一台永磁同步电机,综合输出功率 225 kW
蓄电池	锂离子蓄电池　电池容量:82 kWh
续航里程	续航里程最大为 450 km
充电时间	直流快充时 30 分钟可充电完成 80%

模块二　混合动力电动汽车

混合动力电动汽车是燃油汽车向纯电动汽车发展过程中的过渡车型,目前技术相对成熟,其中丰田普锐斯混合动力电动汽车的销量已超过 260 万辆。

【知识点 1】　混合动力电动汽车的定义与分类

一、混合动力电动汽车的定义

国际电子技术委员会对混合动力车辆的定义为:在特定的工作条件下,可以从两种或两种以上的能量存储器、能量源或能量转化器中获取驱动能量的汽车,其中至少一种存储器或转化器要安装在汽车上。混合动力电动汽车至少有一种能量存储器、能量源或能量转化器可以传递电能。串联式混合动力车辆只有一种能量转化器可以提供驱动力,并联式混合车辆则不止由一种能量转化器提供驱动力。

二、混合动力电动汽车的分类

混合动力电动汽车分类方法较多,这里主要介绍以下 6 种分类方法。

1. 按照动力系统结构形式划分

根据混合动力电动汽车零部件的种类、数量和连接关系,可以将其分为串联式混合动力电动汽车(SHEV)、并联式混合动力电动汽车(PHEV)和混联式混合动力电动汽车(PSHEV)。

串联式混合动力电动汽车是指车辆行驶系统的驱动力只来源于电动机的混合动力电动汽车。它的结构特点是发动机带动发电机发电,电能通过电机控制器输送给电动机,由电动机驱动汽车行驶。另外,动力电池也可以单独向电动机提供电能驱动汽车行驶。

并联式混合动力电动汽车是指车辆行驶系统的驱动力由电动机及发动机同时或单独供给的混合动力电动汽车。它的结构特点是并联驱动系统可以单独使用发动机或电动机作为动力源,也可以同时使用电动机和发动机作为动力源驱动汽车行驶。

混联式混合动力电动汽车是指具备串联式和并联式两种混合动力系统结构的混合动力电动汽车。它的结构特点是可以在串联混合模式下工作,也可以在并联混合模式下工作,同时兼顾了串联式和并联式的特点。

2. 按照混合度划分

按照电动机相对于燃油发动机的功率比大小,可以将其分为微混合型混合动力电动汽车、轻度混合(弱混合)型混合动力电动汽车、中度混合型混合动力电动汽车和重度混合(强混合)型混合动力电动汽车。

微混合型混合动力电动汽车是以发动机为主要动力源,不具备纯电动行驶模式的混合动力电动汽车。只具备停车怠速停机功能的混合动力电动汽车是一种典型的微混合模式。一般情况下,电动机的峰值功率和发动机的额定功率比≤5%。

轻度混合(弱混合)型混合动力电动汽车是以发动机为主要动力源,电动机作为辅助动力,在车辆加速和爬坡时,电动机可向车辆行驶系统提供辅助驱动力矩,但不能单独驱动车辆行驶的混合动力电动汽车。一般情况下,电动机的峰值功率和发动机的额定功率比为5%~15%。

中度混合型混合动力电动汽车是以发动机和/或电动机为动力源的混合动力电动汽车。一般情况下,电动机的峰值功率和发动机的额定功率比为15%~40%。

重度混合(强混合)型混合动力电动汽车是以发动机和/或电动机为动力源,且电动机可以独立驱动车辆行驶的混合动力电动汽车。一般情况下,电动机的峰值功率和发动机的额定功率比>40%。

3. 按照外接充电能力划分

按照是否能够外接充电,可分为可外接充电型混合动力电动汽车和不可外接充电型混合动力电动汽车。

可外接充电型混合动力电动汽车是一种被设计成可以在正常使用情况下从非车载装置中获取能量的混合动力电动汽车。不可外接充电型混合动力电动汽车是一种被设计成在正常使用情况下从车载燃料中获取全部能量的混合动力电动汽车。

4. 按照行驶模式的选择方式划分

按照行驶模式的选择方式划分,可分为有手动选择功能的混合动力电动汽车和无手动选择功能的混合动力电动汽车。

有手动选择功能的混合动力电动汽车是指具备行驶模式手动选择功能的混合动力电动汽车,车辆可选择的行驶模式包括热机模式、纯电动模式和混合动力模式三种。

无手动选择功能的混合动力电动汽车是指不具备行驶模式手动选择功能的混合动力电动汽车,车辆的行驶模式根据不同工况自动切换。

5. 按照车辆用途划分

按照车辆用途划分,可以分为混合动力电动乘用车、混合动力电动客车和混合动力电动货车。

6. 按照与发动机混合的可再充电能量储存系统划分

按照与发动机混合的可再充电能量储存系统不同,可以划分为动力蓄电池式混合动力电动汽车、超级电容器式混合动力电动汽车、机电飞轮式混合动力电动汽车和动力蓄电池与超级电容器组合式混合动力电动汽车。

【知识点2】 混合动力电动汽车的结构原理

一、串联式混合动力电动汽车

1. 串联式混合动力汽车结构

串联式混合动力电动汽车系统结构如图2-40所示,它主要由发动机、发电机、电动机和蓄电池组等部件组成。发动机仅仅用于发电,发电机发出的电能通过电动机控制器直接输送到电动机,由电动机产生的电磁力矩驱动汽车行驶。发电机发出的部分电能向蓄电池充电,以延长混合动力电动汽车的行驶里程。另外蓄电池还可以单独向电动机提供电能驱动电动汽车,使混合动力电动汽车在零污染状态下行驶。

—— 为机械连接;- - - - 为电气连接

图 2‑40 串联式混合动力电动汽车系统结构

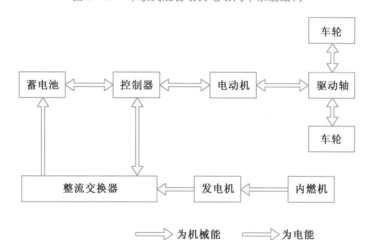

⟹ 为机械能 ⟹ 为电能

图 2‑41 串联式混合动力电动汽车动力流程图

在串联式混合动力电动汽车上,由发动机带动发电机所产生的电能和蓄电池输出的电能,共同输出到电动机来驱动汽车行驶,电力驱动是唯一的驱动模式。动力流程图如图 2‑41所示。电动机直接与驱动桥相连,发动机与发电机直接连接产生电能,来驱动电动机或者给蓄电池充电,汽车行驶时的驱动力由电动机输出,将存储在蓄电池中的电能转化为车轮上的机械能。当蓄电池的荷电状态 SOC 降到一个预定值时,发动机即开始对蓄电池进行充电。发动机与驱动系统并没有机械地连接在一起,这种方式可以很大程度地减少发动机所受到的车辆瞬态响应。瞬态响应的减少可以使发动机进行最优的喷油和点火控制,使其在最佳工况点附近工作。

2. 串联式混合动力电动汽车的工作模式(见表 2‑12,如图 2‑42)

(1)当动力电池组具有较高的电量且动力电池组输出功率满足整车行驶功率需求时,串联混合动力电动汽车以纯电池组驱动模式工作,此时发动机‑发电机组处于关机状态;

(2)当汽车以纯电池组驱动行驶时,若汽车减速制动,电动/发电机工作于发电模式,实施再生制动,汽车制动能量通过再生发电回收到动力电池组中,即工作于再生制动充电模式;

(3)当汽车加速或爬坡需要更大的功率输出且超出了动力电池组的输出功率限制时,

发动机-发电机组启动发电,并同动力电池组一起输出电功率,实施混合动力驱动工作模式;

(4)当动力电池组的电量不足且发动机-发电机组输出功率在驱动车辆的同时有富裕时,实施动力电池组强制补充充电工作模式;

(5)当动力电池组的电量不足且发动机-发电机组处于发电状态时,若汽车减速制动,电动/发电机工作于再生制动状态,汽车制动能量通过再生发电与发动机-发电机组输出功率一起为动力电池组充电,实施动力电池组的混合补充充电;

(6)当动力电池组的电量在目标范围内,且发动机-发电机组输出功率满足汽车行驶功率需求时,为提高串联混合动力系统的能量利用效率,采用纯发动机驱动工作模式,此时发动机-发电机组输出功率与汽车行驶功率需求相等;

(7)若动力电池组的电量过低,为保证整车行驶的综合性能,需要对动力电池组进行停车补充充电,此时发动机-发电机组输出的电功率全部用于为动力电池组进行补充充电。

表 2 – 12　串联式混合动力汽车工作模式表

工作模式	发动机-发电机组	动力电池组	电机驱动系统
纯电池组驱动	关机	放电	电动
再生制动充电	关机	充电	发电
混合动力驱动	发电	放电	电动
强制补充充电	发电	充电	电动
混合补充充电	发电	充电	发电
纯发动机驱动	发电	—	电动
停车补充充电	发电	充电	停机

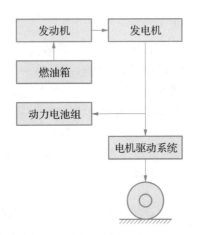

图 2 – 42　串联式混合动力汽车工作模式图

二、并联式混合动力电动汽车

1. 并联式混合动力汽车结构原理

并联式混合动力电动汽车系统结构如图 2 – 43 所示,它主要是由发动机、电动机/发电机和蓄电池等部件组成,有多种组合形式,可以根据使用要求选用。并联式混合动力系统采用发动机和电动机两套独立的驱动系统驱动车轮。发动机和电动机通常通过不同的离合器来驱动车轮,可以采用发动机单独驱动、电动机单独驱动或者发动机和电动机混合驱动三种工作模式。当发动机提供的功率大于车辆所需驱动功率时或者当车辆制动时,电动机工作于发电机状态,给蓄电池充电。发动机和电动机的功率可以互相叠加,发动机功率和电动机/发电机功率为电动汽车所需最大驱动功率的0.5~1倍,因此,可以采用小功率的发动机与电动/发电机,使得整个动力系统的装配尺寸、质量都较小,造价也更低,行程也可以比串联式混合动力电动汽车的长一些,其特点更加趋近于内燃机汽车。并联式混合动力驱动系统通常被应用在小型混合动力电动汽车上。

并联式驱动系统的动力流程图如图2-44所示。发动机和电动机通过某种变速装置同时与驱动桥直接相连接。电动机可以用来平衡发动机所受的载荷,使其能在高效率区域工作,因为通常发动机工作在满负荷(中等转速)下燃油经济性最好。当车辆在较小的路面载荷下工作时,内燃机车辆的发动机燃油经济性比较差,而并联式混合动力电动汽车的发动机此时可以被关闭掉而只用电动机来驱动汽车,或者增加发动机的负荷使电动机作为发电机,给蓄电池充电以备后用(即一边驱动汽车,一边充电)。由于并联式混合动力电动汽车在稳定的高速下,发动机具有比较高的效率和相对较小的质量,因此,它在高速公路上行驶具有比较好的燃油经济性。

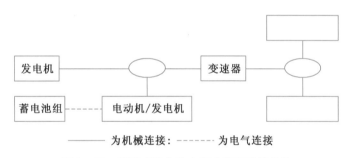

图2-43 并联式混合动力电动汽车系统结构

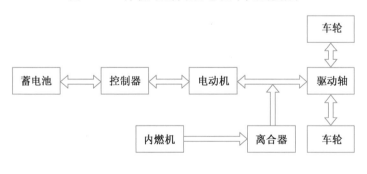

图2-44 并联式混合动力电动汽车动力流程图

并联式驱动系统有两条能量传输路线,可以同时使用电动机和发动机作为动力源来驱动汽车,这种设计方式可以使其以纯电动汽车或低排放汽车的状态运行,但是此时不能提供全部的动力能源。

2. 并联式混合动力电动汽车工作模式(见表 2－13,如图 2－45)

(1) 当动力电池组具有较高的电量且动力电池组输出功率满足整车行驶功率需求或整车需求功率较小时,为避免发动机工作于低负荷和低效率区,并联式混合动力电动汽车以纯电动机驱动模式工作,此时发动机处于关机状态;

(2) 当汽车以纯电动机驱动行驶时,若汽车减速制动,电动/发电机工作于再生制动状态,汽车制动能量通过再生发电回收到动力电池组中,即工作于再生制动充电模式;

(3) 当汽车加速或爬坡需要更大的功率输出时,发动机启动工作,并同电动机一起输出机械功力,经机电耦合装置后联合驱动汽车行驶,实施混合动力驱动工作模式;

(4) 当动力电池组的电量不足且发动机输出功率在驱动汽车的同时有富裕时,电动/发电机工作于发电模式,实施动力电池组强制补充充电工作模式;

(5) 当动力电池组的电量在目标范围内,且发动机输出功率满足汽车行驶功率需求时,为提高并联混合动力系统的能量利用效率,采用纯发动机驱动工作模式,此时发动机输出功率与汽车行驶功率需求相等;

(6) 若动力电池组的电量过低,为保证整车行驶的综合性能,需要对动力电池组进行停车补充充电,此时发动机输出的电功率全部用于为动力电池组进行补充充电,电动/发电机工作于发电模式。

表 2－13 并联式混合动力汽车工作模式分析表

工作模式	发动机	动力电池组	电机驱动系统
纯电动机驱动	关机	放电	电动
再生制动充电	—	充电	发电
混合动力驱动	机械动力输出	放电	电动
强制补充充电	机械动力输出	充电	发电
纯发动机驱动	机械动力输出	—	—
停车补充充电	机械动力输出	充电	发电

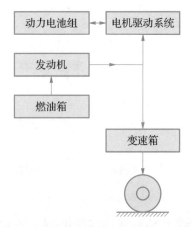

图 2－45 并联式混合动力汽车工作模式图

3. 并联式驱动系统动力合成装置

并联式驱动系统的主要元件为动力合成装置,由于动力合成的实现方法具有多样性,相应的动力传动系统结构也多种多样,通常可归类为驱动力合成式、转矩合成式和转速合成式。

(1) 驱动力合成式。驱动力合成式并联混合动力电动汽车示意图,如图 2 - 46(a)所示。其采用一个小功率的发动机,单独地驱动汽车的前轮。另外一套电动机驱动系统单独地驱动汽车的后轮,可以在汽车起动、爬坡或加速时增加混合动力电动汽车的驱动力。两套驱动系统可以独立驱动汽车,也可以联合驱动汽车,使汽车变成四轮驱动的电动汽车。此种混合动力电动汽车具有四轮驱动汽车的特性。

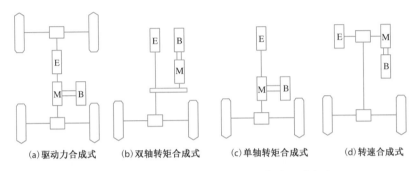

(a) 驱动力合成式　　(b) 双轴转矩合成式　　(c) 单轴转矩合成式　　(d) 转速合成式

图 2 - 46　并联式混合动力电动汽车的驱动方式

E-发动机;M-电动机;B-蓄电池。

(2) 转矩合成式(双轴式和单轴式)。转矩合成式并联混合动力电动汽车示意图,如图 2 - 46(b)、2 - 46(c)所示。发动机通过传动系统直接驱动混合动力电动汽车,并直接(单轴式)或间接(双轴式)带动电动机/发电机转动,向蓄电池充电。蓄电池也可以向电动机/发电机提供电能,此时电动机/发电机转换成电动机,可以用来起动发动机或驱动汽车。

(3) 转速合成式。转速合成式并联混合动力汽车示意图,如图 2 - 46(d)所示。发动机通过离合器和一个"动力组合器"来驱动汽车,电动机也是通过"动力组合器"来驱动汽车。可以利用普通内燃机汽车的大部分传动系统的总成。电动机只需通过"动力组合器"与传动系统连接,结构简单、改制容易、维修方便。通常"动力组合器"就是一个行星齿轮机构,这种装置可以使发动机或电动机之间的转速灵活分配,但它们组合在特定的"动力组合器"中,因为"动力组合器"使它们的转矩固定在电动汽车行驶时的转矩上,调节发动机节气门的开度来与电动机的转速相互配合,才能获得最佳传动效果,从而使得控制装备变得十分复杂。

三、混联式混合动力电动汽车

1. 混联式混合动力汽车结构原理

混联式驱动系统是串联式与并联式的综合,其系统结构如图 2 - 47 所示,它主要由发动机、发电机、电动机、行星齿轮机构和蓄电池组等部件组成。发动机发出的功率一部分通过机械传动输送给驱动桥,另一部分则驱动发电机发电。发电机发出的电能输送给电动机或蓄电池,电动机产生的驱动力矩通过动力复合装置传送给驱动桥。混联式驱动系统的控制策略是:在汽车低速行驶时,驱动系统主要以串联方式工作;当汽车高速稳定行驶时,则以并联工作方式为主。

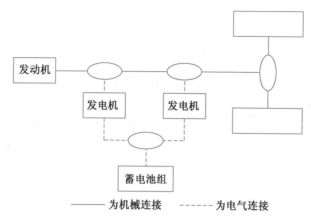

图 2-47 混联式混合动力电动汽车系统结构

目前,混联式混合动力结构一般采用行星齿轮机构作为动力分配装置。有一种最佳的混联式结构是将发动机、发电机和电动机通过一个行星齿轮装置连接起来,动力从发动机输出到与其相连的行星架,行星架将一部分转矩传送到发电机,另一部分传送到传动轴,同时发电机也可以驱动电动机来驱动传动轴。这种机构有两个自由度,可以自由地控制两个不同的速度。此时车辆并不是串联式或并联式,而是两种驱动形式同时存在,充分利用两种驱动形式的优点,其动力流程图如图 2-48 所示。

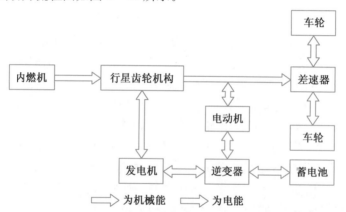

图 2-48 混联式混合动力电动汽车动力流程图

混联式驱动系统充分发挥了串联式和并联式的优点,能够使发动机、发电机、电动机等部件进行更多的优化匹配,从而在结构上保证了在更复杂的工况下使系统在最优状态下工作,所以更容易实现排放和油耗的控制目标,因此,是最具影响力的混合动力电动汽车。

与并联式相比,混联式的动力复合形式更复杂,因此,对动力复合装置的要求更高。目前的混联式结构一般以行星齿轮作为动力复合装置的基本构架。

2. 混联式混合动力汽车工作模式(见表 2-14,如图 2-49)

(1)当动力电池组具有较高的电量且动力电池组输出功率满足整车行驶功率需求或整车需求功率较小时,为避免发动机工作于低负荷和低效率区,混联混合动力电动汽车以纯电动机驱动模式工作,发动机关机;

（2）当汽车以纯电动机驱动行驶时，若汽车减速制动，电动/发电机工作于再生制动状态，汽车制动能量通过再生发电回收到动力电池组中，即工作于再生制动充电模式；

（3）当汽车需求功率增加或动力电池组电量偏低时，发动机启动工作，若发动机输出功率满足汽车行驶功率且动力电池组不需要充电时，整车以纯发动机驱动模式工作，此时动力电池组既不充电也不放电，发动机输出的功率分两部分，一部分直接输出到驱动轮，一部分经过发电机、电动机转化后输出到驱动轮；

（4）当汽车急加速需要更大的功率输出时，整车以混合动力驱动模式工作，此时发动机工作，动力电池组放电，发动机输出的功率分两部分，一部分直接输出到驱动轮，一部分经过发电机、电动机转化后输出到驱动轮，另外，动力电池组放电输出额外的电功率到电机控制器，使得电动机输出更大的功率，满足汽车总功率需求；

（5）当动力电池组的电量不足且发动机输出功率在驱动汽车的同时有富裕时，实施动力电池组强制补充充电工作模式，此时，发动机工作，发动机输出的功率分两部分，一部分直接输出到驱动轮，一部分经过发电机、电动机转化后输出到驱动轮，一部分经过发电机后为动力电池组进行充电。

表 2 - 14　混联式混合动力工作模式分析表

工作模式	发动机	发电机	动力电池组	电动/发电机	整车状态
纯电动机驱动	关机	关机	放电	电动	驱动
再生制动充电	关机	关机	充电	发电	制动
纯发动机驱动	启动	发电	既不充也不放	电动	驱动
混合动力驱动	启动	发电	放电	电动	驱动
强制补充充电	启动	发电	充电	电动	驱动

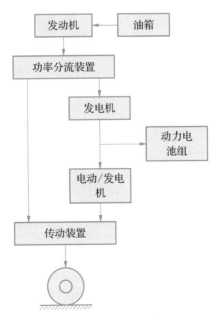

图 2 - 49　混联式混合动力工作模式图

【知识点3】 混合动力电动汽车的特点

混合动力电动汽车是将原动机、电动机、能量存储装置(蓄电池)等组合在一起,它们之间的良好匹配和优化控制可充分发挥内燃机汽车和电动汽车的优点,避免各自的不足,混合动力电动汽车是当今最具实际开发意义的低排放和低油耗汽车。较之纯电动汽车,混合动力电动汽车具有如下优点。

(1)由于有原动机作为辅助动力,蓄电池的数量和质量可减少,因此,汽车自身重量可以减小。

(2)汽车的续驶里程和动力性可达到内燃机的水平。

(3)借助原动机的动力,可带动空调、真空助力、转向助力及其他辅助电器,不用消耗蓄电池组有限的电能,从而保证了驾车和乘坐的舒适性。

较之内燃机汽车,混合动力电动汽车具有如下优点。

(1)可使原动机在最佳的工况区域稳定运行,避免或减少了发动机变工况下的不良运行,使发动机的排污和油耗大为降低。

(2)在人口密集的商业区、居民区等地可用纯电动方式驱动车辆,实现零排放。

(3)可通过电动机提供动力,因此,可配备功率较小的发动机,并可通过电动机回收汽车减速和制动时的能量,进一步降低汽车的能量消耗和排污。

显然,混合动力电动汽车研究开发的主要目的就是要减少石油能源的消耗,减少汽车尾气中的有害气体量,降低大气污染。

表2-15对不同类型的混合动力电动汽车在燃油经济性、尾气排放和控制难易程度等方面做了比较。表2-16对不同类型的混合动力电动汽车在驱动模式、传动效率、整车布置、适用条件等方面进行了比较。

表2-15 不同类型的混合动力电动汽车类型的比较

项 目	串联式	并联式	混联式
公路行驶燃油经济性	较优	优	优
城市行驶燃油经济性	优	较优	优
无路行驶燃油经济性	较优	优	优
低排放性能	优	较优	较优
成本	低	较低	较低
复杂程度	简单	较复杂	复杂
控制难易程度	简单	较复杂	复杂

表2-16 不同类型的混合动力电动汽车特点的比较

结构模型	串联式	并联式	混联式
动力总成	发动机、发电机、驱动电动机等三大动力总成	发动机、电动/发电机或电动机两大动力总成	发动机、电动/发电机、电动机等三大动力总成

（续表）

结构模型	串联式	并联式	混联式
驱动模式	电动机是唯一的驱动模式	发动机驱动模式、电动机驱动模式、发动机—电动机混合驱动模式	发动机驱动模式、电动机驱动模式、发动机—电动机混合驱动模式
传动效率	能量转换效率较低	传动效率较高	传动效率较高
制动能量回收	能够回收制动能量	能够回收制动能量	能够回收制动能量
整车总布置	三大动力总成之间没有机械式连接装置,结构布置的自由度较大,但三大动力总成的质量、尺寸都较大,一般在大型车辆上采用	发动机驱动系统保持机械式传动系统,发动机与电动机两大动力总成之间被不同的机械装置连接起来,结构复杂,使布置受到一定的限制	三大动力总成之间采用机械装置连接,三大动力总成的质量、尺寸都较小,能够在小型车辆上布置,但结构更加紧凑
适用条件	适用于大型客车或货车,适应在路况较复杂的城市道路和普通公路上行驶,更加接近电动汽车性能	适用于中小型汽车,适应在城市道路和高速公路上行驶,接近普通的内燃机汽车性能	适用于各种类型的汽车,适应在各种道路上行驶,更加接近普通的内燃机汽车性能

【知识点 4】 混合动力电动汽车车型性能分析

一、比亚迪汽车混合动力车型

DM 技术即 Dual Mode 技术,是比亚迪双模混合动力技术的简称,是一种开创性的插电混合动力技术。经过十余年经验积累、技术不断升级,比亚迪打造出了动力性能和经济性能同样出色的双模混合动力技术平台。比亚迪于 2018 年推出全新 DM3.0 技术平台,2020 年 6 月推出 DM-p& DM-i 双平台战略,DM-p 平台侧重动力性能的同时兼顾经济性,DM-i 平台搭载全新双电机动力系统架构,侧重经济性能的同时兼顾动力性。2020 年 11 月中,比亚迪 DM-i 超级混动技术的核心部件之一——骁云-插混专用 1.5 L 高效发动机正式亮相。骁云-插混专用 1.5 L 高效发动机专为 DM-i 超级混动技术打造,它以实现超低油耗为开发目标,热效率高达 43.04%,是全球热效率最高的量产汽油发动机。截至 2020 年,比亚迪 DM 技术已成为全球市场装机量最大的插电式混合动力技术。

1. DM-i＋DM-p 双平台战略,覆盖多重场景

比亚迪在混动技术方面拥有丰富的研究经验,其混动技术于 2004 年启动研发,2008 年推出第一款 DM 车型,DM 混动技术发展至今,先后历经 4 次迭代。2021 年 1 月,比亚迪发布了主打超低油耗的新一代混动系统——比亚迪 DM-i 混动系统,配合之前发布的主打超强动力的双擎四驱 DM-p 混动系统,构成了目前的"DM 技术双平台战略"。

比亚迪是国内在混动系统研发方向起步较早的主机厂,自 2008 年发布第一代 DM 混动技术开始,其混动系统已经先后经历 4 轮迭代。此前,比亚迪的新一代混动系统已经发布了 DM-p 平台,DM-p 延续了前三代混动系统的构型,主打"超强动力",是对 DM3 的传承,如图 2-50 所示。

图 2-50 比亚迪 DM 技术发展历程

DM-p 技术成熟,性能强,已搭载量产新车汉 DM 上。而 2021 年 1 月最新发布的 DM-i 平台,采用新的双电机 EHS 混动结构,主打"超低油耗",经济性更好,成本低。双平台优势互补,覆盖不同需求场景(见表 2-17)。

表 2-17 DM-p 与 DM-i 比较

混动系统	DM-p	DM-i
构型亮点	动力强劲、四驱高性能	能耗表现好、价格低
0~100 kph 加速时间	4.7 s(汉 DM)	7.3 s(秦 Plus DM-i)
亏电油耗	5.8 L/100 km(汉 DM)	3.8 L/100 km(秦 Plus DM-i)
混动构型	双擎四驱	双电机 EHS 电混
发动机	普通发动机	混动专用发动机
混动系统特点	多次迭代,技术成熟 支持燃油车、PHEV、EV 车型同平台开发	新技术路线 构型具备同时覆盖 PHEV、HEV 的能力

2. DM-i:主打超低油耗

DM-i 平台,i 即 intelligent,指智慧、节能、高效、主打超低油耗,满足"追求极致的行车能耗"的用户。DM-i 创造性地定义了以电为主的混动技术,围绕着大功率电机驱动和大容量动力电池供能为主,发动机为辅的电混架构。

DM-i 平台实现五大核心系统的超越:

(1)全球量产最高热效率 43.04% 的发动机:DM-i 混动系统配备了两款发动机,骁云插混专用 1.5 升高效发动机和覆盖 C 级车的骁云插混专用涡轮增压 1.5Ti 高效发动机。

➢ 骁云插混专用 1.5 升高效发动机:拥有全球领先的 43.04% 热效率,运用六大技术分别为:阿特金森循环、15.5 超高压缩比、超低摩擦技术、EGR 废气再循环技术、分体冷却技术以及无轮系设计,实现热效率 43.04%,峰值功率 81 kW,峰值扭矩 135 Nm。

➢ 骁云插混专用涡轮增压 1.5Ti 高效发动机:运用 12.5 高压缩比、米勒循环、可变截面涡轮增压器以及超低摩擦等技术,实现热效率超 40%,峰值功率 102 kW/5 300 rpm,峰值扭矩 231 N·m/(1 350~4 000)rpm。

(2)EHS 电混系统(如图 2-51 和图 2-52):高度集成化,由双电机、双电控、直驱离合器、电机油冷系统、单挡减速器组成,其构型上与本田 i-MMD 类似,结构简化,集成度高。双电机可根据需求以串联或并联模式行驶,经济性好。EHS 电混系统的工作原理传承 DM1 双电机总成,但相比第一代体积减少 30％,重量也减轻 30％。EHS 电混系统以功率划分为三款,适配 A～C 级全部车型,采用扁线电机、油冷技术以及自主 IGBT4.0 技术。

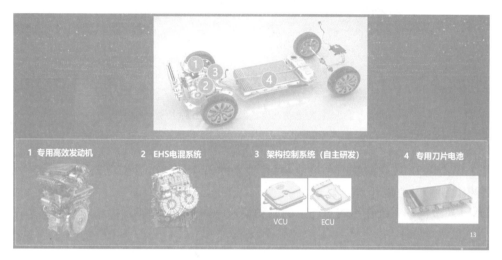

图 2‑51　比亚迪 DM-i 超级混动专用发动机

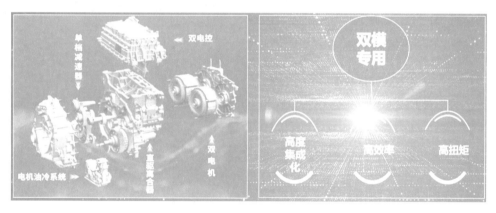

图 2‑52　比亚迪 DM-iEHS 电混构模型

（3）功率型刀片电池（如图 2‑53）:采用串联式电芯设计,提高体积利用率;电池卷芯采用软铝包装、刀片电池采用硬铝外壳包装,形成二次密封,提升安全等级;电池的单节电压高过 20V,单节电量 1.53 kWh;整个电池包内有 10～20 节刀片电池,电池包结构简化,零部件减少 35％。根据车型不同,搭载电池的电池电量 8.3 kWh～21.5 kWh,纯电续航里程 50～120 km;磷酸铁锂更好的稳定性与刀片电池的结构设计保障电池整体的安全性;磷酸铁锂稳定的材料晶体结构搭配先进的热管理系统使刀片电池的寿命提升。

（4）电池热管理系统:动力电池搭载脉冲自加热技术和冷媒直冷技术两项技术,脉冲自加热技术通过电池高频的充放电,使电池内部生热,从而达到电芯自加热效果,相比水加热,加热效率提升 10％,电池均温性更好,可适应更加寒冷的气候条件。冷媒直冷技术是指直接将冷媒通入电池包的冷却板上对电芯进行冷却,相比水冷,冷媒直冷技术的热交换率提升 20％。

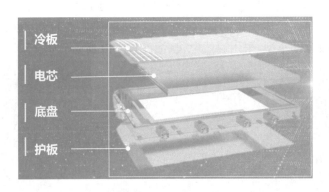

图 2 - 53　比亚迪 DM-i 搭载的专用刀片电池

（5）无铅化 12 V 磷酸铁锂小电池:拥有独立的 BMS 系统,可实现充放电智能控制,系统效率相比铅酸电池提升 13%。

DM-i 超级混动系统在不同工况下的驱动模式(如图 2 - 54)如下:

纯电模式

制动能量回收

城市亏电工况

高速巡航

高速超车

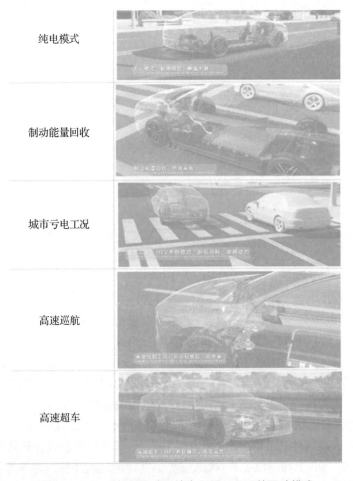

图 2 - 54　DM-i 超级混动系统在不同工况下的驱动模式

➢ 纯电模式：当电量充足时，车辆纯电行驶，具有纯电动车静谧、平顺、零油耗的优点。

➢ 制动能量回收：减速制动时，能量回收，节能高效。

➢ 高速巡航：发动机直驱车辆，效率高。

➢ 高速超车：高负载工况时，并联模式，发动机和电机共同工作，更好的加速性能。

通过五大核心系统的突破，DM-i 超级混动系统实现百公里亏电油耗 3.8 L 的超低油耗、零百加速超过同级燃油车 2～3 秒、综合续航历程超过 1 000 km 的成绩，可实现超低油耗、静谧平顺、卓越动力的近乎完美的整车表现。

目前搭载 DM-i 超级混动系统的车型有：2022 款宋 Pro DM-i、唐 DM-i、宋 Plus DM-i、秦 PlusDM-i 等，可以在享受免购置税及补贴后达到与燃油车相比有竞争力的售价，如图 2-55 所示。

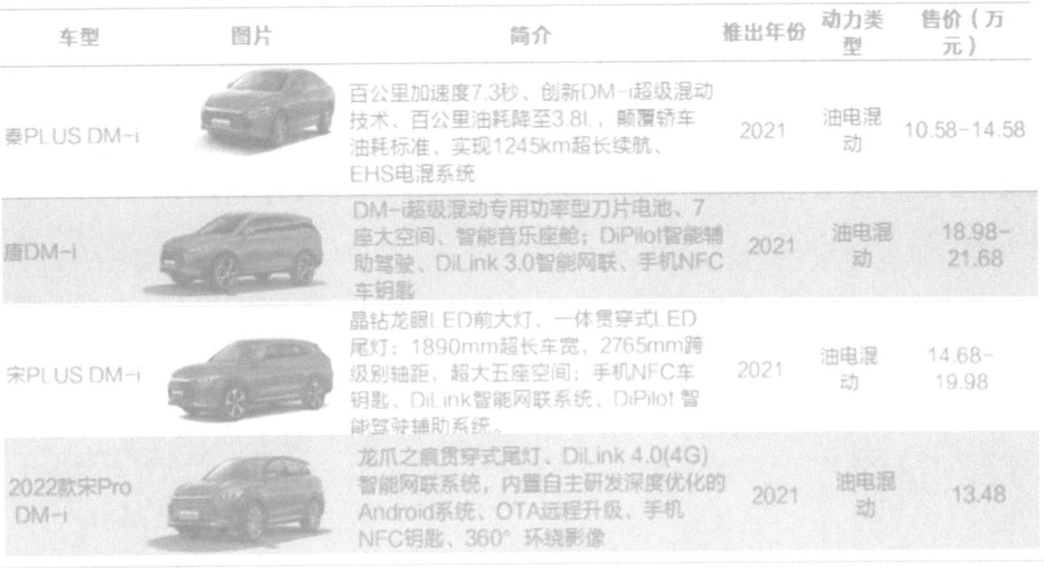

车型	图片	简介	推出年份	动力类型	售价（万元）
秦PLUS DM-i		百公里加速度7.3秒、创新DM-i超级混动技术、百公里油耗降至3.8L、颠覆轿车油耗标准、实现1245km超长续航、EHS电混系统	2021	油电混动	10.58-14.58
唐DM-i		DM-i超级混动专用功率型刀片电池、7座大空间、智能音乐座舱、DiPilot智能辅助驾驶、DiLink 3.0智能网联、手机NFC车钥匙	2021	油电混动	18.98-21.68
宋PLUS DM-i		晶钻龙眼LED前大灯、一体贯穿式LED尾灯；1890mm超长车宽、2765mm跨级别轴距、超大五座空间；手机NFC车钥匙、DiLink智能网联系统、DiPilot智能驾驶等辅助系统	2021	油电混动	14.68-19.98
2022款宋Pro DM-i		龙爪之痕贯穿式尾灯、DiLink 4.0(4G)智能网联系统，内置自主研发深度优化的Android系统、OTA远程升级、手机NFC钥匙、360°环绕影像	2021	油电混动	13.48

图 2-55　比亚迪目前搭载 DM-i 的在售车型

3. DM-p：主打超强动力

DM-p 平台，p 即 powerful，指动力强劲、极速，主打超强动力，是 DM3 的延续，满足"追求更好驾驶乐趣"的用户。

相较于 DM-i，DM-p 更加强调动力的性能优势，追求加速感，定位相对较高。性能方面，DM-p 系统可以实现零百加速 4 秒级，其动力可以碾压大排量燃油车。DM-p 平台最大特点在于发动机加入了 BSG 电机，既可以作为发动机，又可以作为动力的辅助电机。

DM-p 混动系统采用双擎四驱的结构（如图 2-56 和图 2-57），发动机通过双离合变速箱驱动前轴，并通过 BSG 电机向电池充电，主驱动电机则直接驱动后轴。DM-p 系统技术相对成熟，且由于发动机和电机独立驱动两根轴，仅保留前轴发动机部分即可成为传统燃油车，仅保留后轴电机部分即可成为纯电动车，因此，DM-p 系统非常便于对传统车型、PHEV 车型和 EV 车型进行同平台开发。

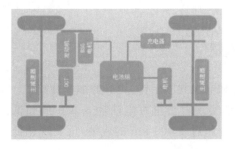

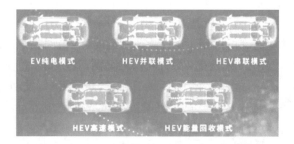

| 图 2-56 比亚迪 DM-p 双擎四驱原理 | 图 2-57 比亚迪 DM-p 双擎四驱工作模式 |

目前搭载 DM-p 的车型主要包括:21 款唐 DM、汉 DM、宋 Pro DM、全新宋 MAX DM、秦 Pro 超能版 DM 等。

比亚迪是新能源汽车的领军者,经过多年的积累,在 PHEV 领域已经积累了大量的经验和口碑。DM-p 平台巩固了追求高性能表现的用户,DM-i 平台满足了追求高性价比的用户,双平台战略共同发力,助力比亚迪进一步巩固自己在新能源市场上的龙头地位。

根据比亚迪发布的 2021 年 12 月销量数据(如图 2-58),新能源乘用车中插电式混合动力车型 12 月销量 44 506 辆,同比增长 448.64%,全年累计 272 935 辆,同比增长 467.62%。插混车型的强力增长,主要得益于 DM-i 车型的产能爬坡带来的交付支撑。

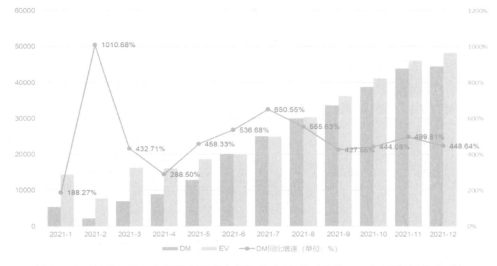

图 2-58 比亚迪 2021 年新能源乘用车销量构成(单位:辆)及 DM 车型增速(单位:%)

二、丰田、雷克萨斯混合动力车型

1. 第一代丰田普锐斯

1997 年 12 月,丰田首先在日本市场上推出了世界上第一款批量生产的混合动力汽车:普锐斯(Prius)。普锐斯混合动力系统由汽油发动机和电动机组成,采用一种折衷的方式弥补了汽油发动机车和纯电动车两者之间的缺陷。2000 年,普锐斯经过细微的改动之后推向美国市场,随后进入欧洲,开始了其世界第一混合动力车型的历程。

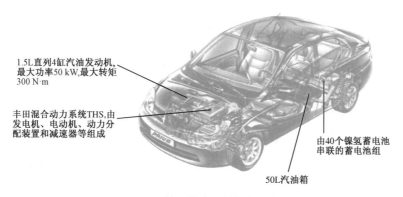

图 2-59　第一代丰田普锐斯透视图

表 2-18　丰田第一代普锐斯技术参数

动力源	类　型	最大功率	最大转矩
发动机	1.5 L 直列 4 缸汽油内燃机	120 kW	240 N·m
电动机	274 永磁同步交流型	30 kW	165 N·m
蓄电池	6.5 Ah，40 个镍氢电池串联		

（1）THS 丰田混合动力系统

普锐斯的中枢是丰田混合动力系统（Toyota Hybrid System，THS），它利用汽油发动机和电动机两种动力系统，通过串联和并联相结合的形式进行工作。THS 是世界上最早商业化量产的混合动力系统，目前该系统装备于丰田的多款混合动力车型上。与汽油发动机相比，它的燃油经济性提高了一倍，排放量减少了一半。丰田混合动力系统在行车过程中可以不断检测车辆行驶工况，然后通过管理控制系统，对车辆动力分配装置的工作模式进行调整，从而达到省油减排的目的。

图 2-60　THS 丰田混合动力系统

（2）THS 的工作模式

表 2-19　THS 的工作模式

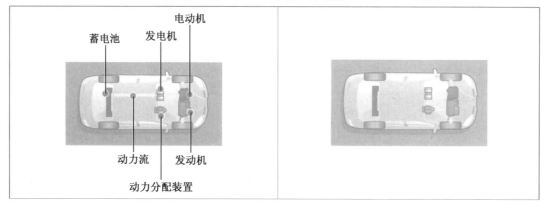

（续表）

当车辆处于起步或中低速运转时，发动机不用于驱动车辆，而由蓄电池供电给电动机，电动机直接驱动车辆，此时车辆不排放废气	当车辆处于普通行驶状态时，车辆的行驶动力以发动机为主，发动机驱动车轮，同时也带动电动机工作
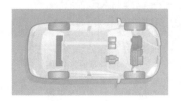	
当车辆减速、制动时，车轮驱动电动机，电动机起到发电机的作用，再生制动将动能转变为电能，并储存于镍氢蓄电池	车辆瞬间加速时，车辆蓄电池会提供额外的动力给电动机，电动机会辅助发动机来提高整车动力，改善整车加速性能，此时发动机瞬态加速性能大幅提高
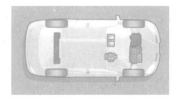	
当系统检测到蓄电池电量低时，发动机可以在驱动车辆的同时，随时带动发电机运转，给蓄电池充电	

2. 丰田第二代普锐斯

2003 年 9 月，丰田在日本首先上市了全新第二代普锐斯，除了外表的改进外，最重要的是引入了第二代丰田混合动力系统 THS-Ⅱ。

图 2-61　2003～2009 年第二代丰田普锐斯

THS-Ⅱ是在 HSD（混合动力协同驱动）的概念下开发出来的，即电动机、发动机在车辆的各种状态中，采用不同的方式协同工作，来适应各种驾驶模式。THS-Ⅱ与 THS 基本理论相同，不过使用的电动机在同类电动机中性能较高。另外，为了更好地进行能源消耗管理，THS-Ⅱ使用一种新型的线路和制动能量回收系统，与高效的蓄电池组合，可以在制动的时候更好地对制动能量进行回收。

THS-Ⅱ最大的改进在于使用了高电压线路——发动机、电动机和蓄电池之间的电压高达 500 V,而上一代 THS 的电压只有 274 V。

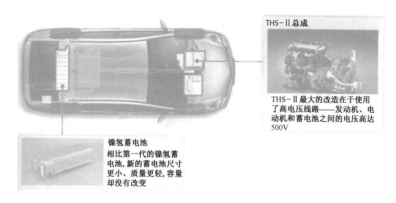

图 2-62　THS-Ⅱ透视图

表 2-20　丰田第二代普锐斯技术参数

动力源	类　型	排量/电压/容量	最大功率	最大转矩
发动机	直列 4 缸汽油内燃机	1.5 L	57 kW	115 N·m
电动机	永磁同步交流型	500 V	50 kW	400 N·m
蓄电池	28 个镍氢电池串联	6.5 Ah	——	——

3. 第三代丰田普锐斯

图 2-63　2009 年第三代丰田普锐斯

图 2-64　第三代丰田普锐斯制动能量回收

2009 年,丰田推出了全新第三代普锐斯,并于 2010 年全面上市。新一代的普锐斯对混合动力系统进行了改进,主要包括两个方面:一个是使用全新的 1.8 L 发动机代替原有的 1.5 L 发动机;另外一个是对 HSD 混合动力协同驱动系统进行重新设计。

第三代丰田普锐斯搭载阿特金森循环 1.8 L 直列 4 缸发动机,取代老款的 1.5 L 发动机,最大功率为 73 kW,比老款提高 16 kW,转矩则达到 142 N·m,比老款增加 27 N·m,加上电动机动力整车最大功率为 100 kW,低速转矩进一步提升,这也意味着低速时能够获得更好的燃油经济性。0~100 km/h 加速时间比老款提高 1 s,仅需 9.8 s。

第一代普锐斯的综合路况油耗为 5.74 L/100 km,第二代为 5.11 L/100 km,第三代普锐斯丰田官方公布的数据综合油耗约 4.7 L/100 km。来自美国环保局(EPA)的测试数据显示城市路况约为 4.9 L/100 km,高速路况约为 5.2 L/100 km。

第三代普锐斯提供 4 种不同的驾驶模式:Normal 为正常模式;EV‐Drive 模式允许驾驶人在低速状态下单纯依靠电力行驶约 1.6 km;Power 模式提高加速灵敏度,以提升运动性能;Eco 模式则可以帮助驾驶人获得最佳的燃油经济性能。

新的丰田混合动力系统的开发思路是"彻底停止发动机"。这与本田 Insight 车型"不是停止发动机,而是关闭阀门"的做法形成鲜明对照。为此,新普锐斯将水泵及空调压缩机改为电动,并从曲轴上去掉了传动带。由于在蓄电池余量充足的情况下可随时启动空调,因此,可取消发动机而无需担心空调。

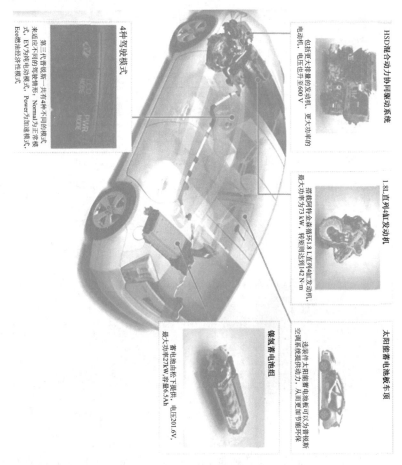

图 2‐65　丰田第三代普锐斯透视图

表 2‐21　丰田第三代普锐斯技术参数

动力源	类　型	排量/电压/容量	最大功率	最大转矩
发动机	直列 4 缸汽油内燃机	1.8 L	73 kW	142 N·m
电动机	永磁同步交流型	600 V	60 kW	207 N·m
蓄电池	镍氢电池串联	6.5 Ah	27 kW	—

4. 丰田插电型(Plug - in)普锐斯

以普锐斯为原型的插电型混合动力车计划早在第二代普锐斯时期便开始运作,那时以概念车身份出现的插电型混合动力车并未引起太多的关注。随着第三代普锐斯的上市,基于新车型的插电型混合动力车也从实验阶段进入准商业化运作阶段。普锐斯插电型混合动力汽车以锂离子电池作为驱动蓄电池,可使用家用电源进行外部充电。

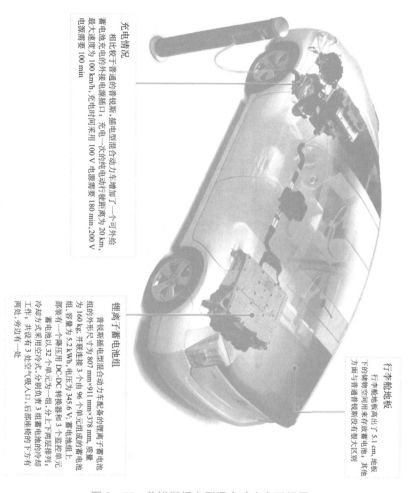

充电情况
相比较于普通的普锐斯,插电型混合动力车增加了一个可外结电源需要 100 min。
最大速度为 100 km/h,充电一次的纯电动行驶距离为 20 km,充电时间采用 100 V 电源需要 180 min,200 V 蓄电池充电的外接电源插口,电源需要 100 min

锂离子蓄电池组
普锐斯插电型混合动力车配备的锂离子蓄电池组的外形尺寸为 807 mm×911 mm×378 mm,质量为 160 kg,并联连接 3 个由 96 个单元组成的蓄电池组,电压连接 345.6 V,蓄电池以 32 个单元为一组,分上下两层排列。那装有一个降压用 DC-DC 转换器和 3 个监控单元工作,其设有 3 处空气吸入口,后部蓄电池的下方冷却方式采用空冷方式,分别负责 3 组蓄电池的冷却两处,旁边有一处

行李舱地板
行李舱地板高出了 5.1 cm,地板下的储物空间用来存放蓄电池,其他方面与普通普锐斯没有很大区别

图 2 - 66　普锐斯插电型混合动力车透视图

锂离子蓄电池组可通过家用电源来进行充电,因此,不受蓄电池剩余量和充电设施完善情况的限制,比起传统的混合动力车将更加能够降低油耗、抑制不可再生资源消耗、减排 CO_2 以及防止大气污染。

普锐斯插电型混合动力汽车每升汽油可以行驶 55 km,在充满电的情况下,纯电动模式续驶里程为 20 km。充电时间方面,100 V 电源需要 180 min,200 V 电源需要 100 min。

当蓄电池的电量下降至一定程度时,系统就会自动地切换为混合动力模式行驶。在低温时起动以及用户用力踩下加速踏板等情况下,如果系统判断电池提供的功率较低时,就会起动发动机驱动行驶。

2010 年 4 月,丰田汽车在日本公布插电式普锐斯的全球租借计划,年内拟制造约 600 辆

普锐斯插电型混合动力车,并且率先在日本、美国和欧洲进行测试,其中日本测试车辆为230辆,美国为150辆,欧洲为200辆,丰田也在积极考虑尽快将插电型普锐斯以进口方式引入中国,未来不排除国产的可能性。

表 2-22　丰田第三代插电型普锐斯技术参数

动力源	类　型	排量/电压/容量	最大功率	最大转矩
发动机	直列 4 缸汽油内燃机	1.8 L	73 kW	142 N·m
电动机	永磁同步交流型	600 V	60 kW	207 N·m
蓄电池	锂离子蓄电池串联	6.5 Ah	——	——

5. 丰田 Auris 混合动力汽车

在 2009 年的法兰克福车展上,丰田展示了一台基于欧洲车型 Auris 的混合动力概念车,半年后,丰田便迫不及待地将这款车量产并投向欧洲市场。

Auris 混合动力汽车的车门数和二厢设计与丰田普锐斯如出一辙,而混合动力系统方面也和 2010 款的第三代普锐斯完全相同,同样采用 1.8 L 发动机配合 HSD 混合动力协同驱动系统。由于混合动力系统相同,因此,Auris 混合动力汽车同样有经济模式(Eco)、加速模式(Power)和纯电动模式(EV)三种驱动模式和平常驾驶的普通模式。动力性能部分,Auris混合动力汽车 0~100 km/h 加速需要 11.4 s。由于 Auris 车型在空气动力学设计方面比普锐斯稍逊一筹,因此,在耗油量方面会比普锐斯稍高一些。

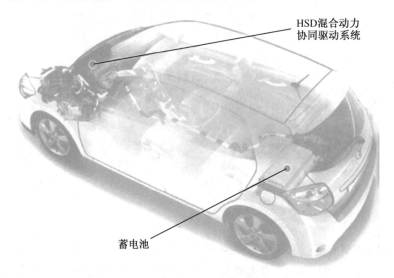

图 2-67　丰田 Auris 混合动力汽车透视图

表 2-23　丰田 Auris 混合动力汽车技术参数

动力源	类　型	排量/电压/容量	最大功率	最大转矩
发动机	直列 4 缸汽油内燃机	1.8 L	73 kW	142 N·m
电动机	永磁同步交流型	600 V	60 kW	207 N·m
蓄电池	镍氢蓄电池串联	6.5 Ah	—	—

6. 雷克萨斯GS 450 h混合动力车

GS 450 h是全球第一款应用了完全油电混合动力技术的前置后驱豪华汽车。它搭载了一台3.5 L V6发动机,该发动机应用了双VVT-i智能正时可变气门控制系统以及"D-4S"缸内直喷技术,通过提高燃油喷射压力和雾化程度,改善汽油燃烧效率,从而大幅提升了汽车的动力性和燃油经济性。这款发动机与电动机相配合,可释放出媲美V8汽油发动机的256 kW的动力,0～100 km/h加速仅需5.9 s。配备4.3 L V8发动机的GS 430在0～100 km/h加速时间为5.7 s,由此可见,其加速性能可与V8车型相媲美。而燃油消耗却与配备2.0 L 4缸发动机的汽车旗鼓相当。

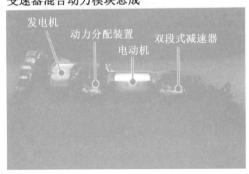

图2-68 雷克萨斯GS 450 h透视图

表2-24 雷克萨斯GS 450 h混合动力汽车技术参数

动力源	类　型	排量/电压/容量	最大功率	最大转矩
发动机	V6汽油内燃机	3.5 L	218 kW	368 N·m
电动机	永磁同步交流型	650 V	147 kW	275 N·m
蓄电池	镍氢蓄电池串联	6.5 Ah(288 V)	35 kW	—

7. 雷克萨斯LS 600 h混合动力车

LS 600 h是全球第一辆配置了V8混合动力发动机的汽车。它独创的雷克萨斯混合动力系统,将一个全新的5.0 L直喷V8汽油发动机、一组大功率电动机以及一组大容量蓄电池组合在了一起,最高功率可达327 kW。为了进一步配合如此大的功率,LS 600 h还专门配备了全时的全轮驱动系统。值得一提的是,LS 600 h的功率堪比6 L发动机,而耗油量却只有 3 L 发动机的水平。

图 2 - 69　雷克萨斯 LS600 h 后视图

当汽车加速时,只有电动机开始工作,发动机尚未起动,此时噪声低,排放为零。在正常的驾驶条件下,LS 600 h 交换使用发动机和电动机,以达到最优组合。通过控制发动机的转速,保证了低噪声、高燃油效率、低排放的目标。而在全面加速的情况下,LS 600 h 则兼用 V8 发动机和电动机,平稳而敏捷。

图 2 - 70　雷克萨斯 LS 600 h 透视图

表 2 - 25　雷克萨斯 LS 600 h 元件功能表

高性能 V8 发动机	5.0 L 直喷 V8 发动机双顶置凸轮轴 32 气门发动机,拥有双智能正时可变气门控制系统

（续表）

 动力控制装置	包含一个升压转换器,将电压从 288 V 增加到 650 V 以增强蓄电池动力,以及内置的逆变器,用来将发电机之前的直流电转换为交流电
 蓄电池	混合动力系统中的电能被存储在 288 V 的镍氢蓄电池中,基于最佳质量分布平衡的考虑,这款长效蓄电池被合理地安装在汽车尾部,空调系统可以为它降温,以确保其高输出性能

起动时

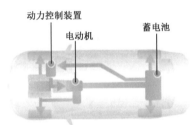

从静止开始加速,电动机使用电池提供的电力成为主要动力,电动机在低转速状态下提供最大转矩,带来出色而宁静的加速表现

正常用行驶时

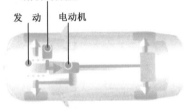

发动机在正常行驶中发挥主导作用,其中大部分的发动机能量为汽车提供驱动力,而另一部分能量则用来发电从而驱动电动机,这使发动机在低转速下工作,尽可能降低噪声

充分加速时

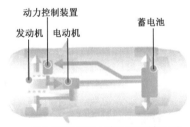

发动机的全部动力输出与电动机同时工作,为汽车提供更充沛的动力,无间隙的平顺加速,与传统汽车截然不同

减速、制动时(能量回收)

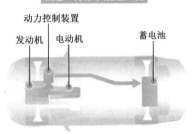

在车辆减速或制动时,汽车通常会损失的能量能够被系统回收、再生,这种再生使电动机转而成为发电机,将回收的动能转化为电能储存在电池中,为未来驾驶提供动力

图 2-71　雷克萨斯 LS 600 h 工作过程

表 2-26　雷克萨斯 LS 600 h 混合动力汽车技术参数

动力源	类　型	排量/电压/容量	最大功率	最大转矩
发动机	V8 双顶置凸轮轴 32 气门直喷发动机	5.0 L	290 kW	520 N·m
电动机	永磁同步交流型	650 V	165 kW	300 N·m
蓄电池	240 个镍氢蓄电池串联	288 V	——	——

8. 雷克萨斯 RX 400 h 混合动力汽车

雷克萨斯 RX 400 h 混合动力汽车是该品牌第一台油电混合动力 SUV 车型,动力系统包括 3.3 L 的 V6 发动机、前电动机和后电动机,能提供电动四驱功能,RX 400 h 的最大功率可达 200 kW,启动转矩更可达到 825 N·m。这款 SUV 的质量仅为 2 075 kg,每 1 kW 的动力仅需驱动 10 kg 的质量。

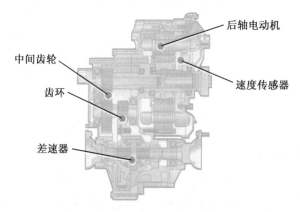

图 2-72　RX 400 h 后轮电动机剖面图

图 2-73　雷克萨斯 RX 400 h 透视图

表 2-27　雷克萨斯 RX 400 h 混合动力汽车技术参数

动力源	类　型	排量/电压/容量	最大功率	最大转矩
发动机	V6 汽油内燃机	3.3 L	156 kW	287 N·m

（续表）

动力源	类　　型	排量/电压/容量	最大功率	最大转矩
前电动机	永磁同步交流型	650 V	123 kW	335 N·m
后电动机	永磁同步交流型	650 V	50 kW	130 N·m
蓄电池	镍氢蓄电池串联	6.5 Ah(288 V)	45 kW	—

9. 雷克萨斯 RX 450 h 混合动力车

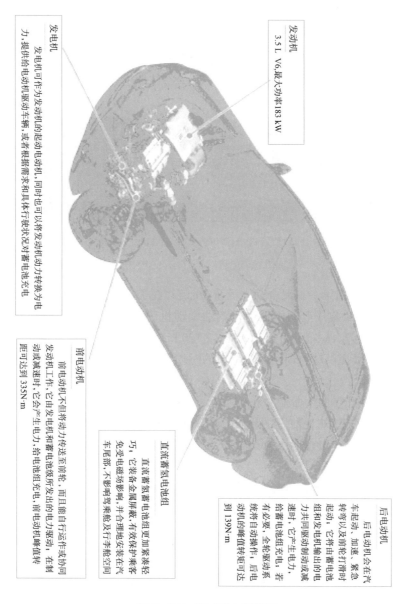

图 2-74　RX 450 h 透视图

发动机
3.5 L，V6，最大功率 183 kW

发电机
发电机可作为发动机的起动电动机，同时也可以将发动机动力转换为电力，提供给电动机驱动车辆，或者根据需求和具体行驶状况对蓄电池充电

前电动机
前电动机不但将动力传送至前轮，而且能自行运作或与协同发动机工作时，它会由发电机和蓄电池组所发出的电力驱动或减速操作，它会产生电力，给电池组充电，前电动机峰值转矩可达到 335N·m

直流蓄氢电池组
直流蓄氢电池更加紧凑轻巧，它装备金属屏蔽，有效保护乘客免受电磁场影响，并合理地安装在汽车尾部，不影响驾驶舱及行李箱空间

后电动机
后电动机会在汽车起动、加速、紧急转弯以及前轮打滑时起动，它将由发电机输出的电力共同驱动前后电池组，给蓄电池组充电，若有必要，全轮驱动系统将自动操作，后电动机的峰值转矩可达到 139N·m

RX 450 h 是 RX 车型改款后原 RX 400 h 的全新升级车型，它采用了雷克萨斯最新改良的混合动力系统，包括 3.5 LV6 阿特金森循环发动机、更轻的电动机、体积更小/质量更轻的动力

新能源汽车技术

控制单元和其他节油创新设计。在动力提升了 10％的基础上，RX450 h 的燃油消耗比备受称赞的前代车型更为经济，达到 7 L/100 km,其燃油经济性令人赞叹。V6 发动机能够在 6 000 rpm时产生 183 kW 的最大功率,油电混合动力系统最大综合输出功率达到 220 kW。

表 2‐28 雷克萨斯 RX 450 h 混合动力汽车技术参数

动力源	类　型	排量/电压/容量	最大功率	最大转矩
发动机	V6 汽油内燃机	3.5 L	183 kW	317 N・m
前电动机	永磁同步交流型	650 V	130 kW	335 N・m
后电动机	永磁同步交流型	650 V	50 kW	139 N・m
蓄电池	镍氢蓄电池串联	6.5 Ah(288 V)	37 kW	——

三、本田混合动力车型

图 2‐75　1999～2006 年 第一代本田 Insight

1. 本田第一代 Insight

1999 年 12 月,本田第一款混合动力汽车 Insight 在美国上市销售。这台车搭载了本田的混合动力系统 IMA(集成电动机辅助),汽油发动机为 1.0 L 三缸,电动机功率为 10 kW 并配备有镍金属蓄电池,一箱油可以跑960～1 120 km。电动机主要是在低转速提供更强的转矩和在必需的时候提供动力辅助。刚上市的时候采用 5 速手动变速器,2001 年开始提供 CVT 变速器供选择。

本田 Insight 在几年的生命期内获得了无数的荣誉,也是当时世界上最清洁的汽车,不过由于采用了 2 门 2 座,外观前卫的设计,实用性和接受程度大打折扣,因此,销量节节败退,叫好不叫座。不过本田并不认为 Insight 是失败作品,2003 年,本田推出了思域的混合动力版本,这才是本田真正的用意。

图 2‐76　第一代本田 Insight 发动机舱

66

2. 本田第二代 Insight

为更进一步地削减 CO_2 排放,本田以成为"新时代小型车的标杆"为目标,研发出了第二代混合动力车 Insight。全新的 Insight 在紧凑的车身内搭载了小型化、轻量化、高功率的 1.3 L i-VTEC＋IMA(Integrated Motor Assist)混合动力系统,还首次搭载"节能驾驶辅助系统"。该系统具有以下三项功能,ECON 模式:通过控制发动机和 CVT 辅助驾驶人进行节能驾驶;提醒功能:车辆行驶中,实时改变仪表盘背景颜色提醒驾驶人注意节能驾驶;评分功能:对驾驶人在实际驾驶过程中的节能状况进行评分,并在仪表盘上显示树叶图形,通过树叶的数量对驾驶人的节能成绩进行评分。

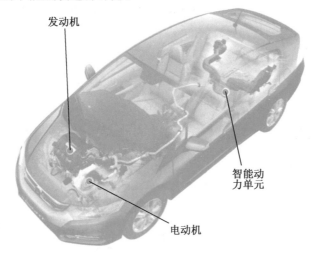

图 2-77　本田第二代 Insight 透视图

表 2-29　本田 Insight 混合动力汽车技术参数

动力源	类　　型	排量/电压/容量	最大功率	最大转矩
发动机	直列 4 缸汽油内燃机	1.3 L	65 kW	121 N·m
电动机	永磁同步交流型	—	10 kW	78 N·m
蓄电池	镍氢蓄电池串联	580 Wh(100.8 V)	—	—

图 2-78　节能驾驶辅助系统分解图

(1) IMA 本田混合动力系统

本田认为,混合动力是现阶段最现实、有效的环保技术,本田独创的混合动力系统——IMA 系统以先进的 i-VTEC 发动机作为主动力,以高效的电动机作为辅助动力,既具有卓越的环保、节能性能，又具备流畅的行驶性能，将环保与驾驶乐趣融为一体。

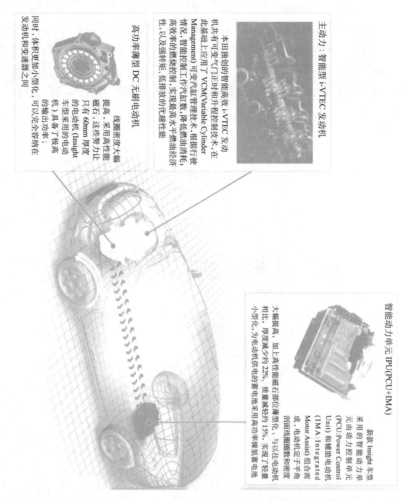

主动力：智能型 i-VTEC 发动机

本田独有的智能高效 i-VTEC 发动机共有可变气门正时和升程控制技术。在此基础上应用了 VCM(Variable Cylinder Management) 可变汽缸管理技术。根据行驶情况，智能控制工作汽缸数，源低燃油消耗，高效率的燃烧控制，实现最高水平燃油经济性，以及强转矩、低排放的优越性能

高功率薄型 DC 无刷电动机

线圈密度大幅提高，采用高性能磁石，这些努力让电动机(Insight 车型采用的电动机)具备了极高的输出功率，体积更加小型化，可以完全容纳在发动机和变速器之间同时，只有60mm厚度的电动机，磁石

智能动力单元 IPU(PCU+IMA)

新款 Insight 车型采用的智能动力单元由动力控制单元(PCU:Power Control Unit)和集成电动机(IMA:Integrated Motor Assist)组合而成，电动机定子平角前面线圈提高数和密度大幅提高，加上高性能磁石部位薄型化，质量减轻约15%，实现了轻量小型化，为电动机体-电的蓄电池采用高功率镍氢蓄电池相比，厚度减少约22%，质量减轻约

图 2-79 本田 Insight 混合动力系统分解图

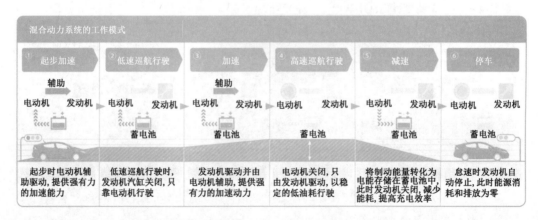

图 2-80 Eco Assist 节能驾驶辅助系统

本田新开发的节能驾驶辅助系统(Eco Assist)在车辆行驶的过程中配合行驶状态对发

动机和 VT 进行控制,通过向驾驶人提供有助于车辆经济行驶的信息,帮助驾驶人掌握更加省油的驾驶习惯,在轻松体验中实现更加经济实用的低油耗驾驶。

节能驾驶辅助系统是全球首个具备综合型驾驶辅助功能的系统,用于 2009 年上市的新一代混合动力车型 Insight。日本规格的 Insight 中装配了本田 HDD 导航系统的车辆,还具有帮助分析驾驶习惯、辅助经济驾驶的"教学功能/建议功能"。

（2）Eco Assist 节能驾驶辅助系统功能介绍

① 协调控制发动机和 CVT 的"Econ 模式"

驾驶人希望控制油耗时,只要按下"Econ 模式"按钮即可启动系统,通过协调控制发动机和 CVT 来帮助实现经济型驾驶。另外,"Econ 模式"还可对空调系统的工作进行节能控制,同时通过自动延长怠速停止的时间,以及增加减速时能量回收的充电量等方式,对低油耗驾驶进行辅助。

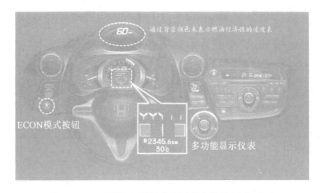

图 2-81　可显示节能驾驶辅助状态的仪表盘

图 2-82　Econ 式按钮图式及位置

② 通过仪表盘颜色的变化来显示车辆行驶油耗情况的"提醒功能"

驾驶人可随时了解到车辆行驶时的油耗,通过保持仪表盘背景的绿色显示,就能确保油耗的经济性。在混合动力系统工作时,电动机在车辆加速时起辅助作用,在车辆减速时则对动力进行回收,驾驶人的行车习惯会影响到燃油经济性。

低油耗行驶状态

相对低油耗行驶状态

油耗较高时的行驶状态

图 2-83　车辆行驶油耗

③ 通过对驾驶油耗进行评分的"评分功能"

节能驾驶辅助系统配置的多功能信息显示屏"eco 向导"的画面中可看到驾驶油耗的实时分数,成绩以"树叶"的数目显示出来。驾驶结束后,显示屏的上半部会显示出发动机从起动到停止过程中的最新油耗分数,下半部会显示出驾驶人的综合成绩(迄今为止的驾驶成绩的累计)。随着时间的推移,"树叶"会逐渐成形,驾驶人在体验培育乐趣的同时也会逐渐掌握经济省油的驾驶习惯。伴随着低油耗驾驶的累计成绩,树叶分为三个成长阶段。

图 2-84 油耗评分显示

④ 教学功能可显示更详细的油耗成绩,并对驾驶人提出建议

本田 HDD 车载导航系统的提示画面上可显示出驾驶操作的油耗成绩记录及具体的评分内容,另外还能通过对驾驶人的驾驶方式的分析,提示出"降低油耗的建议"等建议。另外,导航会员还可通过电脑登录"车载导航私人俱乐部"主页,对以上信息进行确认。

节能驾驶油耗记录　　　　　节能驾驶的评分内容　　　　　降低油耗的建议

图 2-85 系统教学功能

3. 本田思域混合动力车

2001 年,本田在第七代思域上装备了 IMA 混合动力系统,使其成为一台真正的 5 座混合动力车而受到市场的青睐。2005 年,第八代思域上市,相应的混合动力版本也进入全新一代;2007 年,本田正式将思域混合动力汽车引入到中国。思域混合动力汽车采用了本田先进的 IMA 混合动力系统,主动力为 1.3 L 三段式 i-VTEC 发动机,可根据智能化控制的可变气门正时和升程系统(VTEC)机构,在低转速、高转速、汽缸停止的三个阶段对气门进行不同控制,具备卓越的燃油经济性能,辅助动力为轻量小型化的高效率电动机。据清华大学在北京城市路况下对思域混合动力汽车的实际油耗进行综合测试的结果表明,思域混合动力汽车的综合油耗仅为 4.7 L/100 km,较普通汽油款的思域汽车油耗低了 37.42%。

图 2-86 本田思域混合动力车外观图

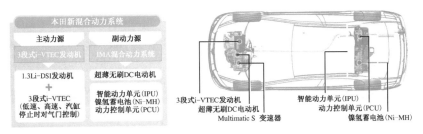

图 2-87　本田 Civic 混合动力车部件分解图

（1）3 段式 i-VTEC 发动机

智能双火花塞顺序点火系统（i-DSL）在每个汽缸都配置有两个火花塞,通过对各自的点火时间进行最佳控制以实现高效燃烧。以此为基础,融合先进的 3 段式 i-VTEC,通过摇臂用三个阶段来对气门进行控制,以达到良好的行驶性及燃油经济性。减速时四个汽缸停止燃烧,降低由于吸气、排气带来的功率损失,大幅度提高减速能量的再利用。另外,小的热膨胀、铝铸活塞以及平滑的汽缸侧壁,有效降低发动机的摩擦阻力。高效的无级变速 CVT（本田 Multimatic S）可自动选择最适当的变速比,在提高燃油经济性与转矩的同时,实现畅快的行驶感觉。

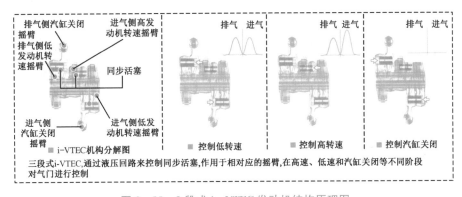

图 2-88　3 段式 i-VTEC 发动机结构原理图

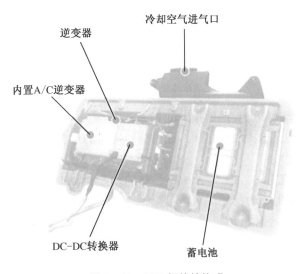

图 2-89　IPU 部件的构成

表 2－30　本田思域 Civic 混合动力汽车技术参数

动力源	类　型	排量/电压/容量	最大功率	最大转矩
发动机	直列 4 缸汽油内燃机	1.3 L	70 kW	122 N·m
电动机	永磁同步交流型	——	15 kW	103 N·m
蓄电池	镍氢蓄电池串联	5.5 Ah(158 V)	——	——

（2）工作过程

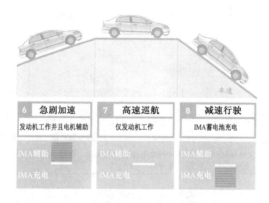

图 2－90　本田思域 Civic 混合动力汽车工作过程

车辆静止时（自动怠速停机）：怠速自动停机，消除油耗与尾气排放。工作时自动怠进停止信号灯点亮。松开制动踏板的同时开始起动发动机。注意：根据条件不同，存在发动机无法停止的情况。

开始加速时（发动机工作并且电动机辅助）：低转速时，依靠可变气门正时及升程电子控制系统，电动机辅助发动机运转，提供强劲的加速动力。

缓加速（仅发动机工作）：缓慢加速时，通过低转速时的可变气门正时及升程电子控制系统，仅靠发动机提供动力。

低速巡航（仅电动机工作）：以 40 km/h 左右的速度行驶时，发动机 4 个汽缸的气门关闭，停止燃烧，仅由电动机驱动行驶。

加速行驶（发动机工作且电动机辅助）：由电动机通过低转速时用的可变气门正时及升程电子控制系统辅助发动机运转，提供强劲的加速动力。

急剧加速（发动机工作且电动机辅助）：发动机的转速提高后，发动机切换到高转速使用的可变气门正时及升程电子控制系统,产生高功率。加上电动机的辅助系统,提供更为强劲的加速动力。

高速巡航(仅发动机工作):高转速时用可变气门正时及升程电子控制系统辅助发动机运行。

减速行驶(IMA 蓄电池充电):发动机的 4 个汽缸全部停止燃烧。电动机最大限度地利用减速能量给 IMA 蓄电池充电,在电动机辅助时进行再利用。

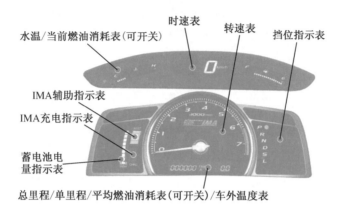

图 2-91　本田 CiViC 混合动力汽车仪表构成

新开发的薄型直流无刷电动机通过提高线圈密度以及采用高性能的磁铁,在相同尺寸下大幅度提高功率。通过独自开发、生产控制电动机驱动与电力能源再生(充电)的动力控制单元(PCU),为提高效率以及燃油经济性做出贡献。IMA 蓄电池不但大幅提高电源功率,且小型化的蓄电池盒提高了冷却性能和抗震性能。另外,结合 IMA 的蓄电池及 PCU 为一体的智能动力单元(IPU)充分实现了轻量化、小型化,为行李舱保留出足够的空间。

模块三　燃料电池电动汽车

采用燃料电池作为电源的电动汽车称为燃料电池电动汽车(Fuel Cell Electric Vehicle, FCEV)。FCEV 一般以质子交换膜燃料电池(PEMFC)作为车载能量源。

【**知识点 1**】　燃料电池电动汽车的类型

FCEV 按燃料特点可分为直接燃料电池电动汽车和重整燃料电池电动汽车。

直接燃料电池电动汽车的燃料主要是氢气;重整燃料电池电动汽车的燃料主要有汽油、天然气、甲醇、甲烷、液化石油气等。直接燃料电池电动汽车排放无污染,被认为是最理想的汽车,但存在氢的制取和存储困难等缺点;重整燃料电池电动汽车的结构比氢燃料电池电动汽车复杂得多。

FCEV 按燃料氢的存储方式可分为压缩氢燃料电池电动汽车、液氢燃料电池电动汽车和合金(碳纳米管)吸附氢燃料电池电动汽车。

FCEV 按"多电源"的配置不同,可分为纯燃料电池驱动(PFC)的 FCEV、燃料电池与辅助蓄电池联合驱动(FC+B)的 FCEV、燃料电池与超级电容联合驱动(FC+C)的 FCEV 以及燃料电池与辅助蓄电池和超级电容联合驱动(FC＋B＋C)的 FCEV。

1. 纯燃料电池驱动(PFC)的 FCEV

纯燃料电池驱动的电动汽车只有燃料电池一个动力源,汽车的所有功率负荷都由燃料电池承担。纯燃料电池驱动的电动汽车的动力系统如图 2-92 所示。

纯燃料电池驱动系统将氢气与氧气反应产生的电能通过总线传给驱动电机,驱动电机将电能转化为机械能再传给传动系,从而驱动汽车行驶。这种系统结构简单,系统控制和整体布置容易;系统部件少,有利于整车的轻量化;整体的能量传递效率高,从而提高了整车的燃料经济性。但燃料电池功率大、成本高,对燃料电池系统的动态性能和可靠性提出了很高的要求,不能进行制动能量回收。

图 2-92　纯燃料电池驱动动力系统结构

因此,为了有效解决上述问题,必须使用辅助能量存储系统作为燃料电池系统的辅助动力源和燃料电池联合工作,组成混合驱动系统共同驱动汽车。从本质上来讲,这种结构的燃料电池电动汽车采用的是混合动力结构。它与传统意义上的混合动力结构的差别仅在于发动机是燃料电池而不是内燃机。在燃料电池混合动力结构汽车中,燃料电池和辅助能量存储装置共同向电动机提供电能,通过变速机构来驱动汽车。

2. 燃料电池与辅助蓄电池联合驱动(FC＋B)的 FCEV

燃料电池＋辅助蓄电池联合驱动的燃料电池电动汽车的动力系统如图 2-93 所示。该结构是一个典型的串联式混合动力结构。在该动力系统结构中,燃料电池和蓄电池一起为驱动电机提供能量,驱动电机将电能转化成机械能传给传动系,从而驱动汽车行驶;在汽车制动时,驱动电机变成发电机,蓄电池将储存回馈的能量。在燃料电池和蓄电池联合供能时,燃料电池的能量输出变化较为平缓,随时间变化波动较小,而能量需求变化的高频部分由蓄电池分担。

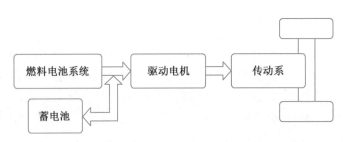

图 2-93　燃料电池＋辅助蓄电池形式动力系统结构

这种结构由于增加了比功率价格相对低廉得多的蓄电池组,系统对燃料电池的功率要求较纯燃料电池结构形式有很大的降低,从而大大地降低了整车成本;燃料电池可以在比较好的设定工作条件下工作,工作时燃料电池的效率较高;系统对燃料电池的动态响应性能要求较低;汽车的冷起动性能较好;制动能量回馈的采用可以回收汽车制动时的部分动能,该措施可能会增加整车的能量效率。但这种结构形式由于蓄电池的使用使得整车的质量增加,动力性和经济性受到影响,这一点在能量复合型混合动力汽车上表现更为明显;蓄电池充放电过程会有能量损耗;系统变得复杂,系统控制和整体布置难度增加。

3. 燃料电池与超级电容联合驱动(FC+C)的 FCEV

燃料电池+超级电容的结构与燃料电池+蓄电池的结构相似,只是把蓄电池换成超级电容。相对于蓄电池,超级电容充放电效率高,能量损失小,功率密度大,在回收制动能量方面比蓄电池有优势,循环寿命长,但是超级电容的能量密度较小。随着超级电容技术的不断进步,这种结构将成为一种新的重要研究方向。

4. 燃料电池与辅助蓄电池和超级电容联合驱动(FC+B+C)的 FCEV

燃料电池与蓄电池和超级电容联合驱动的电动汽车的动力系统如图 2-94 所示,该结构也为串联式混合动力结构。在该动力系统结构中,燃料电池、蓄电池和超级电容一起为驱动电机提供能量,驱动电机将电能转化成机械能传给传动系,从而驱动汽车行驶;在汽车制动时,驱动电机变成发电机,蓄电池和超级电容将储存回馈的能量。在燃料电池、蓄电池和超级电容联合供能时,燃料电池的能量输出较为平缓,随时间变化波动较小,而能量需求变化的低频部分由蓄电池承担,能量需求变化的高频部分由超级电容承担。在这种结构中,各动力源的分工更加明细,因此,它们的优势也得到更好的发挥。

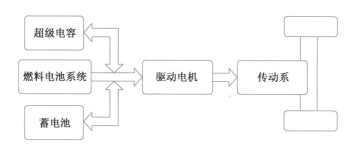

图 2-94　燃料电池＋蓄电池＋超级电容形式动力系统结构

这种结构的优点相比燃料电池+蓄电池的结构形式,优点更加明显,尤其是在部件效率、动态特性、制动能量回馈等方面。缺点也一样更加明显,增加了超级电容,整个系统的质量将可能增加;系统更加复杂化,系统控制和整体布置的难度也随之增大。

总的来说,如果能够对系统进行很好的匹配和优化,这种结构带来的汽车良好的性能具有很大的吸引力。

在 3 种混合驱动中,FC+B+C 组合被认为能够最大限度满足整车的起动、加速、制动的动力和效率需求,但成本最高,结构和控制也最为复杂。目前燃料电池电动汽车动力系统的一般结构是 FC+B 组合,这是因为它具有以下特点。

(1)燃料电池单独或与动力电池共同提供持续功率,且在车辆起动、爬坡和加速等峰值功率需求时,动力电池提供峰值功率。

(2)在车辆起步时和功率需求量不大时,蓄电池可以单独输出能量。

(3)蓄电池技术比较成熟,可以在一定程度上弥补燃料电池技术上的不足。

可用于电动汽车的蓄电池包括锂离子电池、锂聚合物电池、镍氢电池、铅酸电池、镍镉电池、锌空气电池和铝空气电池等多种类型。

目前，FC+B混合驱动系统主要有两种结构形式：燃料电池直接混合系统和动力电池直接混合系统。

燃料电池直接混合系统是燃料电池直接接入直流母线，所以驱动系统的电压必须设计在燃料电池可以调节的范围内，由于动力电池需要向驱动系统传输能量和从燃料电池与车辆系统取得能量，所以必须安装双向DC/DC，且必须有响应速度快的特点。燃料电池和动力蓄电池之间的功率平衡由DC/DC和燃料电池管理系统共同实现。该结构形式对于燃料电池的输出电压达到了最优化设计。但是对燃料电池的要求比较高，同时DC/DC要实现双向快速控制，双向DC/DC的成本较高，整个系统的控制也比较复杂。

动力电池直接混合系统中，DC/DC变换器将燃料电池的输出电压和系统电压分开，驱动系统电压可以设计得比较高，这样可以降低驱动系统的电流值，有利于延长各电器元件的寿命，同时高的系统电压可以充分满足动力电池的需要。DC/DC还负责燃料电池和动力蓄电池之间的功率平衡。但是由于燃料电池的能量输出需要通过DC/DC才能进入直流母线，导致系统的效率比较低，特别是对于连续负载来说不是最优化设计。例如，匀速工况下，系统功率需求较小，由燃料电池单独提供车辆行驶所需的功率。

两种结构形式的主要差别在于DC/DC变换器的使用上。DC/DC的位置和结构决定了动力系统的构型。DC/DC的位置主要取决于电机及其控制器特性和燃料电池特性，另一个重要的因素是混合度。

【知识点2】 燃料电池电动汽车的结构原理

目前燃料电池电动汽车绝大多数采用的是混合式燃料电池驱动系统，将燃料电池与辅助动力源相结合，燃料电池可以只满足持续功率需求，借助辅助动力源提供加速、爬坡等所需的峰值功率，而且在制动时可以将回馈的能量存储在辅助动力源中。混合式燃料电池驱动系统有并联式和串联式两种，如图2-95所示。

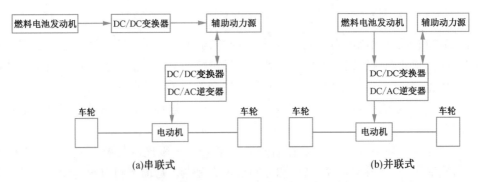

图2-95 混合式燃料电池电动汽车驱动系统框图

混合式燃料电池电动汽车的动力系统主要由燃料电池发动机、辅助动力源、DC/DC变换器、DC/AC逆变器、电动机和动力电控系统等组成。

1. 燃料电池发动机

在FCEV所采用的燃料电池发动机中，为保证PEMFC组的正常工作，除以PEMFC作为核心外，还装有氢气供给系统、氧气供给系统、气体加湿系统、反应生成物的处理系统、冷却系统和电能转换系统等。只有这些辅助系统匹配恰当并正常运转,才能保证燃料电池发动机正常运转。

图 2-96 所示是以氢为燃料的燃料电池发动机系统,图 2-97 所示是以氢气为燃料的 FCEV 的总布置基本结构模型。

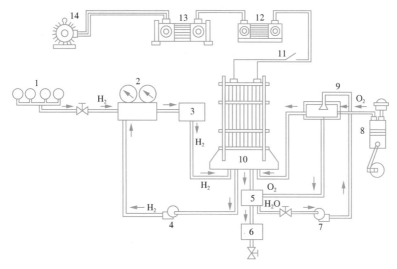

图 2-96 以氢为燃料的燃料电池发动机系统

1-氢气储存罐;2-氢气压力调节仪表;3-热交换器;4-氢气循环泵;
5-冷凝器及气水分离器;6-散热器;7-水泵;8-空气压缩机(或氧气罐);
9-加湿器及去离子过滤装置;10-燃料电池组;11-电源开关;12-DC/DC 变换器;
13-逆变器;14-驱动电动机。

(1) 氢气供应、管理和回收系统。气态氢的储存装置通常用高压储气瓶来装载,对高压储气瓶的品质要求很高,为保证燃料电池电动汽车一次充气有足够的行驶里程,就需要多个高压储气瓶来储存气态氢气。一般轿车需要 2~4 个高压储气瓶,大客车上需要 5~10 个高压储气瓶。

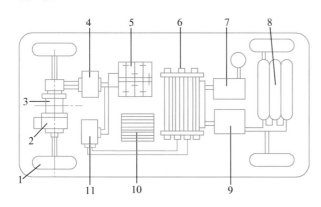

1-驱动轮;2-驱动系统;3-驱动电动机;
4-逆变器;5-辅助电源装置(动力电池
组+飞轮储能器或动力电池组+超级电
容);6-燃料电池发动机;7-空气压缩机
及空气供应系统辅助装置;8-氢气储存
罐;9-氢气供应系统辅助装置;10-中央
控制器;11-动力 DC/DC 变换器。

图 2-97 以氢气为燃料的 FCEV 的总布置基本结构模型

液态氢气虽然比能量高于气态氢,但由于液态氢气处于高压状态,它不仅需要用高压储气瓶储存,还要用低温保温装置来保持低温,且低温的保温装置是一套复杂的系统。

在使用不同压力的氢气(高压气态氢气和高压低温液态氢气)时,就需要用不同的氢气储存容器,不同的减压阀、调压阀、安全阀、压力表、流量表、热量交换器和传感器等来进行控制,并对各种管道、阀和仪表等的接头采取严格的防泄漏措施。从燃料电池中排出的水,含有未发生反应的少量的氢气。正常情况下,从燃料电池中排出的少量的氢气应低于 1% 以下,应用氢气循环泵将这少量的氢气回收。

(2)氧气供应和管理系统。氧气的来源有从空气中获取氧气或从氧气罐中获取氧气,空气需要用压缩机来提高压力,以增加燃料电池反应的速度。在燃料电池系统中,配套压缩机的性能有特定的要求,压缩机质量和体积会增加燃料电池发动机系统的质量、体积和成本,压缩机所消耗的功率会使燃料电池的效率降低。空气供应系统的各种阀、压力表、流量表等的接头要采取防泄漏措施。在空气供应系统中还要对空气进行加湿处理,保证空气有一定的湿度。

(3)水循环系统。燃料电池发动机在反应过程中将产生水和热量,在水循环系统中用冷凝器、气水分离器和水泵等对反应生成的水和热量进行处理,其中一部分水可以用于空气的加湿。另外还需要装置一套冷却系统,以保证燃料电池的正常运作。

(4)电力管理系统。燃料电池所产生的是直流电,需要经过 DC/DC 变换器进行调压,在采用交流电动机的驱动系统中,还需要用逆变器将直流电转换为三相交流电。

以氢气为燃料的燃料电池发动机的各种外围装置的体积和质量占燃料电池发动机总体积和质量的 1/3～1/2。

图 2-98 所示是以甲醇为燃料的燃料电池发动机系统。在以甲醇为燃料的燃料电池发动机系统中,用甲醇供应系统代替了上述的氢气供应系统。它包括甲醇储存装置、甲醇供应系统的泵、管道、阀门、加热器及控制装置等。图 2-99 所示是以甲醇为燃料的 FCEV 的总布置基本模型。

(1)甲醇储存装置。甲醇可以用普通容器储存,不需要加压或冷藏,可以部分利用内燃机汽车的供应系统,有利于降低 FCEV 的使用费用。

(2)燃烧器、加热器和蒸发器。甲醇进入改质器之前,要用加热器加热甲醇和纯水的混合物,使甲醇和纯水的混合物一起受高温(621℃)热量的作用,蒸发成甲醇和纯水的混合气,然后进入改质器。

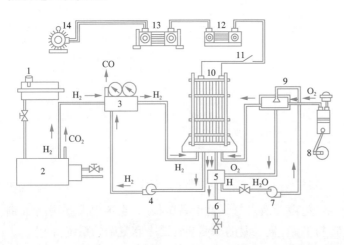

1-甲醇储存罐;2-带燃烧器的改质器;3-H_2 净化装置;4-氢气循环泵水循环系统;5-冷凝器及气水分离器;6-散热器;7-水泵;8-空气压缩机(或氧气罐);9-加湿器及去离子过滤装置;10-燃料电池组;11-电源开关;12-DC/DC 变换器;13-逆变器;14-驱动电动机。

图 2-98　以甲醇为燃料的燃料电池发动机系统

（3）重整器。重整器是将甲醇用改质技术转化为氢气的关键设备。不同的碳氢化合物采用不同的重整技术，在重整过程中的温度、压力会有所不同，例如，甲醇用水蒸气重整法的温度为 621℃，用部分氧化重整法的温度为 985℃，用废气重整法的第一阶段温度为 985℃，第二阶段温度为 250℃。在 FCEV 用甲醇经过重整产生的氢气作燃料时，就需要对各种重整方法进行分析，选择最佳重整技术和最适合 FCEV 配套的重整器。

（4）氢气净化器。改质器所产生的 H_2 因为含有少量的 CO，因此，必须对 H_2 进行净化处理。净化器中用催化剂来控制，使 H_2 中所含的 CO 被氧化成 CO_2 后排出，最终进入 PEMFC 的 H_2 中的 CO 的含量不超过规定的 10×10^{-6}。甲醇经过改质后所获得的氢气作为燃料时，燃料电池的效率为 40%～42%。以甲醇为燃料的燃料电池系统中的氧气供应、管理系统，反应生成的水和热量的处理系统和电力管理系统与以氢为燃料的燃料电池系统基本相同。燃料电池发动机的运作一般采用计算机进行控制，根据 FCEV 的运行工况，通过 CAN 总线系统进行信息传递和反馈，并经过计算机的处理，以保证燃料电池正常运行。

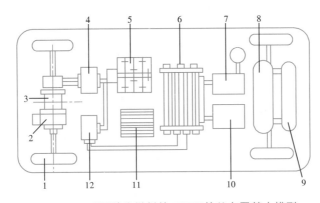

图 2-99　以甲醇为燃料的 FCEV 的总布置基本模型

1-驱动轮；2-驱动系统；3-驱动电动机；4-逆变器；
5-辅助电源装置（动力电池组＋飞轮储能器，或动力电池组＋超级电容器）；
6-燃料电池发动机；7-空气压缩机及空气供应系统辅助装置；8-重整器；9-甲醇罐；
10-氢气供应系统辅助装置；11-中央控制器；12-动力 DC/DC 变换器。

2. 辅助动力源

在 FCEV 上燃料电池发动机是主要电源，另外还配备有辅助动力源。根据 FCEV 的设计方案不同，其所采用的辅助动力源也有所不同，可以用蓄电池组、飞轮储能器或超大容量电容器等共同组成双电源系统。在具有双电源系统的 FCEV 上，驱动电动机的电源可以出现以下驱动模式。

（1）在 FCEV 起动时，由辅助动力源提供电能带动燃料电池发动机起动，或带动车辆起步。

（2）车辆行驶时，由燃料电池发动机提供驱动所需的全部电能，剩余的电能储存到辅助动力源装置中。

（3）在加速和爬坡时，若燃料电池发动机提供的电能还不足以满足 FCEV 驱动功率要求，则由辅助动力源提供额外的电能，使驱动电动机的功率或转矩达到最大，形成燃料电池发动机与辅助动力源同时供电的双电源的供电模式。

（4）储存制动时反馈的电能，以及向车辆的各种电子、电器设备提供所需要的电能。

由于燃料电池发动机的比功率和比能量在不断改进和提高,现代燃料电池电动汽车逐步向加大燃料电池发动机功率的方向发展,可以由燃料电池发动机提供驱动所需的全部电能。

另外采用 42 V 蓄电池来储存制动时反馈的电能,并为车载电子电器系统提供电能,可以取消用于辅助驱动的动力电池组,减轻辅助电池组和整车的质量。

3. DC/DC 变换器

FCEV 采用的电源有各自的特性,燃料电池只提供直流电,电压和电流随输出电流的变化而变化。燃料电池不可能接受外电源充电,电流的方向只是单向流动。FCEV 采用的辅助电源(蓄电池和超级电容)在充电和放电时,也是以直流电的形式流动,但电流的方向是可逆性流动。FCEV 上的各种电源的电压和电流受工况变化的影响呈不稳定状态。为了满足驱动电机对电压和电流的要求及对多电源电力系统的控制,在电源与驱动电机之间,用计算机控制实现对 FCEV 的多电源的综合控制,保证 FCEV 的正常运行。FCEV 的燃料电池需要装置单向 DC/DC 变换器,蓄电池和超级电容器需要装置双向 DC/DC 变换器。

燃料电池轿车中的 DC/DC 变换器的主要功能概括起来包括以下 3 点。

(1)调节燃料电池的输出电压。由于燃料电池的输出特性较软,输出电压随负载的变化而变化,轻载时输出电压偏高,重载时输出电压偏低,难以满足驱动电机控制器的需求,所以借助 DC/DC 变换器对燃料电池的输出电压进行调节。

(2)调节整车能量分配。燃料电池轿车是一种混合动力轿车,具有燃料电池和动力蓄电池两种能源,控制燃料电池的输出能量就可以控制整车能量的分配。如果燃料电池的输出能量不足以驱动电机,缺口能量就由动力蓄电池来补充;当燃料电池输出的能量超出电机的需求时,多余的能量可以进入蓄电池中,补充蓄电池的能量。DC/DC 变换器用于控制燃料电池的能量输出。

(3)稳定整车直流母线电压。燃料电池的输出电压经过 DC/DC 变换器后能稳定整车直流母线电压。

DC/DC 变换器在燃料电池电动汽车中起着重要的作用,它的性能必须满足以下要求。

(1)变换器是能量传递部件,因此,需要高转换效率,以便提高能源的利用率。

(2)为了降低对燃料电池的输出电压要求,变换器应具有升压功能。

(3)由于燃料电池输出的不稳定,需要变换器闭环运行进行稳压,为了给驱动器稳定的输入,需要变换器有较好的动态调节能力。

(4)体积小、重量轻。

4. 驱动电机

燃料电池电动汽车用的驱动电机主要有直流电动机、交流电动机、永磁电动机和开关磁阻电动机等。燃料电池汽车驱动电机的选型必须结合整车开发目标,综合考虑电动机的特点。

5. 动力电控系统

燃料电池汽车的动力电控系统主要由燃料电池发动机管理系统(FCE - ECU)、蓄电池管理系统(BMS)、动力控制系统(PCU)及整车控制系统(VMS)组成,而原型车的变速器系统会简化很多,其系统结构框图如图 2-100 所示。

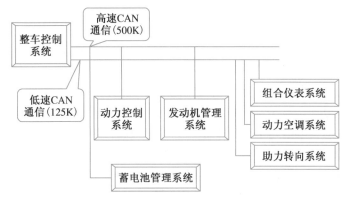

图 2-100　燃料电池汽车动力电控系统结构框图

（1）发动机管理系统。燃料电池发动机管理系统按整车控制器的功率设定值控制燃料电池发动机的功率输出,监测发动机的工作状态,保证发动机稳定可靠地运行,同时进行故障诊断及管理。其具体组成包括供氢系统、供氧系统、水循环及冷却系统。

（2）蓄电池管理系统。蓄电池管理系统分上、下两级,下级 LECU 负责蓄电池组电压、温度等物理参数的测量,进行过充过放保护及组内组间均衡;上级 CECU 负责动力蓄电池组的电流检测及 SOC 估算,以及相关的故障诊断,同时采用高压漏电保护策略。

（3）动力控制系统。动力控制系统包含 DC/DC 变换器、DC/AC 逆变器、DCL 和空调控制器及空调压缩机变频器,以及电动机冷却系统控制器。DC/DC 逆变器和 DC/AC 逆变器的作用如前所述,DCL 负责将高压电源转换为系统零部件所需的 12 V/24 V 低压电源,电动机冷却系统控制器负责电动机及 PCU 的水冷却系统控制。

（4）整车控制系统。整车控制系统的核心是多能源控制策略（包括制动能量回馈功能）,它一方面接收来自驾驶员的需求信息（如点火开关、节气门踏板、制动踏板、变速信息等）实现整车工况控制;另一方面基于反馈的实际工况（如车速、制动、电动机转速等）以及动力系统的状况（燃料电池及动力蓄电池的电压、电流等）,根据预先匹配好的多能源控制策略进行能量分配调节控制。当然,整车的故障诊断及管理也由它负责。

上述各系统都通过高速 CAN—Bus 进行信息交换。在上述基本动力系统架构基础上,可以根据混合度的不同,把燃料电池混合动力汽车分为电量消耗型和电量维持型。所谓混合度,是指燃料电池额定输出功率与驱动电机额定功率之比。前者的混合度较低,蓄电池是主要的能量源,燃料电池只作为里程延长器来使用;后者的混合度较高,在行驶过程中蓄电池的荷电状态基本保持在一个合理的范围,目前国外大部分国家及我国全部采用该方案。

【知识点 3】　燃料电池电动汽车的特点

燃料电池电动汽车技术与传统汽车、纯电动汽车技术相比,具有以下优点:

（1）效率高。燃料电池的工作过程是化学能转化为电能的过程,不受卡诺循环的限制,能量转换效率较高,可以达到 30％以上,而汽油机和柴油机汽车整车效率分别为 16％～18％和 22％～24％。

（2）续驶里程长。采用燃料电池系统作为能量源，克服了纯电动汽车续驶里程短的缺点，其长途行驶能力及动力性已经接近于传统汽车。

（3）绿色环保。燃料电池没有燃烧过程，以纯氢作为燃料，生成物只有水，属于零排放。采用其他富氢有机化合物用车载重整器制氢作为燃料电池的燃料，生产物除水之外还可能有少量的 CO_2，接近零排放。

（4）过载能力强。燃料电池除了在较宽的工作范围内具有较高的工作效率外，其短时过载能力可达额定功率的 200% 或更大。

（5）低噪声。燃料电池属于静态能量转换装置，除了空气压缩机和冷却系统以外无其他运动部件，因此，与内燃机汽车相比，运行过程中噪声和振动都较小。

（6）设计方便灵活。燃料电池汽车可以按照 X—By—Wire 的思路进行汽车设计，改变传统的汽车设计概念，可以在空间和重量等问题上进行灵活的配置。

燃料电池电动汽车的主要缺点如下：

（1）燃料电池汽车的制造成本和使用成本过高。燃料电池发动机的制造成本居高不下，国内估计 3 万元/kW，国外成本约 3 000 美元/kW，与传统内燃机仅（200～350）元/kW 相比，差距巨大。使用成本过高，例如高纯度（99.999%）高压氢 [>200 bar（1 bar＝10^5 Pa）]售价约（80～100）元/kg，按 1 kg 氢可发 10 kW·h 电能计算，仅燃料费约为 10 元/kW·h，按燃料电池发动机工作寿命 1 000 h 计算，折旧费为 30 元/kW·H，所以总的动力成本达 40 元/kW·h。目前由燃料电池发动机提供 1 kW·h 电能的成本远高于各种动力电池，这从一个侧面反映了作为汽车动力源，燃料电池还有相当的距离。

（2）辅助设备复杂，且质量和体积较大。在以甲醇或者汽油为燃料的 FCEV 中，经重整器出来的"粗氢气"含有使催化剂"中毒"失效的少量有害气体，必须采用相应的净化装置进行处理，增加了结构和工艺的复杂性，并使系统变得笨重而目前普遍采用的氢气燃料的 FCEV，因需要高压、低温和防护的特种储存罐，导致体积庞大，给 FCEV 带来了许多不便。

（3）起动时间长，系统抗震能力有待进一步提高。采用氢气为燃料的 FCEV 起动时间一般需要约 3 min，而采用甲醇或者汽油重整技术的 FCEV 起动时间则长达约 10 min，比起内燃机汽车起动的时间长得多，影响其机动性能。此外，在 FCEV 受到振动或者冲击时，各种管道的连接和密封的可靠性需要进一步提高，以防止泄漏，降低效率，严重时还会引发安全事故。

【知识点 4】 燃料电池电动汽车车型性能分析

一、本田 FCX 燃料电池汽车车型

本田 FCX 自 1999 年首次发布"FCX－V1"燃料电池试验车后，先后经过了"FCX－V2" "FCX－V3""FCX－V4"和"FCX"5 代艰苦的开发历程。2002 年"FCX"世界首次取得美国政府认定；同年 9 月"FCX"世界首次获得美国环境保护厅（EPA）"零污染车辆"认定。2002 年 12 月 2 日，本田同时向日本政府和美国洛杉矶市政府交付了首批 FCX，成为世界上第一家实现商品化销售的燃料电池车生产厂家。

表 2 – 31　本田燃料电池汽车参数

本田燃料电池汽车车型	FCX – V1	FCX – V2	FCX – V3/V3 本田燃料电池	FCX – V4	FCX
氢气补给	储氢合金罐	—	高压储氢罐 25 331 kPa（250 atm）	高压储氢罐 35 463 kPa（350 atm）	高压储氢罐 35 463 kPa（350 atm）
氢气存储能力	—	—	100 L	137 L	156.6 L
燃料电池堆	PEFC（质子交换膜燃料电池）	本田生产的 PEFC（质子交换膜燃料电池）	PEFC（质子交换膜燃料电池）	PEFC（质子交换膜燃料电池）	PEFC（质子交换膜燃料电池）
动力辅助	蓄电池	蓄电池	超级电容	超级电容	超级电容
最大功率 最大转矩	49 kW —	49 kW —	60 kW 238 N·m	60 kW 238 N·m	60 kW 273 N·m
最高时速	—	—	130 km/h	140 km/h	150 km/h
巡航里程	—	—	180 km	315 km	355 km
座位数量	2	2	4	4	4
储物舱空间	—	—	—	98 L	102 L

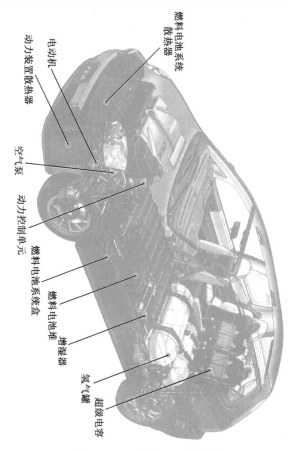

图 2 – 101　本田 FCX 透视图

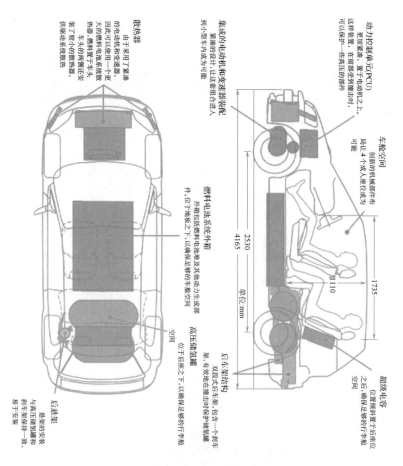

动力控制单元(PCU)

这样装置更加紧凑，在前舱受到撞击时，可以保护一些高压的部件。

集成的电动机和变速器装配达样装置更加紧凑，在前舱受到撞击时，可以保护一些高压的部件。

散热器

由于采用了紧凑的电动机和变速器，因此可以使用一个更大的燃料电池系统散热器，燃料电池系统还安装了较小的两侧散热器，供暖动力系统散热。

车舱空间

创新的机械部件布局，让4个成人乘坐成为可能。

燃料电池系统外箱

外箱包括燃料电池堆及其他动力生成部件，位于地板之下，以确保足够的车整空间。

高压储氢罐

位于后座之下，以确保足够的行李舱空间。

后车架结构

双段式后车架，包含一个刹车泵，有效地在撞击时保护储氢罐。

超级电容

位于襟翼斜置于后座位之后，以确保足够的行李舱空间。

后悬架

悬架的安装与高压储氢罐保持一致，易于安装。

2530
4165
单位:mm
1110
1735

图 2-102　FCX重要部件分解侧视和俯视图

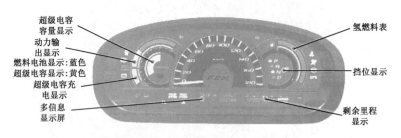

超级电容
容量显示

动力输
出显示

燃料电池显示:蓝色
超级电容显示:黄色

超级电容充
电显示

多信息
显示屏

氢燃料表

挡位显示

剩余里程
显示

图 2-103　本田FCX仪表功能分解图

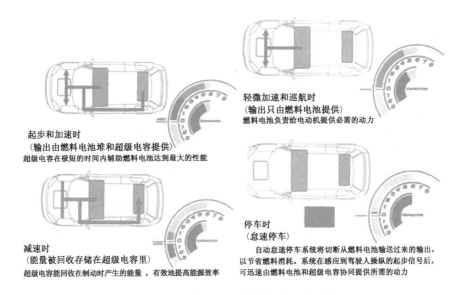

起步和加速时
（输出由燃料电池堆和超级电容提供）
超级电容在极短的时间内辅助燃料电池达到最大的性能

减速时
（能量被回收存储在超级电容里）
超级电容能回收在制动时产生的能量，有效地提高能源效率

轻微加速和巡航时
（输出只由燃料电池提供）
燃料电池负责给电动机提供必需的动力

停车时
（怠速停车）
　　自动怠速停车系统将切断从燃料电池输送过来的输出，以节省燃料消耗。系统在感应到驾驶人操纵的起步信号后，可迅速由燃料电池和超级电容协同提供所需的动力

图 2-104　本田 FCX 燃料汽车工作过程

（1）本田 FCX 的能量管理

本田一直认为以氢为燃料，具备出色的续航性能和行驶性能，排放物只有水的燃料电池电动车，是未来社会终极的环保汽车。因此，本田从 FCX 一路研发，直到现在已经开始量产的 FCX Clarity 具有零下 30℃ 的低温起动功能，续航能力达至 620 km。如今 FCX Clarity 已在日本和美国市场进行租赁销售，是一款具有真正实用价值的环保车型。

FCX Clarity 以本田独创的燃料电池堆"V Flow FC Stack"技术为核心，实现了燃料电池电动车特有的未来感设计、先进的整体封装布局以及出色的驾驭感受。不仅具备不排放 CO_2 的清洁性，还赋予汽车独特的新价值和新魅力。

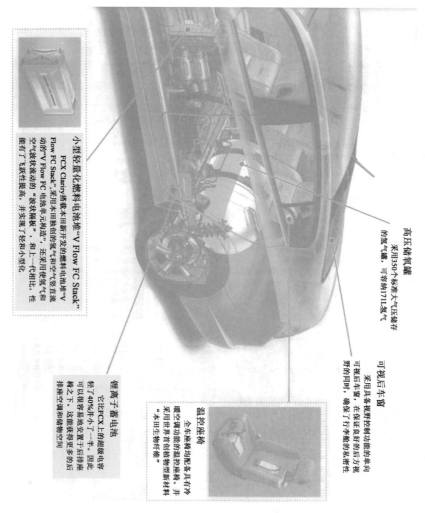

小型轻量化燃料电池堆"V Flow FC Stack"

FCX Clarity搭载本田新开发的燃料电池堆"V Flow FC Stack",采用本田独创的氢气和空气垂直流动的"V Flow FC 电池单元构造",还采用使氢气和空气波状流动的"波状隔板",和上一代相比,性能有了飞跃性提高,并实现了轻量小型化

高压储氢罐

采用350个标准大气压储存的氢气罐,可容纳171L氢气

可视后车窗

采用具备加湿控制功能的单块玻璃后车窗,在保证良好的后方视野的同时,确保了右舷船的高密封性

锂离子蓄电池

它比FCX上的超级电容轻了40%并小了一半,因此可以很容易地安置于后排座椅之下,这低碳获得更多的后排座空调和储物空间

温控座椅

全车座椅均配备具有冷暖空调功能的温控座椅,并采用世界首创的植物型新材料"本田生物纤维"

图 2-105 本田 FCX Clarity 透视图

（2）本田新型燃料电池堆

新型燃料电池堆的最高功率提升至 100 kW,与上一代燃料电池堆相比,体积功率密度提高 50%,质量功率密度提高 67%。另外,低温状态起动性能也得到大幅度提高,最低可在 −300℃正常起动。

表 2-32　本田新型燃料电池堆技术参数

技术阶段	1999 年	2003 年	2006 年
燃料电池堆外形			

技术阶段	1999 年	2003 年	2006 年
特　点	本田最早自制的电池堆，采用了当时流行的氯电解质膜和切削碳隔离板结构，作为车载用电池堆，其体积相当大	燃料电池堆在世界上首次实现零下 20℃ 以下可正常起动，具有划时代意义，采用芳香型电解质膜以及冲压金属隔离板	将双盒型电池堆改造为单盒型电池堆结构，体积的变小使电池堆可以纵向装置，有效地提高了排水性能，而且稳定了电压
		传统电池堆布局：氢气和生成的水横向流动　装置包括燃料电池在内的动力总成，所需空间较大，但由于室内空间及整体布置都有所限制，因而只能采用类似 SUV 那样的设计	传统电池堆布局：氢气和生成的水纵向流动　采用将小型化的燃料电池堆纵向装置在中央通道内的设计，满足了未来汽车设计的需求
输出功率	60 kW	86 kW	100 kW
尺　寸	134 L	66 L	52 L
质　量	202 kg	96 kg	67 kg
电解质膜	氯电解质膜　最高工作温度：80℃	芳香型电解质膜　最高工作温度：95℃	芳香型电解质膜　最高工作温度：95℃
堆结构/电池结构	螺栓紧固，切削碳隔离板单独密封	嵌板箱形结构，冲压金属隔离板，成组密封	单箱堆结构，V Flow 结构波浪流体隔离板

（3）垂直气体流动（V Flow）单元结构

氢气和空气（氧气）纵向流动，生成的水在重力作用下可更顺畅地排出，由此可以防止生成的水停留在发电层面上，确保发电的持续稳定性。另外，纵向流动还可使流动通道更畅通，通道深度减少 17%，电池单元更薄、体积更小。

燃料电池是由膜电极组件（MEA）组成，它依次地包含在有氢气、空气和冷媒气流通道的隔离板之间，是一个由氢气和空气电极形成的一对电极层和扩散层之间的夹层。

垂直气体流动（V Flow）燃料电池堆由波浪形的垂直气流通道组成，这些气流通道负责氢气和空气的导向，在它们之前，还有水平的冷媒流动通道。

氢气和空气的流动通道呈波浪形状，冷媒则沿横向流动。波浪形流动通道不但比以往的直线通道长出一条通道的长度，而且可改变流动方向，提高了氢气和空气的扩散性。同时，冷媒出入口的横向布置可以扩大氢气和空气的通道，最终使发电能力比以往的本田燃料电池堆提高 10%。

另外，冷媒的横向流动还可以保持很好的冷却效果，避免了以往电池单元之间所必需的冷却层，使燃料电池堆质量减小约 30%，积层长度缩短约 20%，达到了飞跃性的轻量化和小型化。

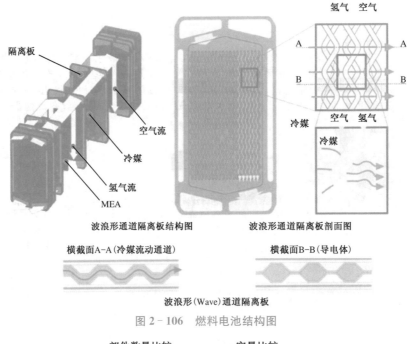

图 2 – 106　燃料电池结构图

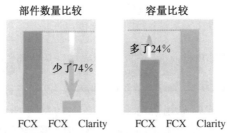

图 2 – 107　功能高度整合的储氢罐

　　FCX 采用了两个储氢罐的设计,而 FCX Clarity 则只有一个。这能给后座乘客提供更多的空间,包括储物空间。补给系统中的截流阀、调节阀、压力感应器和其他部件都集成在一个罐内模块中,部件减少 74%,这样可以让储氢罐的容量更大,让汽车行驶得更远。

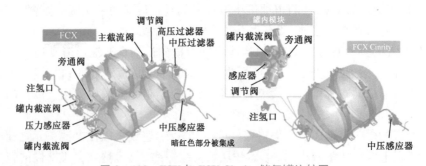

图 2 – 108　FCX 与 FCX Clarity 储氢罐比较图

　　(4) 紧凑高效的锂离子蓄电池占用极小空间

　　车辆的补充动力源和全新的锂离子蓄电池,能在必要时提供额外的动力辅助并能回收能量。它比 FCX 上的超级电容轻了 40%,体积小了一半,因此,可以很容易地安置于后排座椅之下。这能获得更多的后排座空间和储物空间。

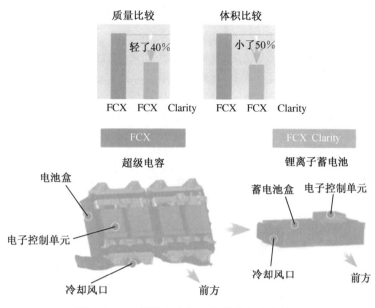

图 2－109　超级电容和锂离子蓄电池比较图

（5）线传操控技术

FCX Clarity 的固定齿轮比让操作变得更简单：只需要选择前进、后退和停车即可。紧凑的换挡装置完全电子控制，非常特别地安装在仪表台上。换挡装置、起动按钮和驻车按钮都非常容易操作。其他的操控系统同样布局合理，符合人体工程学。

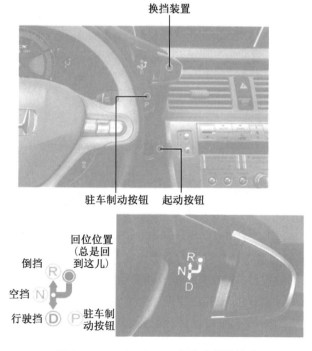

图 2－110　FCX Clarity 的线传操控技术

FCX Clarity 的主要动力源是燃料电池,由氢气产生电力。随着驾驶人的各种驾驶需求,动力驱动单元(PDU)将统管电动机、蓄电池、燃料电池和储氢罐,进行协同工作。

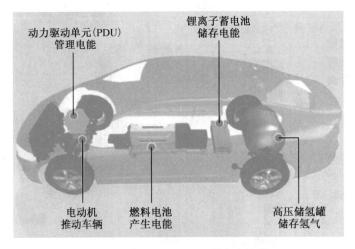

图 2‑111　FCX Clarity 的主要部件

表 2‑33　FCX Clarity 工作过程

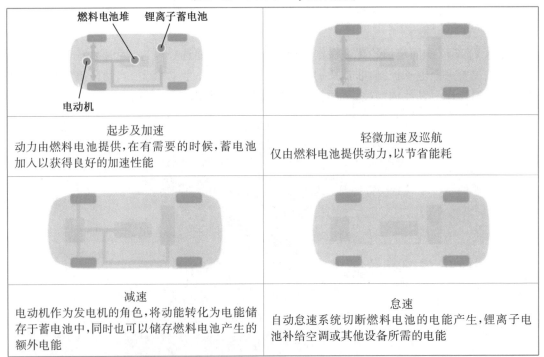

起步及加速 动力由燃料电池提供,在有需要的时候,蓄电池加入以获得良好的加速性能	轻微加速及巡航 仅由燃料电池提供动力,以节省能耗
减速 电动机作为发电机的角色,将动能转化为电能储存于蓄电池中,同时也可以储存燃料电池产生的额外电能	怠速 自动怠速系统切断燃料电池的电能产生,锂离子电池补给空调或其他设备所需的电能

(6) FCX Clarity 的能量管理

变速器与电动机同轴设计:电动机的转子轴采用中空设计,而驱动轴则从中间穿过形成同轴构造。这样的布局可以让电动机和变速器结合成为一个紧凑的整体,同时也能提高效率。更独特的轴承和更少的转子油封设计,能有效地降低摩擦,提高变速器效率,建立更直接的驾驶感觉。

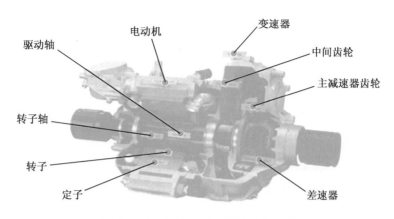

图 2-112 FCX Clarity 电动机分解图

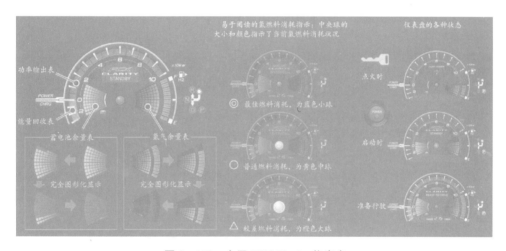

图 2-113 本田 FCX Clarity 仪表盘

二、奔驰燃料电池汽车车型

1. 奔驰 B 级 F-Cell 燃料电池车

在 2005 年的日内瓦车展上,当年的戴姆勒·克莱斯勒作为燃料电池驱动的先行者,发布了新一代燃料电池汽车:奔驰 B 级燃料电池车,从而将燃料电池汽车家族的车型范围拓展到运动旅行车。

作为一款适合旅行、家庭和休闲的汽车,B 级车采用了奔驰创新的夹层式车身结构,这种独特的设计,非常便于应用燃料电池动力系统。B 级燃料电池车的高转矩电动机,能输出超过 100 kW 的功率,比前一代 A 级 F-Cell 的功率高出 35 kW。在这惊人的技术数据背后,暗示着 B 级燃料电池车充满活力的驾驶感受与零排放运行的完美融合。

在减少了燃料消耗并进一步提高了存储容量之后,B 级燃料电池车的续航里程已达约 400 km。2009 年底,B 级燃料电池车型正式投入批量生产,首批 200 台于 2010 年初交付欧洲和美国市场上的消费者。

表 2-34　奔驰 B 级燃料电池车技术参数

电动机	最大功率:100 kW 最大转矩:290 N·m
燃料电池	锂离子蓄电池 最大容量:1.4 kWh 最大输出:35 kW
续航里程	纯电动模式:385 km
性能	0~100 km/h 加速 4.8 s 最高时速限速 170 km/h
燃料消耗	等同于柴油 3 L/100 km
低温起动	−25℃以下

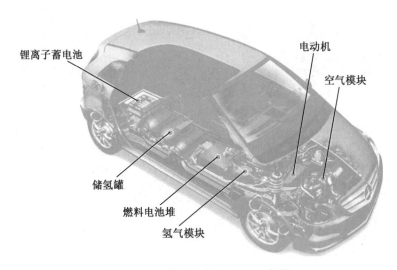

图 2-114　奔驰 B 级 F-Cell 透视图

2. 奔驰 BlueZERO 燃料电池概念车

奔驰在 2009 年的北美车展上,发布了三款 BlueZERO 电动概念车。它们虽然都采用相同的外观设计,总长也同为 4.22 m,但动力驱动系统却截然不同。

表 2-35　奔驰 BlueZERO 燃料电池概念车原理及特点对比

BlueZERO E-CELL 概念车 大容量锂离子蓄电池可储存足以供日驾车所需的能量	BlueZERO F-CELL 概念车 燃料电池从氢气和氧气的化学反应中产生所需的能量	BlueZERO E-CELLPLUS 概念车 3 缸汽油发动机驱动发电机不断发电并储存在锂离子蓄电池中

（续表）

	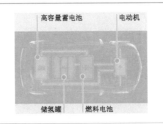	
工作原理:在静态起动时即可提供全部动力;使用单速变速器,即产生持续驱动。	工作原理:氢气在燃料电池中与氧气发生反应,由此产生电流,这些电能被储存在电池中,再由发动机驱动车辆,它能实现零排放,排放出的仅仅是水。	工作原理:通过正常的电源插座从外部为锂离子蓄电池充电,充电一次足以供车辆行驶 50 km。
特点:近乎无噪声的驱动系统,带来全新的驾驶感受,它能在行驶过程中实现能量恢复/回收,即在制动和下坡行驶时将动能转化成电能,增加可行驶里程。蓄电池组件置于车辆地板之下,不影响车内舒适性,拥有正常大容量存储空间。	特点:在制动和下坡行驶时进行能量恢复,恢复的能量储存于锂离子蓄电池中。以 70 MPa(700 bar)的气压储存的氢气可供车辆行驶的里程长达 400 km。以此燃料电池系统驱动的奔驰 B 级车已经在 2010 年实现小批量投产。	在制动和下坡行驶时将动能转化成电能。当蓄电池电量较低时,位于车辆尾部的三缸汽油发动机将自动起动并通过发电机为蓄电池充电。3 500 r/min 的发动机恒定转速,确保 CO_2 的低排放量。电力驱动和汽油驱动模式组合使用时,最大行驶里程可达 600 km。

三、通用燃料电池汽车车型

1. 通用 HydroGen3

基于欧宝赛飞利的"氢动三号"燃料电池汽车,由 200 块相互串联在一起的燃料电池单元组成的燃料电池堆产生电力。燃料电池堆所产生的电能传递给电动机后,通过功率为 60 kW 的三相异步电动机驱动车辆行驶,几乎不产生任何噪音。"氢动三号"0～100 km/h 的加速时间约为 16 s,最高时速达到 150 km/h。氢储存罐分为两种,一种罐内储存的是温度为 —253℃的液态氢,另一种罐内储存的是承受最高压力可达 70 MPa(700 bar)的压缩氢。一次充气行驶里程分别可达 400 km 和 270 km。

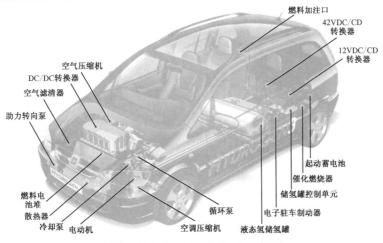

图 2－115　通用 HydroGen3 透视图

表 2-36　通用 HydroGen3 燃料电池车技术参数

电动机	最大功率:60 kW 最大转矩:215 N·m
燃料电池	质子交换膜燃料电池 持续功率:94 kW;峰值功率:129 kW
续航里程	液态氢:400 km 压缩氢:270 km
性能	0~100 km/h 加速 16 s 最高时速限速 150 km/h

2. 通用 AUTOnomy 概念车

通用 AUTOnomy 概念车在 2002 年北美车展上全球首发。该车将全新燃料电池驱动系统与线传操控电子控制技术相结合,汽车的操控系统、制动系统和其他车载系统使用线传操控电子控制技术,将汽车的动力和操作系统全部压缩在 0.152 4 m(6in)厚的底盘内。消费者可以根据各自需要购买多种车身或内饰与同一底盘搭配。另外该概念车的特点是采用氢气作为新型燃料电池的能源,尾气管排放的是水,是环保型汽车的代表。

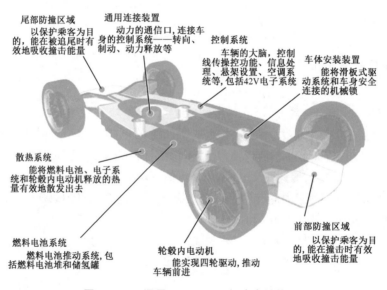

图 2-116　通用 AUTOnomy 概念车结构图

思考与练习

一、填空题

1. 纯电动汽车可分为 2 种类型,即用纯蓄电池作为动力源的 _____ 和 _____ 。

2. 纯电动汽车的结构与燃油汽车相比，主要增加了＿＿＿＿＿＿＿＿，而取消了
＿＿＿＿＿＿。

3. 纯电动汽车电力驱动控制系统由电力驱动主模块、＿＿＿＿＿＿和＿＿＿＿＿三大部分组成。

4. 纯电力驱动主模块主要包括＿＿＿＿＿、驱动控制器、＿＿＿＿＿、机械传动装置和车轮等。

5. 车载电源模块主要包括＿＿＿＿＿＿、能量管理系统和＿＿＿＿＿＿等。

6. 辅助模块主要包括＿＿＿＿＿、动力转向系统、＿＿＿＿＿＿和辅助装置等。

7. 串联式混合动力电动汽车系统结构主要由发动机、＿＿＿＿＿、电动机和＿＿＿＿＿等部件组成。

8. 并联式混合动力电动汽车系统结构主要是由发动机、＿＿＿＿＿＿和蓄电池等部件组成。

9. 并联式驱动系统的主要元件为＿＿＿＿＿＿，通常可归类为＿＿＿＿＿、转矩合成式和转速合成式三种形式。

10. 直接燃料电池电动汽车的燃料主要是＿＿＿＿＿；重整燃料电池电动汽车的燃料主要有汽油、＿＿＿＿＿、甲醇、＿＿＿＿＿、＿＿＿＿＿等。

11. 混合式燃料电池电动汽车的动力系统主要由＿＿＿＿＿、辅助动力源、DC/DC 变换器、＿＿＿＿＿＿、电动机和＿＿＿＿＿等组成。

二、简答分析题

1. 纯电动汽车驱动系统布置形式有几种？它们的布置特点分别是什么？

2. 简述纯电动汽车的特点。

3. 发展电动汽车的关键技术有哪四点？

4. 国际电子技术委员会对混合动力车辆的定义是什么？

5. 串联式混合动力汽车的工作模式？

6. 并联式混合动力汽车的工作模式？

7. 混联式混合动力汽车的工作模式？

8. 和纯电动汽车相比，混合动力汽车的优点是什么？

9. 燃料电池电动汽车技术与传统汽车、纯电动汽车技术相比，具有的优点有哪些？

10. 简述 THS 的工作模式。

11. 描述本田 FCX 燃料汽车工作过程是什么。

扫码可见本单元视频

电动汽车技术

单元 三

知识目标

1. 掌握电池的类动力电池的类型、工作原理,熟悉电池的主要性能指标;

2. 了解电动汽车电机驱动系统的组成与类型、电动汽车对电动机的要求和电机驱动系统的发展趋势;

3. 掌握电动汽车 5 种电机驱动系统的结构原理及其主要特点和控制特性;

4. 掌握电池管理系统的功能和制动能量回收的方法和类型,理解纯电动汽车能量管理系统的组成、混合动力电动汽车的能量管理策略和工作模式,并且理解电动汽车的制动能量回收系统的组成和作用等;

5. 了解电动汽车充电类型、充电方法以及充电装置技术指标和技术要求。

技能目标

1. 会对电动汽车储能装置进行性能测试,并能分析出故障原因;

2. 熟悉电动机的额定指标,掌握电动机的运行特性和轮毂电机原理;

3. 掌握基于 ATMEGA8L 单片机设计的电动汽车能量管理与回收系统。

模块一 电动汽车能量存储装置

模块导读

动力电池:龙头卡位优势显著,强者恒强趋势不改

动力电池装机量快速提升,市场集中度进一步提升。根据 SNE Research 数据(如图 3-1),2021 年 9 月全球动力电池装机量为 32.9 GWh,环比增长 30.6%,1～9 月全球动力电池装机量 195.4 GWh,环比增长 20.6%。排名前十的企业分别为宁德时代、LG 新能源、松下、比亚迪、SKI、三星 SDI、中航锂电、国轩高科、AESC 和 PEVE,10 家企业合计市场份额达到 93.6%,如图 3-2 所示。

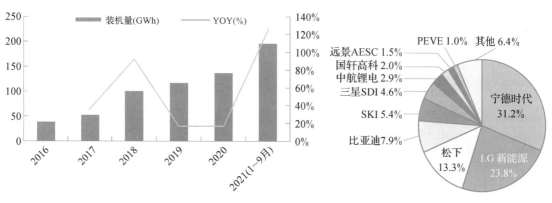

图 3-1 全球动力电池装机量情况

图 3-2 2021(1～9 月)全球动力电池装机量市场份额

中国企业增长势头迅猛,宁德时代、比亚迪、中航锂电、国轩高科等均实现三位数的同比增长,增速远高于市场平均水平。

全球锂电池主要企业产能扩张迅速。受终端市场电动化加快的影响,全球锂电池进入新一轮扩产竞备赛(见表 3-1)。国内企业的产能扩张全面提速,尤其是二线龙头如中航锂电、蜂巢能源、亿纬锂能等,如图 3-3 所示。预计到 2025 年全球锂电池产能超2 500 GWh。

表 3-1 全球锂电池主要企业产能情况(GWh)

企业	2020A	2021E	2022E	2023E	2024E	2025E
宁德时代	66.5	128.5	223.0	385.0	522.0	568.0
LG 新能源	120.0	158.0	175.0	193.0	203.0	218.0
松下	112.0	126.0	174.0	189.0	189.0	189.0
SKI	36.0	52.0	115.2	168.4	208.4	237.4
三星 SDI	32.0	35.0	49.0	76.0	82.5	105.5
比亚迪	75.0	106.0	140.0	150.0	160.0	160.0
国轩高科	19.8	107.3	216.5	259.7	270.5	270.5
中航锂电	12.0	47.6	88.5	155.5	162.5	250.0
蜂巢能源	5.9	47.1	104.9	167.6	191.6	211.6
远景 AESC	12.0	18.0	24.0	32.0	47.5	47.5
孚能科技	13.8	21.8	35.8	39.8	39.8	39.8
欣旺达	13.0	16.0	30.2	43.0	46.0	77.2
力神	8.8	16.0	16.0	16.0	16.0	16.0
亿纬锂能	17	32	69	138	199	240

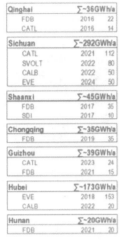

图 3-3　中国锂电池超级工厂布局

电动汽车储能装置主要有蓄电池、燃料电池、超级电容器和飞轮电池等。其中蓄电池是电动汽车最常用的能量存储装置,也是目前制约电动汽车发展的关键因素。要使电动汽车能与燃油汽车相竞争,关键是开发出比能量高、比功率大、使用寿命长、成本低的电池。

【知识点 1】　能量储能装置基础知识

一、电池的类型

电池是电动汽车的动力源,是能量的存储装置,它可以分为化学电池、物理电池和生物电池三大类。

1. 化学电池

化学电池是利用物质的化学反应发电,按工作性质分为原电池、蓄电池、燃料电池和储备电池。

原电池又称一次电池,是指电池放电后不能用简单的充电方法使活性物质复原而继续使用的电池,如锌-二氧化锰干电池、锂锰电池、一次锌银电池等。

蓄电池又称二次电池,是指电池在放电后可以通过充电的方法使活性物质复原而继续使用的电池,这种电池的充放电可以达数十次到上千次,如铅酸蓄电池、镍镉电池、镍氢电池、锂离子电池、锂聚合物电池、锂铁电池等。

燃料电池又称连续电池,是指参加反应的活性物质从电池外部连续不断地输入电池,电池就连续不断地工作以提供电能,如质子交换膜燃料电池、碱性燃料电池、磷酸燃料电池、熔融碳酸盐燃料电池、固体氧化物燃料电池等。

储备电池是指电池正、负极与电解质在储存期间不直接接触,使用前注入电解液或者使用其他方法使电解液与正、负极接触,此后电池进入待放电状态的电池,如镁电池、热电池等。

2. 物理电池

物理电池是利用光、热、物理吸附等物理能量发电的电池,如太阳能电池、超级电容器、飞轮电池等。

3. 生物电池

生物电池是利用生物化学反应发电的电池,如微生物电池、酶电池、生物太阳电池等。

迄今已经实用化的车用动力蓄电池有传统的铅酸蓄电池、镍镉电池、镍氢电池和锂离子电池。在物理电池领域中,超级电容器已应用于电动汽车中。生物燃料电池在车用动力中应用前景也十分广阔,以氢为燃料的燃料电池和氧化物燃料电池的研发已进入重要发展阶段。

二、电池的性能指标

电池作为电动汽车的储能装置,在电动汽车上发挥着非常重要的作用,要评定电池的实际效应,主要是看电池的性能指标。电池的性能指标主要有电压、容量、内阻、能量、功率、输出效率、自放电率、放电倍率、使用寿命等,根据电池种类不同,其性能指标也有差异。

1. 电压

电压分为端电压、开路电压、额定电压、充电终止电压和放电终止电压等。

电池的端电压是指电池正极与负极之间的电位差;开路电压是指电池在没有负载情况下的端电压;额定电压是电池在标准规定条件下工作时应达到的电压;蓄电池充足电时,极板上的活性物质已达到饱和状态,再继续充电,电池的电压也不会上升,此时的电压称为充电终止电压;放电终止电压是指电池放电时允许的最低电压。如果电压低于放电终止电压后电池继续放电,电池两端电压会迅速下降,形成深度放电,这样,极板上形成的生成物在正常充电时就不易再恢复,从而影响电池的寿命。放电终止电压和放电率有关,放电电流直接影响放电终止电压。在规定的放电终止电压下,放电电流越大,电池的容量越小。

例如,镍氢电池的额定电压为 1.2 V,锂离子电池的额定电压为 3.6 V;镍氢电池的充电终止电压为 1.5 V,锂离子电池的充电终止电压为 4.25 V;镍氢电池的放电终止电压一般规定为 1 V,锂离子电池的放电终止电压为 3.0 V。

2. 容量

电池在一定的放电条件下所能放出的电量称为电池的容量,常用单位为安培·小时(A·h),它等于放电电流与放电时间的乘积。

电池的容量可以分为理论容量、实际容量、标称容量和额定容量等。

理论容量是把活性物质的质量按法拉第定律计算而得到的最高理论值。为了比较不同系列的电池,常用比容量的概念,即单位体积或单位质量电池所能给出的理论电量,单位为 A·h/L 或 A·h/kg。

实际容量是指电池在一定条件下所能输出的电量,它等于放电电流与放电时间的乘积,单位为 A·h,其值小于理论容量。实际容量反映了电池实际存储电量的大小,电池容量越大,电动汽车的续驶里程就越远。在使用过程中,电池的实际容量会逐步衰减。国家标准规定新出厂的电池实际容量大于额定容量值为合格电池。

标称容量是用来鉴别电池的近似安时值。

额定容量也叫保证容量,是按国家或有关部门颁布的标准,保证电流在一定的放电条件下应该放出的最低限度的容量。

按照 IEC 标准和国标,镍氢电池在(20±5)℃条件下,以 0.1C 充电 6 h 后以 0.2C 放电至 1.0 V 时所放出的电量为电池的额定容量,以 C 表示;锂离子电池在常温、恒流(1C)、恒压

(4.2 V)条件下充电 3 h 后,再以 0.2C 放电至 2.75 V 时所放出的电量为电池的额定容量。

以 230 mA·h 镍氢充电电池为例,表示该电池以 230 mA(0.1C)充电 16 h 后以 460 mA(0.2C)放电至 1.0 V 时,总放电时间为 5 h,所放出的电量为 2 300 mA·h。相应地,若以 230 mA 的电流放电,其放电时间约为 10 h。

荷电状态(SOC)是电池在一定放电倍率下,剩余电量与相同条件下额定容量的比值,它反映电池容量的变化。SOC=1 即表示电池充满状态。随着电池的放电,电池的电荷逐渐减少,此时电池的充电状态,可以用 SOC 的百分数的相对量来表示电池中电荷的变化状态。一般电池放电高效率区为 50%~80%SOC。

3. 内阻

电池的内阻是指电流流过电池内部时所受到的阻力。充电电池的内阻很小,需要用专门的仪器才可以测量到比较准确的结果。一般所知的电池内阻是充电态内阻,即电池充满电时的内阻(与之对应的是放电态内阻,指电池充分放电后的内阻,一般说来,放电态内阻比充电态内阻大,并且不太稳定)。电池内阻越大,电池自身消耗掉的能量越多,电池的使用效率越低。内阻很大的电池在充电时发热很厉害,使电池的温度急剧上升,对电池和充电器的影响都很大。随着电池使用次数的增多,由于电解液的消耗及电池内部化学物质活性的降低,电池的内阻会有不同程度的升高。

4. 能量

电池的能量是指在一定放电制度下,电池所能输出的电能,单位是 W·h 或 kW·h。它影响电动汽车的行驶距离。能量分为理论能量、实际能量、比能量和能量密度。

理论能量是电池的理论容量与额定电压的乘积,指一定标准所规定的放电条件下,电池所输出的能量;实际能量是电池实际容量与平均工作电压的乘积,表示在一定条件下电池所能输出的能量;比能量也称质量比能量,是指电池单位质量所能输出的电能,单位是 W·h/kg,常用比能量来比较不同的电池系统;能量密度也称体积比能量,是指电池单位体积所能输出的电能,单位是 W·h/L。

电池的比能量是综合性指标,它反映了电池的质量水平。电池的比能量影响电动汽车的整车质量和续驶里程,是评价电动汽车的动力电池是否满足预定续驶里程的重要指标。

5. 功率

电池的功率是指电池在一定放电制度下,单位时间内所输出能量的大小,单位为 W 或 kW。电池的功率决定了电动汽车的加速性能和爬坡能力。功率分为比功率和功率密度。

比功率是指单位质量电池所能输出的功率,也称质量比功率,单位为 W/kg 或 kW/kg。

功率密度是指单位体积电池所能输出的功率,也称体积比功率,单位为 W/L 或 kW/L。

6. 输出效率

动力电池作为能量存储器,充电时把电能转化为化学能储存起来,放电时把化学能转化为电能释放出来。在这个可逆的电化学转换过程中,有一定的能量损耗,这通常用电池的容量效率和能量效率来表示。

容量效率是指电池放电时输出的容量与充电时输入的容量之比,能量效率是指电池放电时输出的能量与充电时输入的能量之比。

7. 自放电率

自放电率是指电池在存放期间容量的下降率,即电池无负荷时自身放电使容量损失的速度。自放电率用单位时间容量降低的百分数表示。

8. 放电倍率

电池放电电流的大小常用"放电倍率"表示，即电池的放电倍率用放电时间表示或者说以一定的放电电流放完额定容量所需的小时数来表示。由此可见，放电时间越短，即放电倍率越高，则放电电流越大。

放电倍率等于额定容量与放电电流之比。根据放电倍率的大小，可分为低倍率（<0.5C）、中倍率（0.5～3.5C）、高倍率（3.5～7.0C）、超高倍率（>7.0C）。

例如，某电池的额定容量为 20 A·h，若用 4 A 电流放电，则放完 20 A·h 的额定容量需用 5 h，也就是说以 5 倍率放电，用符号 C/5 或 0.2C 表示，为低倍率。

9. 使用寿命

使用寿命是指电池在规定条件下的有效寿命期限。电池发生内部短路或损坏而不能使用，以及容量达不到规范要求时电池使用失效，这时电池的使用寿命终止。

电池的使用寿命包括使用期限和使用周期。使用期限是指电池可供使用的时间，包括电池的存放时间。使用周期是指电池可供重复使用的次数。

除此之外，成本也是一个重要的指标，电动汽车发展的瓶颈之一就是电池价格过高。

三、电动汽车对动力电池的要求

电动汽车对动力电池的要求主要有如下几点。

（1）比能量高。为了提高电动汽车的续驶里程，要求电动汽车上的动力电池尽可能储存多的能量，但电动汽车又不能太重，其安装电池的空间也有限，这就要求电池具有高的比能量。

（2）比功率大。为了使电动汽车在加速行驶、爬坡能力和负载行驶等方面能与燃油汽车相竞争，就要求电池具有高的比功率。

（3）充放电效率高。电池中能量的循环必须经过充电—放电—充电的循环，高的充放电效率对保证整车效率具有至关重要的作用。

（4）相对稳定性好。电池应当在快速充放电和充放电过程变工况的条件下保持性能的相对稳定，使其在动力系统使用条件下能达到足够的充放电循环次数。

（5）使用成本低。除了降低电池的初始购买成本外，还要提高电池的使用寿命以延长其更换周期。

（6）安全性好。电池应不会引起自燃或燃烧，在发生碰撞等事故时，不会对乘员造成伤害。

1991 年，美国先进电池开发联合体（USABC）对电动汽车用动力电池制定的开发目标，见表 3－2 所示。

表 3－2　USABC 对电动汽车用动力电池制定的开发目标

性能参数	单　位	中期目标	长期目标
能量密度	W·h/L	135	300
比能量	W·h/kg	80～100	200
功率密度	W/L	250	600
比功率	W/kg	150～200	400

（续表）

性能参数	单　　位	中期目标	长期目标
使用寿命	a	5	10
循环寿命	次	600	1 000
正常充电时间	h	<6	3～6
工作循环温度	℃	−30～65	−40～80

目前,虽然有些电池的性能参数已经超过了开发目标,但距离大规模推广应用还有很多问题需要解决。电动汽车动力电池普遍存在安全性得不到保障、电池容量满足不了续驶里程的需要、电池循环寿命短、电池质量和尺寸较大、电池价格昂贵等问题,这些问题都有待进一步解决。

2010 年,工业和信息化部颁发了先进动力电池系统的规格和等级:工作温度为−20℃～55℃;储存和运输温度为−40℃～80℃;比能量≥90 W·h/kg(以电池包总体计);最大放电倍率≥5C;最大充电倍率≥3C;循环寿命≥2 000 次(单体),1 200 次(系统)。

【知识点 2】 蓄电池

电动汽车使用的蓄电池主要有镍氢电池、锂离子电池、铅酸蓄电池、镍镉电池、锌镍电池、空气电池等,下面我们主要介绍镍氢电池和锂离子电池的结构与原理。

一、镍氢电池

镍氢电池是 20 世纪 90 年代发展起来的一种新型电池。它的正极活性物质主要由镍制成,负极活性物质主要由储氢合金制成,是一种碱性蓄电池。镍氢电池具有高比能量、高功率、适合大电流放电、可循环充放电、无污染等优点,被誉为"绿色电源"。

在电动汽车领域,目前镍氢电池是商用化的主流,包括全球销量最高的丰田普锐斯在内的混合动力汽车都普遍使用了镍氢电池。从产业周期来看,镍氢电池已经进入成熟期,形成了规模化生产,具有价格上的优势。

虽然镍氢电池在技术上取得了很大突破,但仍有不少因素制约其实际应用,包括高温性能、储存性能、循环寿命、电池组管理系统和热管理等。

1. 镍氢电池的分类

按照外形,镍氢电池分为方形镍氢电池和圆形镍氢电池。

2. 镍氢电池的结构

镍氢电池主要由正极、负极、极板、隔板、电解液等组成。

镍氢电池正极是活性物质氢氧化镍,负极是储氢合金,用氢氧化钾作为电解质,在正、负极之间有隔膜,共同组成镍氢单体电池。在金属铂的催化作用下,完成充电和放电的可逆反应。

镍氢电池的极板有发泡体和烧结体两种,发泡体极板的镍氢电池在出厂前必须进行预充电,且放电电压不能低于 0.9 V,工作电压也不太稳定。特别是在存放一段时间后,会有近20%的电荷流失,老化现象比较严重,为避免发泡镍氢电池老化所造成的内阻增高,镍氢电池在出厂前必须进行预充电。经过改进的烧结体极板的镍氢电池,其烧结体极板本身就是活性物质,不需要进行活性处理,也不需要进行预充电,电压平衡、稳定,具有低温放电性能好、不易老化和寿命长的优点。

3. 镍氢电池的工作原理

镍氢电池是将物质的化学反应产生的能量直接转化成电能的一种装置。镍氢电池由镍氢化合物正电极、储氢合金负电极以及碱性电解液(如30％的氢氧化钾溶液)组成。镍氢电池的性能特点主要取决于本身体系的电极反应。

充电时正、负极的电化学反应为

$$Ni(OH)_2 - e + OH^- \rightarrow NiOOH + H_2O$$
$$2MH + 2e \rightarrow 2M^- + H_2$$

放电时正、负极的电化学反应为

$$NiOOH + H_2O + e \rightarrow Ni(OH)_2 + OH^-$$
$$2M^- + H_2 \rightarrow 2MH + 2e$$

当镍氢电池以标准电流放电时,平均工作电压为1.2 V。当电池以8C率放电时,端电压降至1.1 V时,则认为放电已完成。电压1.1 V称为8C率放电时的放电终止电压(0.6～0.8 V)。

4. 镍氢电池的特点

镍氢电池具有无污染、高比能、大功率、快速充放电、耐用等许多优点。与铅酸蓄电池相比,镍氢电池具有比能量高、重量轻、体积小、循环寿命长的特点。

(1)比功率高。目前商业化的镍氢功率型电池能做到1 350 W/kg。

(2)循环次数多。目前应用在电动汽车上的镍氢电池,80％放电深度(DOD)循环可以达1 000次以上,为铅酸蓄电池的3倍以上,100％DOD循环寿命也在500次以上,在混合动力汽车中可使用5年以上。

(3)无污染。镍氢电池不含铅、镉等对人体有害的金属,为21世纪"绿色环保电源"。

(4)耐过充过放。

(5)无记忆效应。

(6)使用温度范围宽。正常使用温度范围-30℃～55℃,储存温度范围-40℃～70℃。

(7)安全可靠。短路、挤压、针刺、安全阀工作能力、跌落、加热、耐振动等安全性及可靠性试验,无爆炸、燃烧现象。

镍氢电池的基本单元是单体电池,单体电压为1.2 V,按使用要求组合成不同电压和不同电荷量的镍氢电池总成。

二、锂离子电池

锂离子电池是1990年由日本索尼公司首先推向市场的新型高能蓄电池,是目前世界上最新一代的充电电池。与其他蓄电池相比,锂离子电池具有电压高、比能量高、充放电寿命长、无记忆效应、无污染、快速充电、自放电率低、工作温度范围宽和安全可靠等优点,它已成为未来电动汽车较为理想的动力电源。

我国在锂离子电池方面的研究有多项指标超过了USABC提出的长期目标所规定的指标。目前,我国已经把锂离子电池作为电动汽车用动力电池的重要发展目标。

1. 锂离子电池的分类

按照锂离子电池的外形形状,可以分为方形锂离子电池和圆柱形锂离子电池。

按照锂离子电池所用电解质材料的不同,可以分为聚合物锂离子电池和液态锂离子电池。

按照锂离子电池正极材料的不同,可以分为锰酸锂离子电池、磷酸铁锂离子电池、镍钴锂离子电池或镍钴锰锂离子电池。

第一代车用锂离子电池是锰酸锂离子电池,成本低、安全性较好,但循环寿命欠佳,在高温环境下循环寿命更短,高温时会出现锰离子溶出的现象。第二代车用锂离子电池是具有美国专利的磷酸铁锂离子电池,是锂离子电池的发展方向。它的原材料价格低,磷、铁、锂的资源丰富,工作电压适中,充放电特性好,放电功率高,可快速充电,循环寿命长,高温和高热稳定性好,储能特性强,完全无毒。

为了避开磷酸铁锂离子电池的专利纠纷,一些国家开发了镍钴锂离子电池或镍钴锰锂离子电池。由于钴价格昂贵,所以成本较高,安全性比磷酸铁锂离子电池稍差,循环寿命优于锰酸锂离子电池。

2. 锂离子电池的结构

锂离子电池由正极、负极、隔板、电解液和安全阀等组成。圆柱形锂离子电池结构如图3-4所示。

(1) 正极。正极物质在锰酸锂离子电池中以锰酸锂为主要原料,在磷酸铁锂离子电池中以磷酸铁锂为主要原料,在镍钴锂离子电池中以镍钴锂为主要材料,在镍钴锰锂离子电池中以镍钴锰锂为主要材料。在正极活性物质中再加入导电剂、树脂黏合剂,并涂覆在铝基体上,呈细薄层分布。

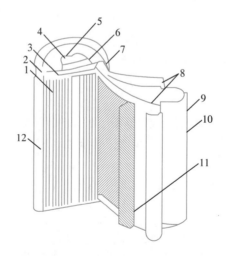

图3-4　圆柱形锂离子电池结构

1-绝缘体;2-垫圈;3-PTC元件;
4-正极端子;5-排气孔;6-安全阀;
7-正极板;8-隔板;9-负极;10-负极板;11-正极;12-外壳。

(2) 负极。负极活性物质是由碳材料与黏合剂的混合物再加上有机溶剂调和制成糊状，并涂覆在铜基上，呈薄层状分布。

（3）隔板。隔板的功能是关闭或阻断通道，它一般使用聚乙烯或聚丙烯材料的微多孔膜。所谓关闭或阻断功能是指电池出现异常温度上升、阻塞或阻断作为离子通道的细孔时，使蓄电池停止充放电反应。隔板可以有效防止因外部短路等引起的过大电流而使电池产生的异常发热现象。这种现象如果产生一次，电池就不能正常使用了。

（4）电解液。电解液是以混合溶剂为主体的有机电解液。为了使主要电解质成分锂盐溶解，电解液必须是具有高电容率，并且具有与锂离子相容性好的溶剂，即以不阻碍离子移动的低黏度的有机溶液为宜，在锂离子蓄电池的工作温度范围内，它必须呈液体状态，凝固点低、沸点高。电解液对于活性物质具有化学稳定性，必须良好适应充放电反应过程中发生的剧烈的氧化还原反应。由于使用单一溶剂很难满足上述严格的条件，因此，电解液一般为几种不同溶剂的混合。

（5）安全阀。为了保证锂离子电池的使用安全性，一般会采取控制外部电路或在蓄电池内部设置异常电流切断安全装置的措施。即使这样，在使用过程中也有可能因其他原因引起蓄电池内压异常上升，因此，设置安全阀来释放气体，可以防止蓄电池破裂。安全阀实际上是一次性非修复式的破裂膜，一旦其进入工作状态，就会保护蓄电池，使其停止工作，因此是蓄电池的最后保护手段。

3. 锂离子电池工作原理

锂离子电池（Li-ion）是由锂电池发展而来的。所以在介绍 Li-ion 之前，先介绍锂电池。以前照相机里用的扣式电池就属于锂电池，锂电池的正极材料是锂金属，负极是碳。锂在元素周期表中处于活泼金属的前列，并且具有质量轻、比能量高等优点，但金属锂的极活泼性也成为锂电池的致命缺陷。在锂电池的基础上，锂离子电池应运而生，它不但继承了锂电池的优点，而且锂不再以金属态存在，而是以 Li+ 的化合态存在，大大增加了电池的安全性。磷酸铁锂电池就是这种电池。

锂离子电池所涉及的物理机理，目前是以固体物理中嵌入质来解释的，嵌入是指可移动的客体粒子（分子、原子、离子）可逆地嵌入到具有合适尺寸的主体晶格中的网络空格点上。电子运输锂离子电池的正极和负极材料都是离子和电子的混合导体嵌入化合物。

磷酸铁锂电池正极材料采用磷酸铁锂，呈橄榄石结构。负极采用层状石墨，呈六边形结构。负极也可以采用金属锂，但是负极采用金属锂容易发生锂阳极的钝化和枝晶穿透问题，所以工业产品的锂电池不采用锂作为负极。这样既保持了锂电池高容量、高电压等许多优点，还大大提高了电池的充放电效率和循环寿命，电池的安全性也得到了较大的改善。电解液目前主要采用含有六氟磷酸锂的碳酸乙烯酯、碳酸甲乙酯等有机溶剂组成的混合溶液。

磷酸铁锂电池本质上仍然是通过电能和化学能之间的变化来储存能量。在 Li-ion 的充放电过程中，锂离子处于正极—负极—正极的运动状态，其正、负极上发生的电化学反应如图 3-5 所示。Li-ion 电池的两极就像一把摇椅，摇椅的两端为电池的两极，而锂离子就像运动员一样在摇椅上来回奔跑，所以 Li-ion 电池又叫摇椅式电池。

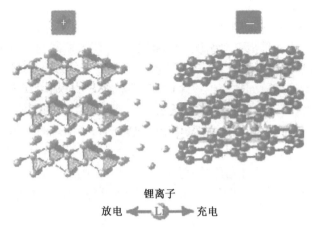

锂离子

放电 ← Li → 充电

图 3-5　锂离子电池原理示意图

因此在正极上充电过程中伴随着锂离子的离去,正极材料磷酸铁锂被氧化成磷酸铁。铁的变价($Fe^{2+}-Fe^{3+}$)产生了电池的电压,同时溶液中的锂离子被还原,并与负极石墨碳材料生成锂碳合金。锂电池的原理示意如图 3-5 所示。

充电后 Fe^{2+} 变成了 Fe^{3+} 状态,正极处于 $FePO_4$ 状态:

$$LiFePO_4 = FePO_4 + Li^+ + e$$

Li^+ 进入电解液,在电场力的作用下向负极方向运动。Li^+ 运动到负极碳(C)的表面,吸收一个电子,即:

$$Li^+ + e = Li$$

得到电子的同时,Li 嵌入负极基体材料碳的六边形层结构 C_6 中,生成 LiC_6:

$$Li + C_6 = LiC_6$$

此时电池将电能变为化学能。

放电时,负极生成的锂碳合金分解,锂元素以锂离子的形式进入溶液,而溶液中的锂离子与正极的磷酸铁反应生成磷酸铁锂,此过程中化学能变为电能。

把两个反应式合并:

$$6C + LiFePO_4 \underset{放电}{\overset{充电}{\rightleftharpoons}} LiC_6 + FePO_4$$

从结果上看是锂离子在充放电过程中,通过电解质在正、负极之间发生嵌入和脱出的往复运动。电池充电时,锂离子从正极材料中脱出,穿过电解液和隔膜向负极迁移,外电路中电流流向正极,电子流向负极,到达负极后与溶液中扩散来的锂离子以及石墨碳材料反应生成金黄色的锂碳合金。电池放电时,锂碳合金分解成石墨碳、锂离子和电子。外电路中电流流向负极,电子流向正极,与磷酸铁以及溶液中扩散来的锂离子重新生成磷酸铁锂。

锂离子在单位时间里迁移的数量,决定着电池的充放电性能。锂离子迁移的总量,决定着电池的容量。

由于充放电时正、负极的物质有变化,不同物质密度有差异,会表现为极板的膨胀和收缩。磷酸铁锂电池充满电时,正极体积收缩6.8%,刚好弥补了碳负极的体积膨胀,所以循环性能良好。这种电池的正极板是橄榄石结构(这种结构主体是由三角形组成),物理强度最稳定,其中所有阳离子与P^{5+}通过强的共价键结合形成Fe—O—P。即便是在全充电态氧原子也很难脱出,提高了材料的稳定性和安全性,即使在大量锂离子脱嵌时,材料的结晶结构也不塌陷。

在负极的表面形成一层很薄的SEI(固体电解质中间相)膜,这种膜具有半透膜的性质。它能保护负极被电解液腐蚀。这种膜在第一次充电时就生成了,其厚度、致密度和稳定性直接影响到电池的寿命。

4. 锂离子电池的优点

(1) 单体电池的工作电压高达3.2～3.8 V。磷酸铁锂电池的工作电压按3.2 V计算,较为可靠。

(2) 比能量大。目前能达到的实际比能量为100～115 W·h/kg和240～253 W·h/l(2倍于Ni-Cd,1.5倍于Ni-MH),未来随着技术的发展,比能量可高达150 W·h/kg和400 W·h/l。

(3) 循环寿命长。一般均可达到1 500次以上,甚至3 000次以上,对于小电流放电的电器,电池的使用期限将倍增,增加了电器的竞争力。电池在深度充放电时,对电池的伤害较大,对长期使用的锂电池,电池的容量变化为25%～75%,放电深度控制在50%的DOD较为合适。经常可以见到这种说法,"因为充放电的次数是有限的,所以应该将手机电池的电尽可能用光再充电",其实锂电池的寿命与这无关。下面可以举例一个关于锂离子电池充放电循环的实验表,关于循环寿命的数据如下:

循环寿命(10%DOD)大于1 000次;

循环寿命(100%DOD)大于200次。

其中DOD是放电深度的英文缩写。可充电次数和放电深度有关,10%DOD时的循环寿命要比100%DOD的长很多。当然如果折合到实际充电的相对总容量:10%×1 000＝100,100%×200＝200,后者的完全充放电比较好。

(4) 安全性能好。无公害、无记忆效应。作为Li-ion前身的锂电池,因金属锂易形成枝晶发生短路,缩减了其应用领域。锂电池中不含镉、铅、汞等对环境有污染的元素。部分工艺(如烧结式)的Ni-Cd电池存在的一大弊病——"记忆效应",严重束缚电池的使用,但Li-ion根本不存在这方面的问题。

(5) 自放电小。室温下充满电的锂电池储存1个月后的自放电率为10%左右,大大低于其他电池碱电池,与阀控铅酸电池相当。

(6) 内阻小。蓄电池的内阻主要是电流回路中的非金属物质造成的。铅电池的内阻受控于硫酸溶液的电阻,锂电池的内阻受控于有机电解质。

钴酸锂类型材料为正极的锂离子电池不适合用做大电流放电,过大电流放电时会降低放电时间(内部会产生较高的温度而损耗能量),并可能发生危险,但现在生产的磷酸铁锂正极材料锂电池,可以以20C甚至更大的大电流进行充放电。

由于锂电池金属极板的间距通常为0.01 mm,远小于铅酸电池的1～2 mm,所以锂电池的静态内阻和动态内阻都远小于铅酸电池。在充放电时效率较高,在1C电流条件下,效率在90%以上,这是铅酸电池难以做到的。

例如,100 A·h 的锂电池,当保有容量在 30％状态下,在 200 A 负载条件 3 s 末的动态内阻只有同容量铅电池的 1/6～1/5,所以大电流放电性能较好,这个特性有利于在电动车辆上作为动力电池使用。

(7) 可实现快速充电。

5. 锂离子电池的缺点

(1) 电池成本较高。主要表现在 $LiCoO_2/LiFePO_4$ 的价格高,电解质体系提纯困难。

(2) 单节电池需要保护线路控制,成组电池需要配套管理系统。

① 过充保护:电池过充将破坏正极结构而影响性能和寿命,同时过充电使电解液分解,内部压力过高而导致漏液等问题,故必须在最高限压 4.1～4.2 V 下充电。

② 过放保护:过放会导致活性物质的恢复困难,故也需要有保护线路控制。

6. 应用实例

日本三洋电机公司在全球充电电池制造业中处于技术领先地位,目前为福特、本田和大众汽车的混合动力车供应镍氢电池,并与大众合作开发混合动力车用锂离子电池,与标致雪铁龙合作开发镍氢电池。

2009 年 11 月,由三洋锂离子电池系统驱动的 Mira EV 型电动汽车从东京日本桥出发行驶到大阪日本桥电器街,在一次充电的情况下行驶距离达到 555.6 km,获得了吉尼斯世界纪录认证。

2010 年 5 月 22 日至 23 日,日本电动汽车俱乐部又举行了挑战 1 000 km 的试驾活动,车型还是 Mira EV,地点是日本茨城训练中心。在一次充电的情况下,Mira EV 电动汽车行驶距离达到了 1 003.184 km,再次刷新了由自己保持的吉尼斯世界纪录。此次 Mira EV 电动汽车使用的电池系统和之前使用的一样,它由 8 320 块圆柱形锂离子电池(18650 型)组成,总电能约 50 kW·h(最高 74 kW·h)。图 3-6 是装有三洋锂离子电池系统驱动的 Mira EV 型电动汽车。

图 3-6 三洋锂离子电池系统驱动的 Mira EV 型电动汽车

【知识点 3】 燃料电池

燃料电池(Fuel Cell,FC)是一种化学电池,它直接把物质发生化学反应时释放出的能量转换为电能,工作时需要连续地向其供给活物质(起反应的物质)——燃料和氧化剂。由于它是把燃料通过化学反应释放出的能量变为电能输出,所以被称为燃料电池。

燃料电池将成为未来的最佳车用能源,这一观点已被认同。虽然燃料电池可以采用多种燃料,甚至是内燃机用的所有燃料,但是真正起电化学反应的,仅仅是其中的氢和氧化剂中的氧。因此,氢燃料电池在氢燃料制取、储存及携带等方面,以及非氢燃料电池重整系统的效率、体积、质量大小及反应速度等方面的技术还需进一步提高。

一、燃料电池的分类

1. 按燃料电池的运行机理分类

根据燃料电池运行机理的不同,可分为酸性燃料电池和碱性燃料电池。

2. 按电解质分类

根据燃料电池中使用电解质种类的不同,可分为质子交换膜燃料电池(PEMFC)、碱性燃料电池(AFC)、磷酸燃料电池(PAFC)、熔融碳酸盐燃料电池(MCFC)、固体氧化物燃料电池(SOFC)、直接甲醇燃料电池(DMFC)、再生型燃料电池(RFC)、锌空燃料电池(ZAFC)、质子陶瓷燃料电池(PCFC)等。

3. 按燃料使用类型分类

根据燃料电池的燃料使用类型不同,可分为直接型燃料电池、间接型燃料电池、再生型燃料电池。

4. 按燃料种类分类

根据燃料电池使用燃料的种类,可分为氢燃料电池、甲醇燃料电池、乙醇燃料电池等。

5. 按工作温度分类

根据燃料电池工作温度的不同,可分为低温型(温度低于200℃)、中温型(温度为200℃～750℃)、高温型(温度为750℃～1 000℃)、超高温型(温度高于1 000℃)。

6. 按燃料状态分类

根据燃料电池的燃料状态不同,可分为液体型燃料电池、气体型燃料电池。

二、燃料电池电动汽车对燃料电池的要求

FCEV对燃料电池性能的基本要求有以下几方面。

(1)燃料电池的比能量不低于150～200 W·h/kg,比功率不低于300～400 W/kg,要求达到或超过美国先进电池联合体(USABC)所提出的电池性能和使用寿命的指标。

(2)可以在−20℃的条件下起动和工作,有可靠的安全性和密封性,不会发生燃料气体的结冰和燃料气体的泄漏。

(3)各种结构件有足够的强度和可靠性,可以在负荷变化情况下正常运转,并能够耐受FCEV行驶时的振动和冲击。

(4)FCEV除排放到零污染的要求外,动力性能要求基本达到或接近内燃机汽车的动力性能的水平,性能稳定可靠。

(5)各种辅助技术装备的外形尺寸和辅助技术装备的质量应尽可能地减小,以符合FCEV的装车要求。

(6)燃料充添方便、迅速,燃料电池能够方便地进行电极和催化剂的更换和修理。

(7)所配置的辅助电源,应能满足提供起动电能和储存制动反馈电能的要求。

三、燃料电池的特点

1. 燃料电池的优点

燃料电池与蓄电池相比,具有以下优点。

(1)节能、转换效率高。燃料电池在额定功率下的效率可以达到60%,而在部分功率输出条件下运转效率可以达到70%,在过载功率输出条件下运转效率可以达到50%～55%。燃料电池的高效率随功率变化的范围很宽,在低功率下运转效率高,特别适合于汽车动力性能的要求。

燃料电池短时间的过载能力,可以达到额定功率的200%,非常适合汽车在加速和爬坡时的动力需求。

(2)排放基本达到零污染。用碳氢化合物作为燃料的燃料电池主要生成物质为水、二氧化碳和一氧化碳等,属于"超低污染",氢氧燃料电池的反应产物只有清洁的水。

(3)无振动和噪声、寿命长。这主要与燃料电池的工作过程有关,它是通过燃料和氧化剂分别在两个电极上发生反应,由电解液和外电路构成回路,将反应中的化学能直接转化为电能,所以在整个工作过程中,没有噪声和机械振动的产生,从而减少机械器件的磨损,延长了使用寿命。

(4)结构简单、运行平稳。燃料电池的能量转换是在静态下完成的,结构比较简单,构件的加工精度要求低,特别是质子交换膜燃料电池能量转换效率高,能够在-80℃的低温条件下起动和运转,对结构件的耐热性能要求也不高。由于无机械振动,所以运行时比较平稳。

2. 燃料电池的缺点

燃料电池的缺点如下。

(1)燃料种类单一。目前,不论是液态氢、气态氢,还是碳水化合物经过重整后转换的氢,它们均是燃料电池的唯一燃料。氢气的产生、储存、保管、运输、灌装或重整,都比较复杂,对安全性要求很高。

(2)要求高质量的密封。燃料电池的单体电池所能产生的电压约为1V,不同种类的燃料电池的单体电池所能产生的电压略有不同。通常将多个单体电池按使用电压和电流的要求组合成为燃料电池发动机组,在组合时,单体电池间的电极连接时,必须要有严格的密封。因为密封不良的燃料电池,氢气会泄漏到燃料电池的外面,降低了氢的利用率并严重影响燃料电池发动机的效率,还会引起氢气燃烧事故。由于要求严格的密封,使得燃料电池发动机的制造工艺很复杂,并给使用和维护带来很多困难。

(3)价格高。制造成本高,电池价格昂贵。

(4)需要配备辅助电池系统。燃料电池可以持续发电,但不能充电和回收燃料电池汽车再生制动的反馈能量。通常在燃料电池汽车上还要增加辅助电池,来储存燃料电池富裕的电能和在燃料电池汽车减速时接收再生制动时的能量。

四、质子交换膜燃料电池

质子交换膜燃料电池(PEMFC)采用可传导离子的聚合膜作为电解质,所以也叫聚合物电解质燃料电池(PEFC)、固体聚合物燃料电池(SPFC)或固体聚合物电解质燃料电池(SPEFC)。

1. 质子交换膜燃料电池的基本结构

质子交换膜燃料电池由质子交换膜、催化剂层、扩散层、集流板(又称双极板)组成,如图3-7、图3-8、图3-9所示。

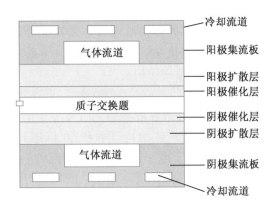

图3-7　质子交换膜燃料电池结构示意图

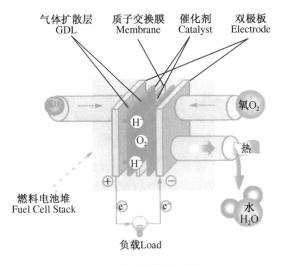

图3-8　质子交换膜电池原理

图3-9　质子交换膜电池电堆

(1)质子交换膜。质子交换膜(PEM)是质子交换膜燃料电池中最重要的部件之一,其性能好坏直接影响电池的性能和寿命。质子交换膜燃料电池中的质子交换膜与一般化学电源中使用的隔膜有很大不同,它不只是一种将阳极的燃料与阴极的氧化剂隔开的隔膜材料,它还是电解质和电极活性物质(电催化剂)的基底,即兼有隔膜和电解质的作用。另外,PEM还是一种选择透过性膜,在质子交换膜的高分子结构中,含有多种离子基团,它只允许H^+穿过,其他离子、气体及液体均不能通过。

(2)电催化剂。为了加快电化学反应速度,气体扩散电极上都含有一定量的催化剂。质子交换膜燃料电池电催化剂主要有铂系和非铂系两类,目前多采用铂催化剂。由于这种电池是在低温条件下工作的,因此,提高催化剂的活性,防止电极催化剂中毒很重要。

(3)电极。质子交换膜燃料电池电极是一种多孔气体扩散电极,一般由扩散层和催化层构成。扩散层是导电材料制成的多孔合成物,起着支撑催化层,收集电流,并为电化学反应提供电子通道、气体通道和排水通道的作用。催化层是进行电化学反应的区域,是电极的核心部分,其内部结构粗糙多孔,因而有足够的表面积以促进氢气和氧气的电化学反应。因此,电极制作的好坏对电池的性能有重要影响。

(4) 膜电极。膜电极(MEA)是通过热压将阴极、阳极与质子交换膜复合在一起而形成的。为了使电化学反应顺利进行,多孔气体扩散电极必须具备质子、电子、反应气体和水的连续通道。MEA 性能不仅依赖于电催化剂活性,还与电极中 4 种通道的构成及各种组分的配比、电极孔分布与孔隙率、电导等因素密切相关。

理想的电极结构必须满足以下条件:反应区必须透气(即高气体渗透性);气体所到之处需要有催化剂粒子,即催化剂必须分布在能接触到气体分子的表面;催化剂又必须与阳离子交换膜(Nation)接触,以保证反应产生的离子顺利通过(即高质子传导性);作为催化剂载体的炭黑导电性要高,这将有利于电子转移(即高导电性),因为催化剂不能连成片(必须有很大的催化活性表面才能提高催化反应速度,而片状金属表面积小),难以作为电导体,所以催化剂粒子上反应产生或需要的电子必须通过导电性物质与电极沟通;催化剂的稳定性要好。高分散、细颗粒的铂催化剂表面自由能大,很不稳定,需要掺入一些其他催化剂以降低其表面自由能,或者掺入少量含有能与催化剂形成化学键或弱结合力元素的物质。

(5) 集流板与流场。集流板又称双极板,是电池的重要部件之一,其作用是分隔反应气体,收集电流,将各个单电池串联起来和通过流场,为反应气体进入电极及水的排出提供通道。目前,制备 PEMFC 双极板广泛采用的材料是碳质材料、金属材料及金属与碳质的复合材料。而对金属板,为改善其在电池工作条件下的抗腐蚀性能,必须进行表面改性。

质子交换膜燃料电池的流场板一般是指按一定间隔开槽的石墨板,开的槽子就是流道,在槽子之间形成流道间隔。流场的功能是引导反应气流动方向,确保反应气均匀分配到电极的各处流场,经电极扩散层到达催化层参与电化学反应。为提高电池反应气体的利用率,通常排放尾气越少越好,流场设计的好坏直接影响电池尾气的排放量。

在常见的 PEM 燃料电池中,有的流场板与双极板是分体的,如网状流场板等;有的流场板与双极板是一体的,如点状流场和部分蛇形流场板等,这样流场除了具有上述流场板的功能以外,还要兼顾双极板的作用。至今已开发点状、网状、多孔体、平行沟槽、蛇形和交指型流场。

通常,质子交换膜燃料电池的运行需要一系列辅助设备与之共同构成发电系统。质子交换膜燃料电池系统一般由电堆、氢气系统、空气系统、水热管理系统和控制系统等构成。

电堆是系统的核心,承担把化学能转化成电能的任务;氢气系统提供燃料电池正常工作所需氢气;空气系统提供燃料电池正常工作所需空气;水热管理系统保证燃料电池堆所需空气、氢气的温度和湿度,保证电堆在正常温度下工作;控制系统通过检测传感器信号和需求信号,利用一定的控制策略保证系统正常工作。

2. 质子交换膜燃料电池的工作原理

质子交换膜燃料电池在原理上相当于水电解的"逆"装置。其单电池由阳极、阴极和质子交换膜组成,阳极为氢燃料发生氧化的场所,阴极为氧化剂还原的场所,两极都含有加速电极电化学反应的催化剂,质子交换膜为电解质。

导入的氢气通过阳极集流板(双极板)经由阳极气体扩散层到达阳极催化剂层,在阳极催化剂作用下,氢分子分解为带正电的氢离子(即质子)并释放出带负电的电子,完成阳极反应;氢离子穿过膜到达阴极催化剂层,而电子则由集流板收集,通过外电路到达阴极,电子在外电路形成电流,通过适当连接可向负载输出电能;在电池另一端,氧气通过阴极集流板(双极板)经由阴极气体扩散层到达阴极催化剂层。在阴极催化剂的作用下,氧与透过膜的氢离子及来自外电路的电子发生反应生成水,完成阴极反应;电极反应生成的水大部分由尾气排出,一小部分在压力差的作用下通过膜向阳极扩散。阴极和阳极发生的电化学反应为

$$2H_2 \longrightarrow 4H^+ + 4e^-$$
$$4H^+ + 4e^- + O_2 \longrightarrow 2H_2O$$

电池总的反应为

$$2H_2 + O_2 \longrightarrow 2H_2O$$

上述过程是理想的工作过程,实际上,整个反应过程中会有很多中间步骤和中间产物的存在。

五、碱性燃料电池

碱性燃料电池(Alkaline Fuel Cell, AFC)以强碱(如氢氧化钾、氢氧化钠)为电解质,氢气为燃料,纯氧或脱除微量二氧化碳的空气为氧化剂,采用对氧电化学还原具有良好催化活性的 Pt/C、Ag、Ag-Au、Ni 等为电催化剂制备的多孔气体扩散电极作为氧化极,采用对氧电化学还原具有良好催化性的 Pt—Pd/C、Pt/C、Ni 作为氢电极。以无孔炭板、镍板或镀镍甚至镀银、镀金的各种金属(如铝、镁、铁等)板为双极板材料,在板面上可加工各种形状的气体流动通道构成的双极板。

图 3-10 为碱性石棉膜型氢氧燃料电池单池的工作原理。

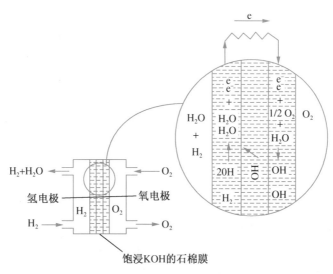

图 3-10 碱性石棉膜型氢氧燃料电池单池的工作原理

在阳极,氢气与碱中的 OH^- 在电催化剂的作用下,发生氧化反应生成水和电子,电子通过外电路达到阴极,在阴极电催化剂的作用下,参与氧的还原反应,生成的 OH^- 通过饱浸碱液的多孔石棉迁移到氢电极。阳极和阴极发生的电化学反应为

$$H_2 + 2OH^- \longrightarrow 2H_2O + 2e^-$$

$$O_2 + 2H_2O + 4e^- \longrightarrow 4OH^-$$

总的反应为

$$2H_2 + O_2 \longrightarrow 2H_2O$$

六、磷酸燃料电池

磷酸燃料电池(Phosphoric Acid Fuel Cell,PAFC)是以酸为导电电解质的酸性燃料电池。PAFC 被称为继火电、水电、核电之后的第 4 种发电方式,是目前燃料电池中唯一商业化运行的燃料电池。

1. 磷酸燃料电池的结构

PAFC 的电池片由基材及肋条板触媒层所组成的燃料极、保持磷酸的电解质层、与燃料极具有相同构造的空气极构成。在燃料极,燃料中的氢原子释放电子成为氢离子。氢离子通过电解质层,在空气极与氧离子发生反应生成水。将数枚单电池片进行叠加,每数枚电池片中叠加为降低发电时内部热量的冷却板,从而构成输出功率稳定的基本电池堆。再加上用于上下固定的构件、供气用的集合管等构成 PAFC 的电池堆,其结构示意图如图 3-11 所示。

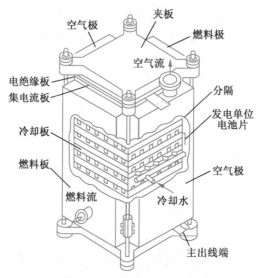

图 3-11 PAFC 电池堆结构示意图

2. 磷酸燃料电池的工作原理

图 3-12 是 PAFC 的工作原理图。PAFC 使用液体磷酸为电解质,通常位于碳化硅基质中。当以氢气为燃料,氧气为氧化剂时,在电池内发生电化学反应。

阳极和阴极发生的电化学反应为

$$H_2 \longrightarrow 2H^+ + 2e^-$$

$$4H^+ + 4e^- + O_2 \longrightarrow 2H_2O$$

总的电化学反应为

$$2H_2 + O_2 \longrightarrow 2H_2O$$

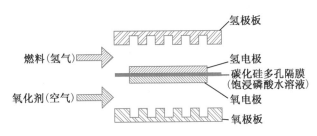

图 3-12　PAFC 的工作原理图

七、熔融碳酸盐燃料电池

1. 熔融碳酸盐燃料电池的结构

熔融碳酸盐燃料电池（MCFC）是由多孔陶瓷阴极、多孔陶瓷电解质隔膜、多孔金属阳极、金属极板构成的燃料电池。

单体的 MCFC 一般是平板型的，由电极-电解质、燃料流通道、氧化剂流通道和上下隔板组成，如图 3-13 所示。单体的上下为隔板/电流采集板，中间部分是电解质板，电解质板的两侧为多孔的阳极极板和阴极极板，其电解质是熔融态碳酸盐。

2. 熔融碳酸盐燃料电池的工作原理

MCFC 的工作原理如图 3-14 所示。

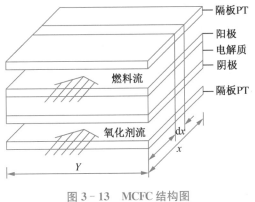

图 3-13　MCFC 结构图

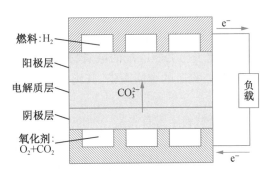

图 3-14　MCFC 的工作原理

燃料电池的工作过程实质上是燃料的氧化和氧化剂的还原过程。燃料和氧化剂气体流经阳极和阴极通道。氧化剂中的 O_2 和 CO_2 在阴极与电子进行氧化反应产生 CO_3^{2-}，电解质板中的 CO_3^{2-} 直接从阴极移动到阳极，燃料气中的 H_2 与 CO_3^{2-} 在阳极发生反应，生成了 CO_2、H_2O 和电子。电子被集流板收集起来，然后到达隔板。隔板位于燃料电池单元的上部和下部，并和负载设备相连，从而构成了包括电子传输和离子移动在内的完整的回路。

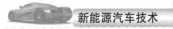

其电化学反应式为

$$H_2(a) + CO_3^{2-} \longrightarrow H_2O(a) + CO_2(a) + 2e^-(a)$$
$$2CO_2 + O_2(c) + 4e^- \longrightarrow 2CO_3^{2-}(c)$$
$$2H_2 + O_2 + 2CO_2(c) \longrightarrow 2H_2O + 2CO_2 + 2F + Q^0$$

式中,a、c分别表示阳极、阴极;e^-表示电子;F表示基本发电量;Q^0表示基本放热量。

八、固体氧化物燃料电池

固体氧化物燃料电池(Solid Oxide Fuel Cell,SOFC)属于第3代燃料电池,是一种在中高温下直接将储存在燃料和氧化剂中的化学能高效、环境友好地转化成电能的全固态化学发电装置。SOFC被普遍认为是在未来会与质子交换膜燃料电池一样得到广泛应用的一种燃料电池。

1. 固体氧化物燃料电池的结构

SOFC单体主要由电解质、阳极或燃料极、阴极或空气极和连接体或双极板组成,如图3-15所示。

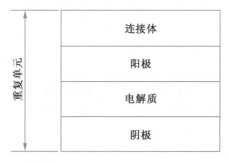

图3-15　SOFC的基本组成

固体电解质是SOFC最核心的部件,它的主要功能在于传导氧离子。它的性能(包括电导率、稳定性、热膨胀系数、致密化温度等)不但直接影响电池的工作温度及转换效率,而且决定了与之相匹配的电极材料及其制备技术的选择。目前常用的电解质材料是Ni粉弥散在YSZ的金属陶瓷,其离子电导率在氧分压变化十几个数量级时,都不会发生明显变化。

电极材料本身首先是一种催化剂。阴极需要长期在高温和氧化中工作,起传递电子和扩散氧的作用,应是多孔洞的电子导电性薄膜。SOFC的工作温度高,只有贵金属或电子导电的氧化物适用于阴极材料,由于铂、钯等贵金属价格昂贵,一般只在实验范围内使用。实际常应用掺锶的锰酸镧作为SOFC的阴极材料。目前,Ni/YSZ陶瓷合金造价最低,是实际应用中的首选的阳极材料。

连接材料在单电池间起连接作用,并将阳极侧的燃料气体与阴极侧氧化气体(氧气或空气)隔离开来。钙钛矿结构的铬酸镧常用作SOFC连接体材料。

2. 固体氧化物燃料电池的工作原理

SOFC工作时,电子由阳极经外电路流向阴极,氧离子经电解质由阴极流向阳极。图3-16为SOFC的工作原理示意图。

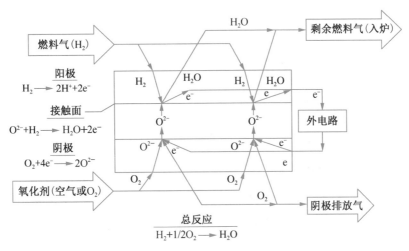

图 3 - 16　SOFC 工作原理示意图

在阴极发生氧化剂(氧或空气)的电还原反应,即氧分子得到电子被还原为氧离子。阴极的电化学反应为:

$$O_2 + 4e^- \longrightarrow 2O^{2-}$$

氧离子 O^{2-} 在电解质隔膜两侧电位差与浓差驱动力的作用下,通过电解质隔膜中的氧空位,定向跃迁到阳极侧。

在阳极发生燃料(氢或富氢气体)的电氧化反应,即燃料(如氢)与经电解质传递过来的氧离子进行氧化反应生成水,同时向外电路释放电子,电子通过外电路到达阴极形成直流电。

分别用 H_2、CO、CH_4 作为燃料时,阳极反应为

$$H_2 + O^{2-} \longrightarrow H_2O + 2e^-$$
$$CO + O^{2-} \longrightarrow CO_2 + 2e^-$$
$$CH_4 + 4O^{2-} \longrightarrow 2H_2O + CO_2 + 8e^-$$

以 H_2 为例,电池的总反应为

$$2H_2 + O_2 \longrightarrow 2H_2O$$

九、直接甲醇燃料电池

直接甲醇燃料电池(Direct Methanol Fuel Cell,DMFC),它属于质子交换膜燃料电池中的一类,是直接使用水溶液以及蒸气甲醇为燃料供给来源,而不需要通过重整器重整甲醇、汽油及天然气等再取出氢以供发电。

DMFC 主要由阳极、固体电解质膜和阴极构成。阳极和阴极分别由多孔结构的扩散层和催化剂层组成,通常使用不同疏水性、亲水性的炭黑和聚四氟乙烯作为 DMFC 的阳极和阴极材料,如图 3 - 17 所示。

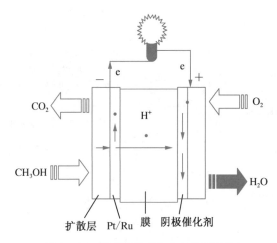

图 3-17 DMFC 的结构与原理示意图

以甲醇为燃料,将甲醇和水混合物送至 DMFC 阳极,在阳极甲醇直接发生电催化氧化反应生成 CO_2,并释放出电子和质子。阴极氧气发生电催化氧化还原反应,与阳极产生的质子反应生成水。电子从阳极经外电路转移至阴极形成直流电,工作温度为 $25℃\sim135℃$。

阳极和阴极发生的电化学反应为

$$CH_3OH + H_2O \longrightarrow CO_2 + 6H^+ + 6e^-$$
$$3O_2 + 12e^- + 6H_2O \longrightarrow 12OH^-$$

总的电化学反应为

$$CH_3OH + 3/2O_2 \longrightarrow CO_2 + 2H_2O$$

【知识点4】 超级电容器

超级电容器(Super capacitor)是 20 世纪七八十年代发展起来的一种具有超级储电能力、可提供强大脉冲功率的物理二次电源,它是介于蓄电池和传统静电电容器之间的一种新型储能装置。超级电容器主要利用电极/电解质界面电荷分离所形成的双电层,或借助电极表面快速的氧化还原反应所产生的法拉第准电容来实现电荷和能量的储存。超级电容器又称双电层电容器、黄金电容、法拉第电容,它是一种电化学元件,在电极与电解液接触面间具有极高的比电容和非常大的接触表面积,但其储能的过程并不发生化学反应,并且这种储能过程是可逆的,因此,超级电容器可反复充放电数十万次。

一、超级电容的分类

超级电容是一种具有超级储电能力、可提供强大脉动功率的物理二次电源。超级电容按储能机理主要分为三类:

① 由碳电极和电解液界面上电荷分离产生的双电层电容;

② 采用金属氧化物作为电极,在电极表面和体相发生氧化还原反应而产生可逆化学吸附的法拉第电容;

③ 由导电聚合物作为电极而发生氧化还原反应的电容。

二、超级电容器的结构及工作原理

双电层超级电容是靠极化电解液来储存电能的一种新型储能装置,结构如图3-18所示。

超级电容单体主要由电极、电解质、集电极、隔离膜连线极柱、密封材料和排气阀等组成。

电极材料一般有碳电极材料、金属氧化物及其水合物电极材料、导电聚合物电极材料,要求电极内阻小、导电率高、表面积大、尽量薄;电解质需有较高的导电性(内阻小)和足够的电化学稳定性(提高单体电压),电解质材料分为有机类和无机类,或分为液态和固态类;集电极选用导电性能良好的金属和石墨等来充当,如泡沫镍、镍网(箔)、铝箔、钛网(箔)以及碳纤维等;隔离膜防止超级电容相邻两电极短路,保证接触电阻较小,尽量薄,通常使用多孔隔膜,有机电解质通常使用聚合物或纸作为隔膜,水溶液电解质可采用玻璃纤维或陶瓷隔膜。

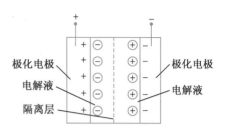

图3-18 双电层超级电容器结构图

双电层电容的充放电纯属于物理过程。双电层超级电容是悬在电解质中的两个非活性多孔板,电压加载到两个板上。加在正极板上的电势吸引电解质中的负离子,负极板吸引正离子,从而在两电极的表面形成了一个双电层电容器。一个超级电容单元的电容量高达几法至数万法,由于这种结构采用特殊的工艺,使其等效电阻很低、电容量很大、内阻较小,使得超级电容具有很高的尖峰电流。因此,超级电容具有很高的比功率,它的功率密度是电池的50~100倍,可达到10×10^3 W/kg左右,此特点让超级电容非常适合应用在短时大功率的场合。

双电层电容本质上是一种静电型能量储存方式,目前已经研制出的活性炭材料表面积可以达到2 000 m^2/g,单位重量的电容量可达100 F/g;碳电极超级电容器电荷分离开的距离是由被吸引到带电电极的电解质离子尺寸决定的。该距离(<10)比传统电容器薄膜材料所能实现的距离更小,这种庞大的表面积再加上非常小的电荷分离距离使得超级电容器较传统电容器而言有巨大的静电容量;且碳材料还具有成本低、技术成熟等优点。因此,目前在电动汽车上广泛使用的主要是碳电极超级电容器。

图3-19是电动汽车用48 V165F超级电容器外观图。

电动汽车用48 V165F超级电容器主要技术指标如下。

工作温度:−40℃~+65℃。

储存温度:−40℃~+70℃。

额定容量:165 F。

容量偏差:+20%~−5%。

额定电压:48.6 V。

内阻:AC≤5.2 mΩ,DC≤6.1 mΩ。

漏电流:5.2 mA。

尺寸:416 mm×190 mm×160 mm。

重量:14.2 kg。

图3-19 电动汽车用48 V165F

三、超级电容器的特点

超级电容器具有以下优点。

（1）容量超高：超级电容器容量范围处于 0.1～6 000F，其等同于同体积电解电容器的 2 000～6 000 倍。

（2）高功率密度：超级电容器主要提供瞬时大电流，其短时断流高达几百至几千安培，且其功率密度等同于电池的 10～100 倍，即 10×10^3 W/kg。

（3）高充放电效率，长使用寿命：超级电容器充放电过程对电极材料结构无任何负面影响，且电极材料使用次数对使用寿命无任何负面影响。

（4）温度范围宽，即 $-40℃～70℃$：温度对超级电容器电极材料反应速率的负面影响程度较轻。

（5）环保、免维护：超级电容器材料无毒、安全、环保。

（6）可长时间放置：超级电容器因长时间放置而导致电压下降，只需对其进行充电便可使其电压复原，且超级电容器容量性能不会因此受到任何影响。

超级电容器自身也存在缺点。

（1）线性放电。超级电容器线性放电的特性使它无法完全放电。

（2）低能量密度。目前超级电容器可储存的能量比化学电源少得多。

（3）低电压。超级电容单体电压低，需要多个电容串联才能提升整体电压。

（4）高自放电。它的自放电速率比化学电源要高。

四、超级电容器在汽车上的应用

目前超级电容器被广泛应用到新能源汽车中，用作起动、制动、爬坡时的辅助动力。汽车频繁的起步、爬坡和制动造成其功率需求曲线变化很大，在城市路况下更是如此。一辆高性能的电动汽车的峰值功率与平均功率之比可达 16:1，但是这些峰值功率的特点是持续时间一般都比较短，需要的能量并不高。对于纯电动、燃料电池和串联混合动力汽车而言，这就意味着要么汽车动力性不足，要么电压总线上要经常承受大的尖峰电流，这无疑会大大损害电池、燃料电池或其他 APU 的寿命。如果使用比功率较大的超级电容器，当瞬时功率需求较大时，由超级电容器提供尖峰功率，并且在制动回馈时吸收尖峰功率，那么就可以减轻对电池、燃料电池或其他 APU 的压力，从而可以大大增加起步、加速时系统的功率输出，还可以高效地回收大功率的制动能量，这样做还可以提高电池的使用寿命，改善其放电性能。

超级电容器的快速充放电特点使其十分适合为公交车提供主动力。超级电容器具有很高的功率密度，放电电流可以达到数百安培，在大电流应用场合，特别是高能脉冲环境，可更好地满足功率要求。同时，超级电容器充放电时间短、效率高，可在很短的时间内完成一个充放电循环，所用时间远远低于可充电电池，特别适合短距离行驶车辆。超级电容器的循环使用寿命可达 10 万次以上，比目前最好的电池要高出 100 倍，同时在使用过程中不需要经常性维护，其适用温度范围宽，可在 $-40℃～70℃$ 范围内使用，可满足车辆动力系统在低温环境下的起动，安全性高，这些使它成为城市公交动力理想的选择，如图 3-30 所示。

图 3-20　超级电容公交车

【知识点5】　飞轮电池

飞轮电池是20世纪90年代才提出的新概念电池,它突破了化学电池的局限,用物理方法实现储能。

一、飞轮电池的结构及工作原理

飞轮电池的基本结构如图3-21所示,主要包括5个基本组成部分:采用高强度玻璃纤维(或碳纤维)复合材料的飞轮本体;电动/发电双向电机;悬浮飞轮本体和电机转子的轴承;电力电子转换器;真空室。下面对飞轮电池的各主要部分进行介绍:

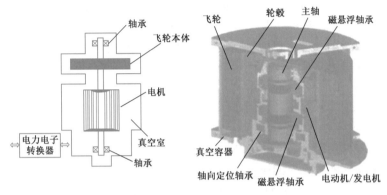

图3-21　飞轮电池结构

1. 飞轮本体

飞轮本体是飞轮电池中的关键器件。飞轮最大储能容量与其材料比强度成正比,因此,选择高比强度的材料是提高飞轮电池储能效率的关键。电机转子的高转速会给飞轮本体带来很大的负荷,所以飞轮材料必须具有很高的强度。在实际应用中,还希望它拥有很高的储能密度(单位质量所储存的能量)。飞轮本体的储能密度与飞轮材料的比强度(强度与密度的比值)是正比关系,比强度越高,飞轮本体的储能密度就越高,因而飞轮本体在选择制造材料时应选择具有密度小、比强度高特点的材料。

最初飞轮本体是采用碳钢等金属材料来制作的,虽然这种材料具有工艺成熟、价格便宜、结构简单等优点,但也存在着致命的缺点,比如:低能量存储密度、需要多点支撑以及会产生较大的空气动力学噪声等。20世纪90年代以来,随着先进复合材料的发展,飞轮本体的制作材料也出现更多的选择。目前飞轮本体材料主要有:高强度铝合金、优质钢、钛合金、碳纤维、硼纤维等,碳纤维/环氧复合材料比强度最高,与优质钢相比,其比强度可达优质钢的3倍以上。此外碳纤维/环氧复合材料还具有减振性能好、比模量高、破损安全性好和高温性能等优点,而碳纤维/环氧复合飞轮与传统的金属飞轮相比,则具有强度高、质量小、结构紧凑、能达到很高的能量储存密度等优点,是制造飞轮本体的理想材料。

2. 轴承

轴承是制约飞轮电池发展的重要因素之一,其作用是用来支撑高速旋转的飞轮本体。轴承主要承受飞轮本体的重量,另外还有由于飞轮重心偏离引起的离心力和高速旋转的飞轮本体产生的陀螺效应力。目前飞轮电池中的轴承主要有超导悬浮、永磁悬浮、电磁悬浮、

机械轴承四种。

国际上对轴承技术的研究主要集中于超导磁悬浮轴承和磁悬浮系统的研究和开发。美国 NASA CLEEN 研究中心研发的用于国际空间站的飞轮电池所采用的就是电磁悬浮轴承,另外还配有当电磁悬浮轴承失效时的辅助机械轴承,其工作效率可达 90%。而美国 TSI 特赛公司研制出的超低损耗轴承,其摩擦系数只有 0.000 01。

3. 电机

飞轮电池中用作能量转换的器件是一个既可工作于电动机状态,又可工作于发电机状态的双向电机,它是飞轮电池的核心动力部件。在充电时,电机作为电动机运行,由外界电能驱动电机,电机转子带动飞轮本体加速旋转至设定的某一转速;在放电时,电机又作为发电机运行,向外输出电能,此时飞轮本体转速不断地下降。由此看来,高效率、低损耗的双向电机是能量高效转换的关键。目前飞轮电池采用的电机主要有永磁无刷直流/交流电机、感应电机和开关磁阻电机。在实际应用中多采用永磁无刷直流/同步电机。永磁电机成本低、结构简单、恒功率调速范围宽、高效率,而且其转子速度可达到很高,甚至是 200 000 r/min,另外永磁电机的调速比较容易。德国西门子公司生产的飞轮电池就是采用 3 相高效永磁无刷电机,其能量转换效率大 95%。

4. 电力电子转换器

电力电子转换器的工作效率对整个飞轮电池充放电系统的效率有直接的影响。电力电子转换器通过控制电机,实现电能与机械能之间的相互转换。输入的电能经过电力电子转换器转换后驱动电机,而输出电能也是经过电力电子转换器转换后给负载提供符合要求的电能。总之,飞轮电池的电力电子转换器必须具有调频、调压的功能。电力电子转换器主要采用的电力电子器件是 IGBT(绝缘栅双极型晶体管)或者 MOSFET(金属氧化物半导体场效应管),通过电源逆变和脉宽调制技术(PWM)来对飞轮电池进行充放电。美国 RPM 公司的电力电子转换器采用正弦电流脉宽调制技术,通过反馈直流电压、交流电流和飞轮转速来防止过速。

该系统主要包括保护电路、轴承伺服电路、电机控制、LCD 显示模块,其功率损耗只有 2 W。此外,美国马里兰大学也研发出"敏捷微处理器电力转换系统"用于飞轮电池电力电子转换器的控制。本文主要是针对和飞轮电池相关的电力电子转换器控制技术进行研究。

5. 真空室

真空室的主要作用是可以屏蔽事故并且给飞轮本体和电机提供真空环境。由于飞轮本体的转速极高,其惯性力也很大。

二、飞轮电池工作原理

飞轮电池是一种机电能量转换与储存装置,其工作原理为:电池处于充电模式时,电机作为电动机运行,由工频电网提供的电能经电力电子转换器驱动电机加速,电机带动飞轮加速储能,能量以机械能形式储存在高速旋转的飞轮本体中,如图 3-22 所示。

当飞轮达到设定的最高转速以后,系统处于能量保持状态;当系统接收到一个释放能量的控制信号,飞轮电池释放能量,高速旋转的飞轮利用其惯性作用带动电机减速运行,电机释放的电能经电力电子转换器输出适用于负载要求的电能,机械能转换为电能。由此,整个飞轮电池实现了电能的输入、储存和输出。

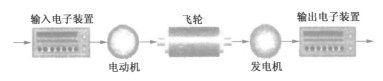

输入电子装置　　　　飞轮　　　　输出电子装置

电动机　　　　　发电机

图 3－22　飞轮电池原理图

三、电池性能的比较

现在广泛使用的储能电池是基于电化学原理的化学电池。它将电能转变为化学能储存,再转化为电能输出,主要优点是价格低廉、技术成熟,但存在污染严重、效率低下、充电时间长、用电时间短、使用过程中电能不易控制等缺点。

另一种储能电池是超导电池,它把电能转化为磁能储存在超导线圈的磁场中,由于超导状态下线圈没有电阻,所以能量损耗非常小,效率也高,对环境污染也小。但由于超导状态是在线圈处于极低温度下才能实现,维持线圈处于超导状态所需要的低温需耗费大量能量,而且维持装置过大,不易小型化,民用的市场前景并不看好。

飞轮电池则兼顾了两者的优点,虽然近阶段的价格较高,但伴随着技术的进步,必将有一个非常广阔的应用前景。

表 3－3　3 种典型储能电池的性能

性　能	储能电池		
	化学电池	飞轮电池	超导电池
储能方式	化学能	机械能	磁能
使用寿命	3～5 a	＞20 a	≈20 a
技术	成熟	验证	验证
温度范围	限制	不限	不限
外形尺寸(同功率)	大	最小	中间
储能密度	小	大	大
放能深度	浅	深	深
价格	低	高	较高
环境影响	污染	无污染	无污染

四、飞轮电池技术应用

在 2010 年 10 月美国勒芒系列赛最后一轮中保时捷 911GT3 混合动力赛车首次正式使用了飞轮电池技术。9111GT3 是保时捷第一辆混合动力赛车,如图 3－23 所示,它是 918Spyder 混合动力车的前身,而后者于 2012 年推出。保时捷北美区执行总裁德特勒夫·冯普拉滕表示,用于这两款车型的飞轮电池技术代表着保时捷的未来。

保时捷 918Spyder 混合动力车是将飞轮电池应用在前轮两个电动机上以补充引擎的动力。飞轮电池将制动所收集的动能转化为电能,并将能量储存于一个飞轮电池之中。在加速过程中,该能量将转移至前轮,前轮载有内燃机。这一过程将大大减少燃料消耗,并增加行驶范围;在赛车中,飞轮电池技术的一大优势在于赛车加油的次数较少,为其在赛场上赢得了宝贵的时间。在不牺牲速度和敏捷性的前提下,让汽车更有效率,这是一个令人振奋的进步,保时捷918Spyder混合动力车仅需3.2 s即能将速度从0提至约100 km/h。

图3-23 保时捷911GT3混合动力赛车

【知识点6】 动力电池性能分析与检测

一、蓄电池的性能测试

1. 蓄电池充电性能测试

蓄电池充电性能主要是指充电效率、充电最高电压和耐过充能力等。充电效率是指电池在充电时充入电池的电能与所消耗的总电能之比,以百分数表示。充电电流的大小、充电方法、充电时的温度直接影响充电效率。充电效率高表示电池接受充电的能力强,一般充电初期充电效率较高,接近100%,充电后期由于电极极化增加,充电效率下降,电极上伴随有大量的气体析出。

充电最高电压是指在充电过程中电池所能达到的最高电压。充电电压越低,说明电池在充电过程中的极化就越小,电池的充电效率就越高,电池的使用寿命就有可能更长。

蓄电池应具有良好的耐过充能力,即使电池处于极端充电条件下,也能拥有较为优良的使用性能。

2. 蓄电池放电性能测试

蓄电池放电性能受放电时间、电流、环境温度、终止电压等因素影响,蓄电池的放电方法有恒流放电、恒阻放电、恒压放电、恒压恒流放电、连续放电和间歇放电等,其中恒流放电是最常见的放电方法。

放电电流的大小直接影响到蓄电池的放电性能,在标注蓄电池的放电性能时,应标明放电电流的大小。蓄电池的工作电压是衡量蓄电池放电性能的一个重要指标,放电曲线反映了整个放电过程中工作电压的变化过程,是一个变化的值,因此,一般以中点电压来表示工作电压的大小。中点电压是指额定放电时间中点时刻电池的工作电压,主要用来衡量大电流放电系列电池高倍率放电的能力。

蓄电池的充放电性能可用电池充放电性能测试仪来测试。

3. 蓄电池容量的测试

蓄电池容量的测试方法与蓄电池放电性能的测试方法基本相同,有恒流放电、恒阻放电、恒压放电、恒压恒流放电、连续放电和间歇放电等。根据放电的时间和电流的大小可以计算蓄电池的容量。对于恒流放电，蓄电池容量等于放电电流和放电时间的乘积。恒流放电的蓄电池容量不但与放电电流有很大关系，而且与放电温度、充电制度、搁置时间等也有关系。

电池容量可以用专用的蓄电池容量检测仪测试。

4. 电池寿命的测试

电池寿命是衡量电池性能的一个重要参数。在一定的充放电制度下，电池容量降至某一规定值之前，电池所能承受的循环次数，称为蓄电池的循环寿命。影响蓄电池循环寿命的因素有电极材料、电解液、隔膜、制造工艺、充放电制度、环境温度等，在进行寿命测试时，要严格控制测试条件。

通常是在一定的充放电条件下进行循环，然后检测电池容量的衰减，当蓄电池容量小于额定容量的 80%（不同的电池有不同的规定，锂离子电池是 80%）时终止实验，此时的循环次数就是电池的循环寿命。

对于不同类型的蓄电池，循环寿命的测试规定是不同的，具体可参考相应国家标准或国际电工委员会 TEC 制订的标准。电池的寿命可以用专用的蓄电池循环寿命检测设备来测试。

5. 电池内阻、内压的测试

电池的内阻是指电池在工作时，电流流过电池内部所受到的阻力。一般分为交流内阻和直流内阻，由于充电电池内阻很小，测直流内阻时由于电极容易极化，产生极化内阻，故无法测出其真实值；而测其交流内阻可免除极化内阻的影响，得出真实的内阻值。交流内阻测试方法是利用电池等效于一个有源电阻的特点，给电池一个 1 000 Hz、50 mA 的恒定电流，对其进行电压采样、整流、滤波等一系列处理，从而精确地测量其阻值，可用专门的内阻仪来测试。

电池的内压是由于充放电过程中产生的气体所形成的压力，主要受电池材料、制造工艺、结构、使用方法等因素影响。一般电池内压均维持在正常水平，在过充或过放情况下，电池内压有可能会升高。例如，过充电正极产生的氧气透过隔膜纸与负极复合，如果负极反应的速度低于正极反应的速度，产生的氧气来不及被消耗掉，就会造成电池内压升高。

镍镉和镍氢电池内压测试是将电池以 0.2C 放至 1.0 V 后，以 1C 充电 3 h，根据电池钢壳的轻微形变通过转换得到电池的内压情况，测试中电池不应鼓底、漏液或爆炸。

锂电池内压测试是（UL 标准）模拟电池在海拔高度为 15 240 m 的高空（低气压11.6 kPa）下，检验电池是否漏液或发鼓。具体步骤是将电池 1C 恒流恒压充电到 4.2 V，截止电流 10 mA，然后将其放在气压为 11.6kPa、温度为 20℃±3℃ 的低压箱中储存 6 h，电池不会爆炸、起火、裂口、漏液。

6. 高低温环境下电池性能的测试

电动汽车动力电池可能会在不同的环境温度下使用，高温或低温对电池的充电或放电性能都有影响，应分别对各温度下电池充放电性能进行测试。

在 QC/T 743—2006《电动汽车用锂离子蓄电池》中规定，要对电池在 −20℃ 的低温、20℃ 常温和 55℃ 的高温进行放电性能的测试。要求按规定的方法测试时，在 −20℃ 时，其容量应不低于额定值的 70%；在 55℃ 时，其容量应不低于额定值的 95%；在 20℃ 高倍率放电时，对于能量型蓄电池，其容量应不低于额定值的 90%，对于功率型蓄电池，其容量应不低于额定值的 80%。

高低温测试所需的仪器和充放电性能测试基本是一致的，只是在恒温箱中测定不同温

度下的电池性能。

7. 自放电及储存性能的测试

电池的储存性能是指电池开路时,在一定的温度、湿度等条件下储存时容量下降率的大小,是衡量电池综合性能稳定程度的一个重要参数。电池经过一定时间储存后,允许电池的容量及内阻有一定程度的变化。经过了一段时间的储存,可以让内部各成分的电化学性能稳定下来,了解该电池的自放电性能的大小,以便保证电池的品质。

自放电又称荷电保持能力,它是指在开路状态下,电池储存的电量在一定环境条件下的保持能力。一般而言,自放电主要受制造工艺、材料、储存条件的影响。自放电是衡量电池性能的主要参数之一。一般而言,电池储存温度越低,自放电率也越低,但也应注意温度过低或过高均有可能造成电池损坏无法使用。电池充满电开路搁置一段时间后,一定程度的自放电属于正常现象。

8. 电池安全性能测试

电池的安全性测试项目非常多,不同类型的电池安全性能测试项目也不同,可根据相关标准选择测试。

二、锂电池性能分析与检测

1. 锂离子电池失效机理

(1)正常失效。锂离子电池充放电的化学反应原理虽然很简单,然而在实际的工业生产中,需要控制的工艺参数较多。如正极的材料需要添加剂来保持多次充放的活性;负极的材料需要在分子结构级设计以容纳更多的锂离子;填充在正、负极之间的电解液,除了保持稳定,还需要具有良好导电性,减小电池内阻等。

虽然锂离子电池很少有镍镉电池的记忆效应(记忆效应的原理是结晶化),在锂电池中几乎不会产生这种反应。但是,锂离子电池在多次充放后容量仍然会下降,其原因是复杂而多样的。主要是正、负极材料本身的变化,从分子层面来看,正、负极上容纳锂离子的空穴结构会逐渐塌陷、堵塞;从化学角度来看,是正负极材料活性钝化,出现副反应生成稳定的其他化合物。物理上还会出现正极材料逐渐剥落等情况,总之最终降低了电池中可以自由在充放电过程中移动的锂离子数目。

(2)过放电失效。电池如果被不受保护地过度充电和过度放电,将对锂离子电池的正负极造成永久的损坏。从分子层面看,可以直观地理解为过度放电将导致负极碳过度释放出锂离子而使其片层结构出现塌陷,把太多的锂离子硬塞进负极碳结构里去,而使其中一些锂离子再也无法释放出来,还会使正极板的 Cu 电镀到负极碳上,破坏负极结构。图 3-24 所示就是一个过放电损坏的负极照片,图中显示了暗红色的铜充斥在黑色的碳之间。

 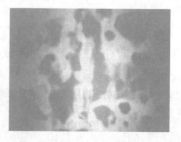

图 3-24　锂电池过放电负极损坏

通常控制 2 V 电压为放电下限,脉冲放电限制到 5C 电流,30 s 以内。恒流放电用 3C 电流,到 2 V 截止。

放电工作限制在 -20℃～60℃,充电电流限制在 0℃～45℃。

锂电池要比铅酸电池"娇气",合理工作条件比较严格,这也是锂离子电池为什么通常配有充放电的控制电路的原因。

(3) 过充电失效。过充电时,电池的负极上会发生聚集锂离子的过程,生成的锂和碳发生电化学反应生成"碳化锂"。这不但会破坏负极碳的微观结构,而且会析出金属锂,形成晶枝。晶枝刺穿隔板,发生微短路,最终导致电池的失效。

所以要严格控制充电电压,使每一个电池充电时都不发生过充。单节最高充电电压限制在 4.10 V 是合理的。

(4) 高温失效。不适宜的温度,如在 80℃ 的环境温度下,将会引发锂离子电池内部其他化学反应生成对电池有害的化合物,电池会因不能承受而被不可恢复地损坏。电池反应生成的 Li_xC_6 与电解质发生反应的温度是 120℃。为了防止发生热损伤造成事故,锂离子电池也会根据被应用的领域做一些性能调整,如在正、负极之间设有保护性的温控隔膜或电解质添加剂;在电池升温到一定的情况下,复合膜膜孔闭合或电解质变性;电池内阻增大直到断路,电池不再升温,确保电池充电温度正常。

在通信设备的使用上,认为锂电池可以工作在高温环境下,取消空调的设置,是一种错误的认识。在一体化基站的设备上,采用锂电池,就有夏季高温造成电池早期失效的问题。

(5) 备用失效。锂电池维护使用的备用电池,其管理与铅酸电池不同,锂电池不能长时间处于高保有容量状态,因为在这种状态下,电池的正极会因自放电,失去所有电量,使端电压低于安全界限,发生自发性损坏。

一种解释是电池如果在高保有容量状态下存放,负极上的 SEI 膜会增厚,就会使电池内部的锂离子传导增加困难,导致电池内阻增大,容量下降。

作为通信设备的备用电源,长期处于"待用"状态,要注意防止电池发生非使用性损坏。所以作为备用电源使用的锂电池组,其容量范围应控制在合理的范围,不应沿用铅酸电池的标准,使电池长期处于浮充状态,因为在浮充状态,电池的保有容量会处在 100% 的容量。这需要综合控制电池单节数量和选择合理浮充电压两个参数,使电池的保有容量控制在 75% 左右。

电解液对正负极都会有腐蚀性。锂电池在长期存放过程中,正极表面会发生钝化,负极表面的 SEI 膜也会逐步增厚。这主要是由于电解液的轻微腐蚀造成的,这种损伤处于不停顿缓慢扩大中。如果进行一两次充放电,损伤就会中断,损失的容量会得到恢复。再次静置存放,这种损伤又会开始。如果长时间存放,损伤就会发展成不可恢复的。这是一种非使用性损坏,这方面目前尚缺乏定量的数据分析。

在使用锂电池中应注意的是,电池放置一段时间后则进入休眠状态,此时容量低于正常值,使用时间也随之缩短。但锂电池很容易激活,只要经过 3～5 次正常的充放电循环就可激活,恢复正常容量。由于锂电池本身的特性,决定了它几乎没有记忆效应。因此,用户手机中的新锂电池在激活过程中,是不需要特别的方法和设备的。

2. 锂离子电池内部材料

正极活性物质一般为钴酸锂、镍钴锰酸锂材料或磷酸铁锂,导电集流体使用厚度为 $10\sim20~\mu m$ 的电解铝箔。

负极活性物质为石墨,其微观结构有层状的和球形的两类,球形结构的机械强度较好,在充放电过程中空间结构不易发生塌陷,锂离子的吸纳和吐出需要的空间结构较稳定。导电集流体使用厚度为 $7\sim15~\mu m$ 的电解铜箔。

现在电解液一般选用六氟磷酸锂($LiPF_6$)作锂盐,在复合有机溶剂中溶解,形成电解液。由于锂电池采用有机电解液,意外的高温会导致电解液燃烧,甚至由于体积突然膨胀,导致爆炸。为了防止这类事故发生,在电解液中添加阻燃剂,是个有效的方法。阻燃的原理是添加剂可以吸收电解液中高温产生的易燃成分,使其成为高燃点的物质,切断温度恶性上升的循环,避免在过热条件下发生事故。

隔膜是把正、负极隔离,防止内部短路并使锂离子通过。透气性是隔膜的一个重要指标,透气性越好,则锂离子透过隔膜的通畅性越好,隔膜电阻越低。它由膜的孔径大小及分布、孔隙率、孔的形状及孔的曲折度等各因素综合决定。曲折度低、厚度薄、孔径大和孔隙率高都意味着透气性好,隔膜电阻低。但是孔隙率并不是越高越好,孔隙率越高,其力学性能就将受到影响。大多数锂离子电池隔膜的孔径在 $0.01\sim0.1~\mu m$ 之间,孔径小于 $0.01~\mu m$ 时,锂离子穿过能力太小;孔径大于 $0.1~\mu m$ 时,电池内部枝晶生成时电池易短路。孔隙率在 $30\%\sim50\%$ 之间,厚度一般小于 $30~\mu m$。实际应用的隔膜厚度为 $16\sim40~\mu m$,空率为 $40\%\sim50\%$,孔径为 $0.03\sim0.05~\mu m$。这些指标与铅酸电池相比,有很大的不同。铅酸阀控电池的厚度为 $2~mm$,空率为 80%,孔径在 $1~\mu m$ 以上。从这种差别可以理解,锂电池的内阻远小于铅酸电池,所以作为动力电池,启动型大电流放电性能明显优于铅酸电池。

隔膜的一个基本特性是要求有自动关闭功能,就是当电池处于超过合理工作的高温时,隔板能起到阻断电流的作用,使电池不至于发生燃烧之类的事故。但是这种功能的作用不是可逆的,一旦发生一次,损失的容量就是永久的损失。复合隔膜的阻断温度大约为 $140℃$。

自动关断保护性能是锂离子电池隔膜的一种安全保护性能,是锂离子电池限制温度升高及防止短路的有效方法。隔膜的闭孔温度和熔融破裂温度是该性能的主要参数。闭孔温度是指外部短路或非正常大电流通过时所产生的热量使隔膜微孔闭塞时的温度。熔融破裂温度是指将隔膜加热,当温度超过试样熔点使试样发生破裂时的温度。由于电池短路使电池内部温度升高,当电池隔离膜温度到达闭孔温度时微孔闭塞阻断电流通过,但热惯性会使温度进一步上升,有可能达到熔融破裂温度而造成隔膜破裂,电池短路。

近年来发展起来的 PP/PE 双层膜和 PP/PE/PP 三层隔膜,就融合了 PE 的低熔融温度和 PP 的高熔融破裂温度两种特性,成为目前研究开发的热点。多层隔膜既提供了较低的闭孔温度,同时在 PE 膜闭孔后 PP 层仍保持其强度,从微孔闭塞到隔膜熔融破裂之间温度范围宽,安全性比单层膜好。

用户难以测量到电池内部的实际温度。如果把温度传感器安置在电池极柱上,测量的偏差最小;如果安置在其他地方,实际偏差与工作条件相关。

锂离子电池对隔膜强度的要求较高。电池中的隔膜直接接触有硬表面的正极和负极,而且当电池内部形成枝晶时,隔离膜易被穿破而引起电池微短路,因此,要求隔离膜的抗穿刺强度尽量高。

3. 锂离子电池配组及一致性检测

锂电池的结构有两种,一种是卷绕式,如同做花卷一样,把正极、隔膜和负极材料卷成一体,用铝塑膜封装。这种工艺,可制成容量为 20 A・h 以下的单体软包装电池,再把这种软包装电池组合成大容量电池,封装在硬塑料壳体中。这种结构,类似于小笼包子。这类生产方式,容易控制质量。另一种是迭片式,类似于铅酸电池。这类生产方式,质量控制的难度较大。

蓄电池的一致性是蓄电池组可靠性的基础,现在国内锂电池生产线上,都有蓄电池内阻检测仪。这类检测仪实际是用电导法测量蓄电池的静态内阻,根据这个检测数据,把数据接近的电池进行配组,希望用这种方式使配组的电池一致性好一些。

由于这类检测仪检测原理上的不合理,检测数据的可信度较低,难以保障配组质量。又由于锂电池生产的实际质量散差较小,这个问题并不突出,建议采用 CB 检测仪来承担这项工作。

4. 锂离子电池的安全使用

(1) 影响安全的机理。在正常情况下,充电时正极由 $2 LiCoO_2$ 变为 $Li0.5CoO_2$,负极由 C_6 变为 LiC_6。在过充电的作用下,正极产生了 CoO_2,负极产生了 $LiC_6 + Li_6$ 这样的物质。负极产生的锂是很强的还原剂,锂可以产生树枝状的晶枝,刺破隔板,遇到很强的氧化剂二氧化钴,发生短路,放出大量的热,使有机电解质发生燃烧。

采用磷酸铁锂 $LiFePO_4$,安全性得到较大改进。磷酸铁锂电池正极原始状态是 $LiFePO_4$,正常充电时和过充电时都为 $FePO_4$,负极原始状态时为 C_6,正常充电和过充电时都会变为 LiC_6。由于没有内部晶枝短路的情况,电池的可靠性大大增加了。

一次过放电就会造成锂电池永久性损坏,主要是过放电会把负极导电的铜镀到正极晶格上,破坏正极的存储锂离子的能力。

(2) 提高安全性的措施。

① 设计时负极容量大于正极容量,在过充电时不会产生游离态的锂 Li。

② 使用时不发生过充电。充电机的输出电压应有多重保护,防止保护失效时把整组电池充坏。

5. 用锂电池替换铅电池和镉镍电池的技术问题

(1) 电压匹配。很多通信设备采用 12 V 的电压,使用 10 只串联的镍镉或镍氢电池,而锂离子电池只能用 3 只串联成 10.8 V 或用 4 只串联成 14.4 V,与 12 V 系统不能兼容。最好能扩大原有 12 V 系统的电压范围,从 10～15 V 扩大到 10～17 V,否则将限制锂离子电池的使用。

(2) 电池几何尺寸。很多通信设备原来是以镍镉或镍氢电池作为设计基础的,因此,只考虑了镍镉或镍氢电池的标准化问题,锂离子电池大多使用方形电池,并且有保护电路。因此,针对不同的产品需设计不同的结构和尺寸,这样不利于标准化,也增加了锂电池的开发成本。

(3) 蓄电池管理系统。锂电池和铅酸电池、镍氢电池相比,比较"娇气"。在使用的过程中,必须严格控制其充电的上限电压和放电的下限电压,才能使电池的使用价值充分发挥出来,这种控制通常被称为能源管理系统。如果没有这个管理系统,锂电池组实际是不能正常使用的。

6. 动力型锂电池组的可靠性维护

更换电池时替换品的保有容量和结构容量要与现有电池组一致,这就需要知道车上电池组的两个参数 CJ 和 CB。这是电动汽车蓄电池维护的核心技术。这是一个有技术深度的操作,这项作业如果进行得不好,电动汽车就无法进行商业运行。

电池的结构容量 CJ 可在有效充电后测得,保有容量 CB 可用检测仪测得。

锂电池维护的主要工作是重新配组,避免电池的非使用性损坏。

锂电池已经制造出动力型电池,由于锂电池的体积的能量和质量比能量远高于其他动力型电池,所以在电动汽车上有它一席之地。又由于锂电池的价格远高于铅酸电池,所以市场接受面较小。

电动汽车要获得好的动力性能,采用锂电池作为动力源是个优选的设计。一种圆柱形动力型锂电池的外观如图 3-25 所示。一种用于电动车的磷酸铁锂单体的动力电池几何尺寸如图 3-26 所示。

图 3-25 一种动力型锂电池组

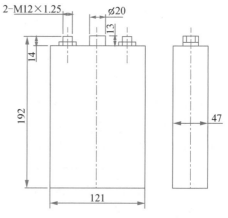

图 3-26 一种 58 A·h 磷酸铁锂电池

如图 3-26 所示,58 A·h 容量的单体电池尺寸为 47 mm×121 mm×192 mm;125 A·h 容量的单体电池尺寸为 47 mm×153 mm×287 mm。

7. 锂电池的充放电特性

(1)充电应采用第一阶段恒流,电压上升到 4.1~4.2 V 转恒压,采用转恒压充电,可使电池保有容量提高 30%。

(2)锂离子电池的可用容量为标称容量的 85%(一般为 100%,除非终止电压太高或放电电流太大)。

(3)锂离子电池放电时第一次循环的放电容量远小于充电容量。这是因为在第一循环放电过程中,碳电极电位从开路电位(约为 3.0 V)降到 0.7 V 的过程中主要是表面基团和溶剂的电化学还原。只有当电势降到锂碳化合物的热力学电位时(约为 0.7 V 以下),才开始锂的嵌入反应。由于表面基团和溶剂的还原为不可逆过程,随着充放电循环,溶剂的还原在碳表面生成较厚的钝化膜,有效地阻止溶剂进一步还原,而锂离子却可以透过这层电子绝缘膜进行电化学嵌入、脱出反应。所以,从第二周循环开始,充放电效率迅速接近100%。

第一次循环在电池出厂前已经完成,因此,用户不用担心此问题。锂电池与镉镍电池、镍氢电池相比,其优点十分明显,参数如表3-4所示。

表3-4 锂电池与镉镍电池性能对比

项 目	镉镍	镍氢	锂电池
工作电池(V)	1.2		3.6
质量比能量(W·h/kg)	50	65	100～160
体积比能量(W·h/l)	150	200	250～300
循环寿命	500		可以达到1 000次
容量(20℃～25℃)	60%		90%
工作温度(℃)	-40～+60		-40～+80
自放电(%/月)	25～30		可充电的小于10%
记忆效应	有		无

锂离子方形电池的性能测试条件如表3-5所示。

表3-5 锂离子方形电池性能指标和测试条件

项 目	指 标	条 件
额定容量		$0.2C_5$放电,终止电压2.75 V
大电流容量	不小于$0.9C_5$	放电电流$1C_5$,终止电压2.75 V
额定电压	3.7 V	$0.2C_5$放电时的平均电压
放电终止电压	2.75 V	
充电电压	4.2 V	
额定充电时间	5 h	
快速充电时间	2.5 h	充电电流$0.5C_5$
充电温度	0℃～+45℃	充电电流$1C_5$
放电温度	-20℃～+60℃	23℃存储1个月,用额定容量检测
容量保持能力	不小于88%	
循环寿命(次)	不小于300	

方形锂电池和扣式锂电池快速充电要求是:用1C的电流恒流充电到4.2 V,时间约为50 min。在4.2 V转恒压充电,充电2 h即可,整个充电过程如图3-27所示。

锂电池在过充电时会使金属锂析出,这是电池发生爆炸的根本原因。因此,用于给锂电池充电的专用充电机应有良好的防过充电功能。当一组锂电池串联充电时,必须保证每一个单节电池都不发生过充,这才是安全的。

锂电池在放电时电压较平稳,锂电池放电性能如图3-28所示。

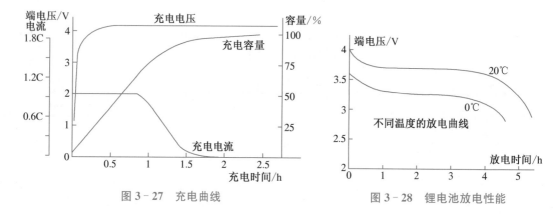

图 3-27 充电曲线

图 3-28 锂电池放电性能

锂电池放电下限的实际有效工作电压为 2.7 V,电池在工作电压下降到低于 2.7 V 时,由于电池的动态内阻已较大,其端电压下降得很快,这时电池已没有实际的供电能力。考虑到检测电路的偏差,电池停止工作的下限电压可在 2～2.5 V 之间选取。有的手机电池下限电压为 2.2 V。

三、质子交换膜燃料电池发电系统的使用与维护

1. 发电性能

质子交换膜燃料电池,由于不涉及机械能的转换,而是将燃料与氧化剂中的化学能通过电化学反应的方式转化为电能与热能,并生成产物水,因此,不受卡诺循环的限制,其电能转换效率明显高于内热机。

质子交换膜燃料电池(PEMFC)的温度特性是由质子交换膜所决定的。目前,普遍采用全氟磺酸质子交换膜(如 Nafion 膜),它的玻璃化温度为 130℃ 左右,而且它传导质子必须有水分子参与。因此,传统的 PEMFC 运行温度一般不超过 80℃,需要冷却系统和增湿系统。

目前,加氢站等基础设施尚未建成,以天然气、甲醇等碳氢化合物重整制氢的燃料选择方案可以应用到 PEMFC 发电系统上。重整气中含有一定量的一氧化碳,它极易吸附在 Pt 催化剂活性中心位置,导致催化剂中毒,造成电极性能衰退,因而在使用重整气之前,一定要检测 CO 的含量。一般情况下,氢气中的 CO 含量应控制在 10^{-5} 以下。

2. 操作规程

(1)安装。制造商应针对燃料电池发电系统的正确安装、调节、操作与维护给予说明。燃料电池发电系统应在设计时最大程度地减少某些部件在装配或重新装配时因为误操作而可能产生的危险,或者在这些部件及其外壳上给出危险信息。危险信息应粘贴在相应位置,从而避免造成错误,同时还应在产品说明书中提供详细信息。

避免错误连接而导致的危险,应在设计时尽可能减少不正确的连接方式或在管道、电缆和连接模块上给出连接信息。

如果燃料电池发电系统需要水才能运行,应根据国家和地方相关水管装置规范与标准规定连接到现场供水源或自带水源,或在系统运行期间能证实可生产、提供足够的供水。

(2)启动。仅当所有的防护装置均已到位且起作用时,才能启动燃料电池发电系统。为保证以后进行正确启动,可采用适当的连锁装置。

燃料电池设备停止后,在自动模式下,若设备满足安全条件,则其自动化功能可使设备

重新启动。通过有意驱动控制系统也应能够重新启动燃料电池发电系统,但应确保该重新启动操作不具有危险性。在自动循环模式下正常程序所引起的燃料电池发电系统的重新启动不属于上述重新启动。

(3)关闭。

① 安全关闭。

安全关闭是指当限流器运行或系统被切断,或探测到系统内部故障时,对于富含空气的设备切断其主燃料流,对于富含燃料的设备同时切断空气流和主燃料流。安全关闭作为构成燃料电池发电系统的一部分,为了转移实际的或迫近的危险(该危险无法被控制装置更正),它应具备下列功能:

● 在不产生新的危险情况下阻止危险发生;

● 在必要情况下,触发或允许触发某些防护措施;

● 在所有模式下能超越其他所有的功能与操作;

● 防止系统(通过复位键)重新启动;

● 装配重新启动锁定装置,且只有在重新启动锁定装置被专门复位后,新的启动命令在正常运行条件下才能生效。

紧急停止:若燃料电池发电系统的安全和可靠性分析要求采用人工安全关闭装置(如紧急停止装置),则其应配备清楚可见、易于辨别并能迅速接触的控制部件(如按钮)。

控制系统发生故障时的控制功能。若控制系统逻辑发生故障或控制系统硬件发生故障或受到损坏,则:

● 在停止命令发出后,燃料电池发电系统不得抵抗停止;

● 活动部件的自动或手动停止不得受到妨碍;

● 保护装置应保持完整的效力;

● 燃料电池发电系统不应发生意外重启。

当保护装置或互锁装置导致燃料电池发电系统发生安全关闭时,应将上述状态信号发送到控制系统的逻辑装置。关闭功能的复位不得导致任何危险情况。危险情况下可安全运行的控制或监控系统呈带电状态,以便提供系统信息。

② 受控关闭。

受控关闭是由于控制设备(如调温器)的控制回路启动,其结果是:对于富含空气的设备切断其主燃料流;对于富含燃料的设备,同时切断空气流和主燃料流。系统返回至起始状态。

能够被安全控制或不会立即带来危险的失常状态可通过受控关闭加以改正。受控关闭可去除电气设备的所有电源或为燃料电池发电系统调节器保留电源供应。

3. 操作模式

(1)应有两种基本操作模式:"接通"和"断开"。

在"接通"模式下,燃料电池发电系统部件应呈运行状态,且根据需要提供电力输出。以下情况也应视为"接通"模式:

● 待机状态(零净功率输出);

● 自动启动能力(为发电系统调节器保留电源供应)。

在"断开"模式下,应切断燃料电池发电系统的所有电源,设备应处于静止状态,或者仅向燃料电池发电系统供应部分电力防止系统部件受损,且设备应处于静止状态。

(2)应具有两种主要过渡形式:"启动"和"关闭"。

"启动"应是接收外部信号后开始从"断开"模式过渡到"接通"模式。"关闭"是自动从"接通"模式过渡到"断开"模式。"关闭"可由外部信号启动,或由燃料电池发电系统控制器根据超限情况发送的内部信号启动。

(3)可根据其是否必要而提供第二种操作模式和过渡过程,以便允许不同功率的输出率或对系统进行调节、维护或检查活动。

(4)模式的选择。

若燃料电池发电系统的设计和制造允许其使用几种具有不同安全等级(如允许进行调节、维护和检查等)的控制或操作模式,则应具有模式选择功能,且模式选择器的每个位置都是安全的。选择器的每个位置应对应单一的操作或控制模式,且应配备重新启动锁定装置。在正常操作条件下,新的启动命令只有在重新启动锁定装置复位后才能生效。通过任何安全方法(如定位操作手柄、键锁或软件命令)均可实现模式选择功能,以防止系统意外变为可能导致危险条件的不同模式。选择器在设计时应限制用户使用某些燃料电池发电系统操作模式(如某种数控功能的访问代码等)。

所选择的操作模式应优先于其他控制系统运行,但不能超越安全关闭命令。

(5)安全保护装置。

① 匹配的保护设备与组件由以下部件构成:

● 保护装置;

● 在合适的位置有适当的指示器和/或报警器之类的监控装置,能够自动或手动操作维持燃料电池发电系统在允许极限内。

② 对保护装置的要求:

● 其设计和安装应可靠、适用,安装地点应满足维护和试验要求。

● 保护功能应独立于其他可能的功能。

● 为获得适当且可靠的保护,应遵照相应的设计原则。该设计原则尤其应包括失效保护模式、冗余设计、多样化设计和自我诊断功能等。

③ 在设计阶段,应通过采用集成的测量、调节和控制装置(如过流切断开关、温度限制器、压差开关、流量计、延时继电器、过速监控器和/或类似的监控装置)来防止设备出现危险性过载。

④ 具有测量功能的保护装置的设计和安装应符合以下要求:能够处理可预见的操作要求和特殊条件下的应用。在必要地点,应能够检查读数的精确度和装置的适用性。此类装置应能确定安全警戒线外报警门限一个综合安全系数,尤其应考虑装置安装的操作条件和测量系统中可能出现的偏差。

⑤ 应提供诸如压力开关等限压装置。

⑥ 温度监控装置应具有足够的安全响应时间,并与测量功能保持一致。

⑦ 为安全目的所依赖的气体传感器应遵照 IEC61779-4,并应根据 IEC61779-6 规定进行选择、安装、校对、使用和维护。

⑧ 在制造阶段已经设置好或调节好的所有燃料电池发电系统部件,若不需要用户或安装人员对其进行操作,则应采取适当的保护措施。

⑨ 操作杆和其他控制和设定装置应做出明确标识并详细说明预防操作错误的方法。其设计应能阻止意外操作发生。

4. 安全注意事项

（1）避免气体泄漏。燃料电池中使用的燃料——氢气具有很高的可燃性，如果气体泄漏会有燃烧的危险。因此，燃料电池动力系统附近不允许有火源，并且燃料电池动力系统应具备氢气泄漏检测、报警、控制装置。

定期对氢气存储容器、输送管路进行检漏。燃料电池动力系统应有防静电措施，如静电接地。在移动、安放、使用系统的操作过程中，避免发生撞击，防止产生火花。

每天工作前先对氢气管路、阀门进行检查，确认无问题后按规定开启阀门；工作结束后按规定关闭阀门。氢气泄漏时，氢气报警器发出警报，应尽快关闭氢气阀，再及时关闭系统主电源。严禁穿戴会起静电的服装进入氢气库及使用氢气的测试车间。燃料电池泄漏氢气时，应立即停机切断负载，并关掉氢气总阀开关。

（2）防止触电。燃料电池堆的电压与单电池个数有关，当电池堆的工作电压超过 36 V，就存在触电致死的危险。所以在使用燃料电池动力系统时一定要防止触电，尽量避免佩戴可能导致短路或触电事故的导电饰品，切勿用手触摸电堆、控制器件等带电器件。每天工作前对电路进行检查，启动电源开关；工作结束后，关闭设备电源。燃料电池严禁短路，燃料电池输出电路严禁处于裸露状态。

（3）避免高温烫伤。当燃料电池工作时，电池堆表面及测试系统管路表面的温度可能在 70℃～80℃之间。在这个温度下人会被烫伤，所以工作时不要接触这些热表面。

5. 维护事项

燃料电池系统的维护非常重要，直接关系到燃料电池系统的性能及使用寿命。无论燃料电池系统应用于哪个领域，维护事项可分为日常维护和定期维护。

（1）日常维护。日常维护包括燃料电池系统使用前和使用后的维护。使用前的维护事项：检查氢气管路是否泄漏，检查氢气报警器是否正常工作，检查去离子水是否足够（水冷方式），检查各个电气线路是否正确连接。使用后的维护事项：确保设备电源关闭，确保氢气阀门关闭，确保系统储存在干净的环境中等。

（2）定期维护。定期维护，定期更换去离子水，如果长期不使用，应在使用前检查去离子水的纯度，更换周期一般为 7 天；定期更换空气过滤器，一般情况 500 h 左右更换一次，视使用环境而定；定期清洁燃料电池系统，视使用环境而定；如长期不使用，应定期运行燃料电池，检查燃料电池各个部件工作情况。

思考与练习

一、填空题

1. 电动汽车储能装置主要有蓄电池、_____、超级电容器和_____等。其中_____是电动汽车最常用的能量存储装置，也是目前制约电动汽车发展的关键因素。

2. 化学电池是利用物质的化学反应发电，按工作性质分为_____、蓄电池、_____

和储备电池。

3. 镍氢电池正极是活性物质_____，负极是储氢合金，用_____作为电解质，在正、负极之间有_____，共同组成镍氢单体电池。

4. 磷酸铁锂电池正极材料采用_____，呈_____结构。负极采用层状_____，呈六边形结构。

5. 燃料电池发电系统包括_____、空气子系统、_____、冷却子系统、_____。

6. 质子交换膜燃料电池由质子交换膜、_____、扩散层、_____（又称双极板）组成。

7. 超级电容如果按储能机理主要分为三类：_____，_____，_____。

8. 飞轮电池主要包括5个基本组成部分：(1)飞轮本体；(2)_____；(3)悬浮飞轮本体和电机转子的轴承；(4)_____；(5)_____。

二、简答分析题

1. 电动汽车对动力电池的要求主要有如下哪几点？
2. 为什么Li-ion电池又叫摇椅式电池？
3. 简述锂离子电池的优缺点。
4. 超级电容称得上"超级"的原因是什么？
5. 简述飞轮电池的工作原理。

模块二　电动汽车电机驱动系统

特斯拉作为全球新能源销售的佼佼者，越来越受到传统车企的青睐。Tesla Model 3 车型（如图 3-29）没有继续沿用首批三款车型中采用的自制交流感应异步驱动电机，而是改用永磁同步交流（PMAC）电机。与感应式电机相比，PMAC 电机较为复杂，但仍然相当简单且可靠。PMAC 电机体积较小、重量较轻，一定程度上比感应式电机效率更高，特别是在低载和高载时。几乎其他所有 EV 制造商都使用这种类型的电机。PMAC 和感应电机在满载时的效率都非常高。大型（＞100 hp）PMAC 同步电机的满载效率一般为 98%，而高质量感应电机大约为 92% 至 95%。20% 负载时，感应电机的效率下降到 80% 左右，而 PMAC 电机在这种轻载条件下的效率仍保持在 88%。

Model 3 高性能四驱版的前轮驱动由驱动电机、电机控制器以及单挡变速箱构成；后轮和前轮驱动相似，集成度非常高。双电机全时四驱版 Model 3 的续航里程为 498 km，百公里加速时间为 4.5 s，最高时速为 225 km/h。

除了异步电动机和永磁同步电动机以外，还有哪些电动机可以作为电动汽车的驱动电机？通过本章的学习，读者可以得到答案。

图 3-29　特斯拉 Model 3

电动机是电动汽车驱动系统的核心部件,其性能的好坏直接影响电动汽车驱动系统的性能,特别是电动汽车的最高车速、加速性能及爬坡性能等。

【知识点 1】　电动汽车电机基础认知

一、电动汽车电机驱动系统的组成与类型

1. 电动汽车电机驱动系统的组成

电机驱动系统是电动汽车的心脏,它由电动机、功率转换器、控制器、各种检测传感器和电源(蓄电池)组成,其任务是在驾驶员的控制下,高效率地将蓄电池的电量转化为车轮的动能,或者将车轮的动能反馈到蓄电池中。图 3 - 30 是电机驱动系统的基本组成框图。

早期的电动汽车主要采用直流电机系统,但直流电机有机械换向装置,必须经常维护。随着电力电子技术的发展,交流调速逐渐取代直流调速。现代电动汽车常用的驱动系统有 3 种:异步电机系统、永磁无刷电机系统和开关磁阻电机系统。

功率换器按所选电机类型,有 DC/DC 功率转换器、DC/AC 功率转换器等形式,其用途是按所选电动机驱动电流的要求,将蓄电池的直流电转换为相应电压等级的直流、交流或脉冲电源。

检测传感器主要对电压、电流、速度、转矩以及温度等进行检测,其作用是为了改善电动机的调速特性,对于永磁无刷电动机或开关磁阻电动机,还要求有电动机转角位置检测。

控制器是由驾驶员操纵变速杆、加速踏板和制动踏板等,相应输入前进、倒退、起步、加速、制动等信号,以及各种检测传感器反馈的信号,通过运算、逻辑判断、分析比较等适时向功率转换器发出相应的指令,使整个驱动系统有效运行。

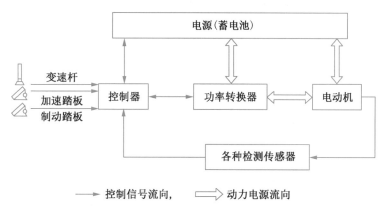

图 3 - 30　电机驱动系统的基本组成框图

2. 电动汽车电机驱动系统的类型

电动汽车电机驱动系统按所选电动机的类型可分为直流电动机、无刷直流电动机、异步电动机、永磁同步电动机和开关磁阻电动机等。

(1)直流电动机。直流电动机具有起动加速时驱动力大、调速控制简单、技术成熟等优点。但是直流电动机的电枢电流由电刷和换向器引入,换向时产生电火花,换向器容易烧蚀,电刷容易磨损,需经常更换,维护工作量大。接触部分存在磨损,不仅使电动机效率降低,还限制了电动机的工作转速。新研制的电动汽车基本不采用直流电动机。

（2）无刷直流电动机。无刷直流电动机是一种高性能的电动机,它既有交流电动机结构简单、运行可靠、维护方便等诸多优点,又具备运行效率高、无励磁损耗、运行成本低和调速性能好等特点。因此,它在电动汽车上的应用日益广泛。

（3）异步电动机。异步电动机在电动汽车上的广泛应用是因为异步电动机采用变频调速时,可以取消机械变速器,实现无级变速,使传动效率大为提高。另外,异步电动机很容易实现正反转,再生制动能量的回收也更加简单。当采用笼型转子时,异步电动机还具有结构简单、坚固耐用、价格便宜、工作可靠、效率高和免维护等优点。

（4）永磁同步电动机。永磁同步电动机结构上与无刷直流电动机相似,不同之处在于它采用正弦波驱动,所以在具备无刷直流电动机优点的同时,还具有噪声低、体积小、功率密度大、转动惯量小、脉动转矩小、控制精度高等特点,特别适用于混合动力电动汽车电机驱动系统,可以达到减小系统体积、改善汽车加速性能和行驶平稳等目的。因此,永磁同步电动机受到了全世界各大汽车生产厂家的重视。

（5）开关磁阻电动机。开关磁阻电动机是一种新型电动机。因其结构简单、坚固、工作可靠、效率高,调速系统运行性能和经济指标比普通的交流调速系统好,而具有很大的潜力,被公认为是一种极有发展前途的电动汽车驱动电动机。

随着电子技术和计算机技术的飞速发展,新的电机理论与控制方式层出不穷,推动新的电机驱动系统迅猛发展。高密度、高效率、轻量化、低成本、宽调速牵引电机驱动系统已成为各国研究和开发的主要热点,如永磁式开关磁阻电动机、转子磁极分割型混合励磁结构同步电动机、永磁无刷交流电动机等。

表 3－6 4 种典型电动机的性能

项目/类型	直流电动机	交流电动机	永磁电动机	开关磁阻电动机
转速范围/(r×min⁻¹)	4 000～6 000	12 000～20 000	4 000～10 000	＞15 000
功率密度	低	中	高	较高
功率因数	—	82～85	90～93	60～65
峰值效率(%)	85～89	94～95	95～97	85～90
负荷效率(%)	80～87	90～92	85～97	78～86
过载能力(%)	200	200～500	300	300～500
恒功率区比例	—	1∶5	1∶2.25	1∶3
电动机质量	重	中	轻	轻
电动机外形尺寸	大	中	小	小
可靠性	一般	好	优良	好
结构坚固性	差	好	一般	优良
控制操作性能	最好	好	好	好
控制器成本	低	高	高	一般

二、电动机的额定指标

电动机的额定指标是指根据国家标准以及电动机的设计、试验数据而确定的额定运行数据,是电动机运行的基本依据。电动机的额定指标主要包括以下各项。

(1)额定功率。额定功率是指额定运行情况下轴端输出的机械功率(W或kW)。

(2)额定电压。额定电压是指外加于线端的电源线电压(V)。

(3)额定电流。额定电流是指电动机额定运行(额定电压、额定输出功率)情况下电枢绕组(或定子绕组)的线电流(A)。

(4)额定频率。额定频率是指电动机额定运行情况下电枢(或定子侧)的频率(Hz)。

(5)额定转速。额定转速是指电动机额定运行(额定电压、额定频率、额定输出功率)的情况下,电动机转子的转速(r/min)。

当电动机在额定运行情况下输出额定功率时,称为满载运行,这时电动机的运行性能、经济性及可靠性等均处于优良状态。输出功率超过额定功率时称为过载运行,这时电动机的负载电流大于额定电流,将会引起电动机过热,从而减少电动机使用寿命,严重时甚至烧毁电动机。电动机的输出功率小于额定功率时称为轻载运行,轻载时电动机的效率和功率因数等运行性能均较差,因此,应尽量避免电动机轻载运行。

三、电动汽车对电动机的要求

电动汽车在行驶过程中,经常频繁地起动/停车、加速/减速等,这就要求电动汽车中的电动机比一般工业用的电动机性能更高,基本要求如下。

(1)电动机的运行特性要满足电动汽车的要求,在恒转矩区,要求低速运行时具有大转矩,以满足电动汽车起动和爬坡的要求;在恒功率区,要求低转矩时具有高的速度,以满足电动汽车在平坦的路面能够高速行驶的要求。

(2)电动机应具有瞬时功率大、带负载起动性能好、过载能力强、加速性能好、使用寿命长的特点。

(3)电动机应在整个运行范围内,具有很高的效率,以提高一次充电的续驶里程。

(4)电动机应能够在汽车减速时实现再生制动,将能量回收并反馈给蓄电池,使得电动汽车具有最佳的能量利用率。

(5)电动机应可靠性好,能够在较恶劣的环境下长期工作。

(6)电动机应体积小、质量轻,一般为工业用电动机的1/3~1/2。

(7)电动机的结构要简单坚固,适合批量生产,便于使用和维护。

(8)价格便宜,从而能够减少电动汽车的整体价格,提高性价比。

(9)运行时噪声低,减少污染。

四、电动汽车电机驱动系统的发展趋势

电动汽车电机驱动系统具有以下发展趋势。

(1)电机的功率密度不断提高,永磁电机应用范围不断扩大。电机作为电动汽车动力系统中一个重要的动力输出源,其自身的性能直接影响到了电动汽车的整体性能。一方面,汽车所需求的电机输出和回收功率不断提高,以满足不同工况不同车型的需求;另一方面,这种新型机电一体的传动系统尺寸受到车内空间的限制。这就需要电动汽车用电机向高性能和小尺寸发展。不断提高电机本身的功率密度,用相对小巧的电机发挥出大的功率成为各汽车及电机厂商的发展方向。

(2)电机的工作转速不断提高,回馈制动的高效区不断拓宽。回馈制动是混合动力机

电一体化技术的一个基本特点。伴随着对混合度要求的提升，相应回馈制动范围的需求也会越来越大。采用回馈高效的电机，适当的变速系统和控制策略，可以使回馈制动的允许范围适应更多工况，使整车节能更加有效，延长行车里程，这是混合动力汽车向真正实用性必须迈出的一步。

（3）电机驱动系统的集成化和一体化趋势更加明显。车用电机及其控制系统的集成化主要体现在电机与发动机、电机与变速器、电机与底盘系统的集成度不断提高。对于混合发动机与起动发电一体机，其发展从结构集成到控制集成和系统集成，电机与变速器的一体化越来越明显，汽车动力的电气化成分越来越高，不同耦合深度的机电耦合动力总成系统使得电机与变速器两者之间的联系变得越来越紧密。在高性能电动汽车领域，全新设计开发的底盘系统、制动系统、轮系将电机和动力传动装置进行一体化集成，融合程度越来越深。

（4）电机驱动系统的混合度与电功率比不断增加。对于混合动力汽车来说，虽然目前市场上分布了轻混、中混、强混等各种混合程度的混合动力车型，但从各种混合度车型的节育减排效果来看，混合程度越高，汽车的节能能力越强。电功率占整车功率的比例正在混合动力汽车领域逐渐提高，电机已不再单单作为发动机的附属设备。各车厂正在逐渐将小排量发动机和大功率电机运用在汽车驱动上。

（5）车用电机驱动控制系统的集成化和数字化程度不断加大。车用电机驱动控制系统集成化程度也不断加大，将电机控制器、低压 DC/DC 变换器，以及发动机控制器、变速器控制器、整车控制器等进行不同方式的集成正在成为发展趋势。

同时，高速高性能微处理器使得电机驱动控制系统进入一个全数字化时代。在高速高性能的数字控制芯片的基础上，高性能的控制算法、复杂的控制理论得以实现。同时，面向用户的可视化编程，通过代码转化和下载直接进入微处理器，可不断提高编程效率和可调试性。

【知识点 2】 直流电动机

直流电动机就是将直流电能转换成机械能的电动机，是电动机的主要类型之一，它具有结构简单、技术成熟、控制容易等特点，在早期的电动汽车或希望获得更简单结构的电动汽车中应用，特别是场地用电动车和专用电动车。

一、直流电机的工作原理

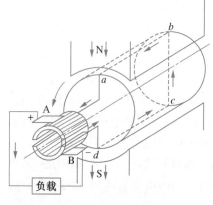

图 3-31　直流电机的工作原理

直流电机的工作原理可用图 3-31 所示的最简模型进行说明。图中，两个空间位置固定的瓦形永磁体 N 极与 S 极之间，安放一个绕固定轴（几何中心）旋转的铁制圆柱体（通称为电枢铁心，大多用冲制为圆形的硅钢片叠压而成）。铁心与磁极之间的间隙称为气隙。设铁心表面只敷设了两根导体 ab 和 cd，并联接成单匝线圈 $abcd$。线圈首、末端分别与弧形铜片（通称为换向片）相连。换向片与电枢铁心一道旋转，但换向片之间以及换向片与铁心和转轴之间均相互绝缘。由换向片构成的整体叫作换向器，而整个转动部分称为电枢，寓意为实现机电能量转换之中枢。为了把电枢与外电路连通,特别装置了两把电刷(图中示意为矩形片 A 和 B,实际电机中多为瓦形体,弧度与换向片一致)。电刷的空间位置也是固定的。

当原动机以恒定转速 n 沿逆时针方向拖动电枢旋转时,上述模型电机就成了一台直流发电机。由电磁感应定律,每根导体内感应电动势的瞬时值为

$$e = B_\delta l v$$

式中,e 为导体所处位置的气隙磁通密度;l 为导体的有效长度,即导体切割磁力线部分的长度;v 为导体切割磁力线的线速度,其与铁心半径 R 和转速 $n(\mathrm{r/min})$ 之间的关系为

$$v = \frac{2\pi R n}{60}$$

综上可知,直流电机电枢绕组所感应的电动势是极性交替变化的交流电动势,只是由于换向器配合电刷的作用才把交流电动势"换向"成为极性恒定的直流电动势。正因为如此,通常把这种类型的电机称为换向器式直流电机。

以上分析说明了直流发电机中电动势和电流产生的过程,现在再讨论其中的能量转换过程。当电流沿 $dcba$ 方向流过线圈时,由左手定则可知,线圈所受电磁力是企图阻止电枢旋转的。原动机要维持电机以恒速旋转,就必须克服此电磁力做功,从而将机械能转换为电能输出供负载使用,电机作发电机运行。反之,若跨接于 A、B 两端的负载改为极性保持一致的直流电源,则线圈中的电流路径将变为 $abcd$,产生的电磁力及相应的电磁转矩为反时针方向,从而可拖动旋转机械逆时针旋转,将电能转换为机械能,电机作电动机运行。

直流电机中的机电能量转换过程使我们对电机的可逆性原理有了更直观、更深入的了解。事实上,单纯从电机的电端口看,电机作发电机或电动机运行的区别就在于电流方向发生了变化。电流自端口正极流出时为发电机,流入则为电动机。更一般地,与上述发电机端口电压及电流方向一致的正方向称为发电机惯例,而与电动机端口电压及电流方向一致的正方向称为电动机惯例,如图 3-32 所示。

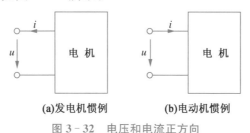

(a)发电机惯例　　　　**(b)电动机惯例**

图 3-32　电压和电流正方向

二、直流电机的主要结构部件

直流电机的结构形式很多,但总体上总不外乎由定子(静止部分)和转子(运动部分)两大部分组成。图 3-33 即为普通直流电机的结构图。直流电机的定子用于安放磁极和电刷,并作为机械支撑,它包括主磁极、换向极、电刷装置、机座等。转子一般称为电枢,主要包括电枢铁心、电枢绕组、换向器等。下面逐一做简要说明。

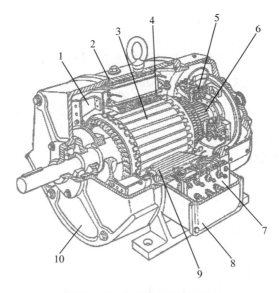

图 3-33　直流电机的结构图

1-风扇；2-机座；3-电枢；4-主磁极；5-刷架；
6-换向器；7-接线板；8-出线盒；9-换向极；10-端盖。

1. 主磁极

主磁极简称主极，用于产生气隙磁场。绝大部分直流电机的主极都不用永久磁铁，而是图 3-34 所示的结构形式（主极铁心外套励磁绕组），即由励磁绕组通以直流电流来建立磁场。为降低电机运行过程中磁场变化可能导致的涡流损耗，主极铁心一般用 1 mm～1.5 mm 厚的低碳钢板冲片叠压而成。极靴与电枢表面形成的气隙通常是不均匀的，并有极靴中部圆弧与电枢外圆同心但两侧极尖间隙稍大的同心式气隙，以及极靴圆弧半径大于电枢外圆半径的偏心式气隙两种。由于电机中磁极的 N 极和 S 极只能成对出现，故主极的极数一定是偶数，并且要以交替极性方式沿机座内圆均匀排列。

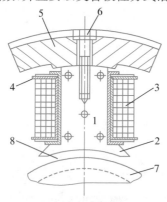

图 3-34　主磁极

1-主极铁心；2-极靴；3-励磁绕组；4-绕组绝缘；
5-机座；6-螺杆；7-电枢铁心；8-气隙。

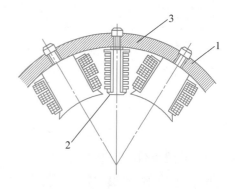

图 3-35　电机中的主极和换向极

1-主极；2-换向极；3-磁轭。

2. 机座

机座的主体是极间磁通路径的一部分，称为磁轭。主极、换向器一般都直接固定在磁轭上(如图 3-35 和图 3-36)。机座一般用铸钢或用薄钢板焊接成圆形,抑或多边形,磁轭部分也有采用薄钢板叠压方式的。通常,机座的底脚部分与基础固定。

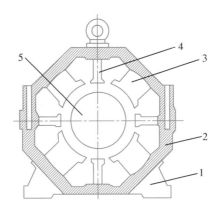

图 3-36　多边形机座示意图
1-机座;2-磁轭;3-主极;4-换向极;5-电枢。

3. 电枢铁心

电枢铁心是用来构成磁通路径并嵌放电枢绕组的。为了减少涡流损耗,电枢铁心一般用厚 0.35 mm~0.5 mm 的涂有绝缘漆的硅钢片叠压而成。嵌放绕组的槽型通常有矩形和梨形两种(如图 3-37)。对于小容量电机,铁心叠片(也叫冲片)尽可能采用整形圆片;而大容量电机则可能要多片拼接,并且还要沿轴向方向分段,段与段之间再设置径向通风道,以加强冷却。需要说明的是,电枢铁心的轴向通风道是铁心叠片上预留的通风孔叠压后形成的(如图 3-37)。

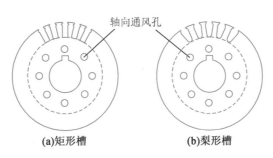

(a)矩形槽　　　　　　　　　　(b)梨形槽

图 3-37　电枢铁心冲片

4. 电枢绕组

电枢绕组是用来感应电动势,通过电流并产生电磁力或电磁转矩,使电机能够实现机电能量转换的核心构件。电枢绕组由多个用绝缘导线绕制的线圈连接而成。小型电机的线圈用圆铜线绕制,较大容量时用矩形截面铜材绕制(如图 3-38),各线圈以一定规律与换向器焊连。导体与导体之间,线圈与线圈之间以及线圈与铁心之间都要求可靠绝缘。为防止电机转动时线圈受离心力作用而甩出,槽口要加槽楔固定。唯一例外的是无槽电机,此时电枢绕组均匀敷设在电枢表面,但依然需要牢固绑扎,并且只可能在小容量直流电机中采用。

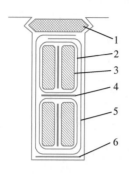

图 3-38　电枢绕组在槽中的绝缘情况
1-槽楔;2-线圈绝缘;3-导体;
4-层间绝缘;5-槽绝缘;6-槽底绝缘。

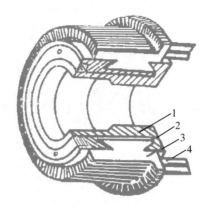

图 3-39　换向器
1-Ⅴ形套筒;2-云母环;3-换向片;4-连接片。

5. 换向器

换向器的作用是把电枢绕组内的交流电动势用机械换接的方法转换为电刷间的直流电动势。换向器由多片彼此绝缘的换向片构成,有多种结构形式,图 3-39 为最常见的一种。

6. 电刷装置

电刷的作用之一是把转动的电枢与外电路相连接,使电流经电刷进入或离开电枢;其二是与换向器配合作用而获得直流电压。电刷装置由电刷、刷握、刷杆和汇流条等零件构成。图 3-40 是电刷的一种结构形式,图 3-41 是一种电刷装置。

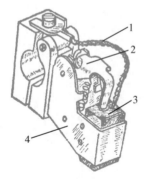

图 3-40　普通的握刷和电刷
1-铜丝辫;2-压紧弹簧;3-电刷;4-刷盒。

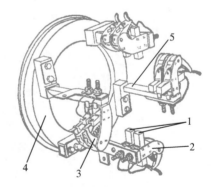

图 3-41　普通的电刷装置
1-电刷;2-刷握;3-弹簧压板;4-座圈;5-刷杆。

三、直流电机的额定值

电机根据设计数据和试验数据而确定的正常运行状况称为额定运行工况。表征电机额定运行工况的物理量,如电压、电流、功率、转速等等,称为电机的额定值。额定值一般标记在电机的铭牌或产品说明书上。

直流电机的额定值主要有以下几项:

(1) 额定功率 P_N,单位为 W 或 kW。

(2) 额定电压 U_N,单位为 V。

（3）额定电流 I_N，单位为 A。

（4）额定励磁电压 U_{f_N}，单位为 V。

（5）额定励磁电流 I_{f_N}，单位为 A。

（6）额定转速 n_N，单位为 r/min。

此外，还有

（7）额定效率 η_N。

（8）额定转矩 T_N，单位为 N·m。

（9）额定温升 τ_N，单位为℃。

但不一定同时都标在一台电机的铭牌上。

额定功率（也叫额定容量）定义为电机的额定输出功率。对发电机来说它就是电端口所输出的电功率，即

$$P_N = U_N I_N$$

而对电动机而言，则是指转轴上（机械端口）输出的机械功率，因而有

$$P_N = \eta_N U_N I_N$$

额定值是客观评估和合理选用电机的基本依据，也是电机运行过程中的基本约束。换句话说，一般都应该让电机按额定值运行。因为此时电机应处于设计期所求的运行工况，各项性能指标、经济性、安全性等总体上会处于最佳状态。工程中，电机恰以额定容量运行时称为满载，超过额定容量为过载，反之为轻载。电机过载运行可能导致过热，加速绝缘老化，降低使用寿命，甚至损坏电机，应该加以控制，但轻载运行会降低效率，且浪费容量，也应该尽量避免。因此，根据实际需要，合理选定电机容量，使之基本上以额定工况运行，这是电机应用中的基本要求。

四、直流电动机的励磁方式

励磁方式是指励磁绕组的供电方式。直流电机按供电方式可分为四类，下面分别介绍。

1. 他励直流电机

所谓他励，顾名思义，就是励磁绕组由其他直流电源单独供电，如图 3-42（a）所示。图 3-42 中，U 为电枢电压，U_f 为励磁电压，I_a 为电枢电流，I_f 为励磁电流，I 为主电源电流，正方向假定采用电动机惯例。

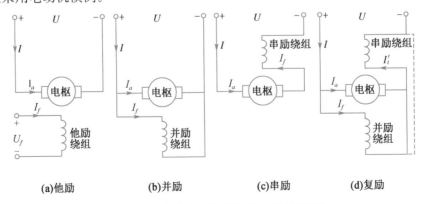

图 3-42 直流电机各种励磁方式的接线图

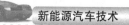

2. 并励直流电机

接线图如图 3 - 42(b)所示。此时励磁绕组与电枢绕组并联,电枢电压即励磁电压。

3. 串励直流电机

励磁绕组与电枢绕组串联,电枢电流即励磁电流,如图 3 - 42(c)所示。

4. 复励直流电机

励磁绕组分为两部分,一部分与电枢绕组串联,另一部分与电枢绕组并联,如图 3 - 42(d)所示。复励直流电机还可进一步细分,如按实线连接为短复励,虚线连接为长复励;两部分绕组产生的磁场相消为差复励,相长则为积复励。

五、直流电动机的控制

1. 直流电动机的起动

电力拖动机组从静止到稳定运行首先必须通过起动过程。从机械方面看,起动时要求电动机产生足够大的电磁转矩来克服机组的静止摩擦转矩、惯性转矩以及负载转矩(如果带负载起动的话),才能使机组在尽可能短的时间里从静止状态进入到稳定运行状态。从电路方面看,起动瞬间 $n=0$,$E=0$,而 R_a 很小,由于

$$I_a = \frac{U-E}{R_a} = \frac{U}{R_a} = I_{st}$$

因此,起动电流 I_{st} 将达到很大的数值,通常为额定电枢电流的十几倍甚至更大,以致电网电压突然降低,影响其他用户的用电,也使电机本身遭受很大电磁力的冲击,严重时还会损坏电机。因此,适当限制电机的起动电流是必要的,尽管这与机械上希望产生较大电磁转矩($T_{st}=C_T\Phi I_{st}$)的要求相矛盾。事实上,研究电机的起动方法只是为了尽量缓解这一矛盾。直流电动机的常用起动方法有直接起动、电枢回路串电阻起动和降压起动三种。下面分别介绍。

(1) 直接起动。如上所述,直流电机不宜于采用直接起动。因此,这里所讲的直接起动只限于小容量电机,对电网和自身的冲击都不太大,但操作简便,无需添加任何起动设备。

所谓直接起动,是指不采取任何措施,直接将静止电枢投入额定电压电网的起动过程。以并励电动机为例,接线图如图 3 - 43 所示。电源及励磁回路开关 K_f 先于电枢回路开关 K_a 合上,以确保电枢回路得电前磁场已经建立。

直接起动过程中电枢电流和转速的变化规律如图 3 - 44 所示。考虑电枢回路电感 L_a 的作用,电流不突变,但很快上升至最大冲击值 I_{st},不过,此时转子已开始转动,并具有一定速度,$E>0$,因此,实际的起动电流冲击值 I_{st} 会略小于 U/R_a。

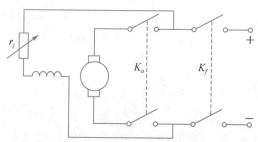

图 3 - 43   并励电动机直接起动接线图

（2）电枢回路串电阻起动。起动时将起动电阻 R_{st} 枢回路，以限制起动电流，起动结束后将电阻切除。串接起动电阻后的起动电流为：

$$I_{st} = \frac{U}{R_a + R_{st}}$$

在实际工程中，可以根据具体需要选择 R_{st} 的数值，以有效限制起动电流。起动电阻一般采用变阻器形式，可设为分段切除式，也可以使用无级调节。图 3-45 为一并励电动机逐段切除起动电阻的电流、转速变化过程图。设为三级切除，各段电阻值的设计由 I_{max} 和 I_{min} 界定，切除时刻自动控制。可以设想，若起动电阻可以无级均匀切除，并且可以用计算机和相应的伺服机构自动控制实施，则获得线性起动过程也是完全可能的。

（3）降压起动。降压起动是通过降低端电压来限制起动电流的一种起动方式。降压起动对抑制起动电流最有效，能量消耗也比较少，但需要专用调压直流电源，投资较大。不过，近代已广泛采用可控硅整流电源，无论是调节性能还是经济性能都已经很理想，因此，降压起动有越来越多的应用，尤其是大容量直流电动机和各类直流电力电子传动系统。

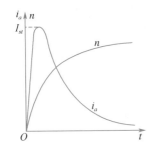

图 3-44 直接起动过程中的电枢电流与转速曲线   图 3-45 并励电动机串电阻起动过程（三级切除）

2. 直流电动机的调速

调速是电力拖动机组在运行过程中的最基本要求，直流电动机具有在宽广范围内平滑经济调速的优良性能。直流电动机有电枢回路串电阻、改变励磁电流和改变端电压三种调速方式。分述如下。

（1）电枢回路串电阻调速。电枢回路串入调节电阻 R_j 后，速度调节量可求得为

$$\Delta n = n_j - n_0 = -\frac{R_j}{C_E \Phi} I_a = -\frac{R_j}{C_E C_T \Phi^2} T_{em}$$

式中，负号表明 R_j 的串入使特性变软，即速度下降，如图 3-46 所示。此外，由于调速前后负载转矩不变（设为恒转矩负载），调速前后的电枢电流值亦保持不变，这也是串电阻调速的特点。但串入电阻后损耗增加，输出功率 $P_2 = T_2 \Omega \infty \Omega$ 减小，效率降低，很不经济，因此，这种调速方法只在不得已时才采用。

（2）改变励磁电流调速。调节励磁电流，改变主磁通 Φ，可以平滑地较大范围地改变电机的速度，图 3-46 即为并励电动机改变励磁电流的调速情况，仍设为恒转矩调速，下标 1,2 代表调节前后的物理量，有

$$C_T \Phi_1 I_{a1} = C_T \Phi_2 I_{a2} \text{ 或 } \frac{I_{a2}}{I_{a1}} = \frac{\Phi_1}{\Phi_2}$$

进而假设不计磁路饱和，忽略电枢反应和电枢回路电阻的影响，还可得出

$$\frac{n_2}{n_1} \approx \frac{\Phi_1}{\Phi_2} \approx \frac{I_{f2}}{I_{f1}}$$

表明在负载转矩不变的情况下，减小励磁电流将使电机转速升高，电机输出功率随之增加；与此同时，电枢电流增加，输入功率也增加，从而电动机的效率几乎不变。

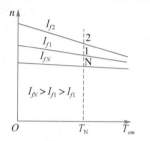

图 3-46　并励电动机改变励磁电流调速

由此可见，改变励磁电流调速较之串电阻调速要优越，也实用得多。但与串电阻调速只能下调降速的特点相反，改变励磁调速通常也只适合于上调升速，也就是说，要真正大范围宽广调速，它们都有局限性。

（3）改变端电压调速。改变电枢电压是一种比较灵活的调速方式。转速既可升高也可降低，配合励磁调节，调速范围还可以更加宽广。因而，它已发展成为一种普遍应用的调速方式。

当然，调压调速需要专用直流电源，但这在现代电力电子传动系统中已经是最基本的配置。辅以对整流电源的先进控制策略和调制方案，系统不但可以获得最为理想的调速性能，而且可以集正反转切换、降压起动以及后面将要介绍的能量回馈制动等功能于一身，最终实现传统电力传动系统难以企及的最优化运行性能指标。

3. 直流电动机的制动

在电力拖动机组中，无论是电机停转，还是由高速进入低速运行，都需要对电动机进行制动，即强行减速。制动的物理本质就是在电机转轴上施加一个与旋转方向相反的力矩。这个力矩若以机械方式产生，如摩擦片、制动闸等，则称之为机械制动；若以电磁方式产生，就叫作电磁制动。电机学中所讲的制动主要是指电磁制动，并有能耗制动、反接制动、回馈制动三种形式。下面分别介绍。

（1）能耗制动。以并励电动机为例，接线图如图 3-47 所示。制动时，开关 K 从"电动"掷向"制动"，励磁回路不变，电枢回路经制动电阻 R_L 闭合。此时电机内磁场依然不变，电枢因惯性继续旋转，并且感应出电动势在电枢回路中产生电流，但电流方向与电动势相反。相当于一台他励发电机，电磁转矩的方向与旋转方向相反，因而产生制动作用，使转子减速，直至所有可转换利用的惯性动能全部转化为电能，消耗在制动电阻 R_L 及机组本身上，机组停止转动。

能耗制动利用机组动能来取得制动转矩，操作简便，容易实现，但制动时间较长（低速时制动转矩很小），必要时可加机械制动闸。

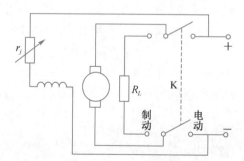

图 3-47　并励电动机能耗制动接线图

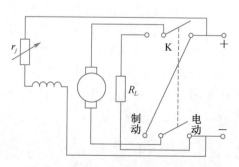

图 3-48　并励电动机反接制动接线图

（2）反接制动。在保持励磁电流不变的条件下，利用反向开关把电枢两端反接到电网上的制动方式称为反接制动。此时电网电压反过来与反电动势同方向，电枢电流

$$I_a = -\frac{U+E}{R_a}$$

其数值很大，并与原电动机运行时的电流方向相反，随之产生很大的与旋转方向相反的制动转矩，产生强烈的制动作用。并励电动机反接制动的接线图如图 3-48 所示。

反接制动的优点是能很快地使机组停转，但缺点是电流过大，其数值几乎是直接起动电流的两倍（额定电流的 30 倍以上），对电机冲击太大，有必要加以限制。为此，反接时电枢回路中串入了足够大的电阻 R_L，使 I_a 的冲击值被控制在一个合理的允许范围之内。

$$I_a = -\frac{U+E}{R_a+R_L}$$

应注意的是，当转速接近零值时，应及时把电源断开，否则电机将反转运行起来。

需要说明的是，能耗制动和反接制动都是把机组的动能，甚至于电网供给的功率全部消耗在电枢回路中的电阻 $R_a + R_L$ 上，很不经济。因此，应探讨更先进的制动方式。下面介绍的回馈制动就是一种比较好的方式。

（3）回馈制动。以串励电动机为例，当串励电动机拖动电车或电力机车下坡时，若不制动，速度会越来越快而达到危险程度。设想此时将串励改为并励或他励，则当转速升高至某一数值，即 $E>U$ 时，电流将反向，电机进入发电机运行状态，电磁转矩起制动作用，限制了转速的进一步上升，将下坡时机车的位能转换为电能回馈给电网，故称为回馈制动。

【知识点 3】　无刷直流电动机

无刷直流电动机是用电子换向装置代替了有刷直流电动机的机械换向装置，保留了有刷直流电动机宽阔而平滑的优良调速性能，克服了有刷直流电动机机械换向带来的一系列的缺点。无刷直流电动机体积小、质量轻，可做成各种体积形状、效率高、转矩高、精度高、数字式控制，是最理想的调速电机之一，在电动汽车上有着广泛的应用前景。

一、无刷直流电动机的分类

无刷直流电动机按照工作特性，可以分为具有直流电动机特性的无刷直流电动机和具有交流电动机特性的无刷直流电动机。

具有直流电动机特性的无刷直流电动机，反电动势波形和供电电流波形都是矩形波，所以又称为矩形波同步电动机。这类电动机由直流电源供电，借助位置传感器来检测主转子的位置，由所检测出的信号去触发相应的电子换相线路以实现无接触式换相。显然，这种无刷直流电动机具有有刷直流电动机的各种运行特性。

具有交流电动机特性的无刷直流电动机，反电动势波形和供电电流波形都是正弦波，所以又称为正弦波同步电动机。这类电动机也由直流电源供电，但通过逆变器将直流电变换成交流电，然后去驱动一般的同步电动机。因此，它们具有同步电动机的各种运行特性。

下面介绍的无刷直流电动机主要是指具有直流电动机特性的无刷直流电动机。

二、无刷直流电动机结构与特点

1. 无刷直流电动机的结构

无刷直流电动机主要由电动机本体、电子换相器和位置传感器三部分组成,如图3-49所示。

(1)电动机本体。无刷直流电动机的电动机本体由定子和转子两部分组成。

定子是电动机本体的静止部分,它由导磁的定子铁心、导电的电枢绕组及固定铁心和绕组用的一些零部件、绝缘材料、引出部分等组成,如机壳、绝缘片、槽锲、引出线及环氧树脂等。

转子是电动机本体的转动部分,是产生激磁磁场的部件,由永磁体、导磁体和支撑零部件组成。

(2)电子换相器。电子换相器由功率开关和位置信号处理电路构成,主要用来控制定子各绕组通电的顺序和时间。无刷直流电动机本质上是自控同步电动机,电动机转子跟随定子旋转做磁场运动,因此,应按一定的顺序给定子各相绕组轮流通电,使之产生旋转的定子磁场。无刷直流电动机的三相绕组中通过的电流是120电角度的方波,绕组在持续通过恒定电流的时间内产生的定子磁场在空间是静止不动的。而在开关换相期间,随着电流从一相转移到另一相,定子磁场随之跳跃了一个电角度。而转子磁场则随着转子连续旋转。这两个磁场的瞬时速度不同,但是平均速度相等,因此能保持"同步"。无刷直流电动机由于采用了自控式逆变器即电子换相器,电动机输入电流的频率和电动机转速始终保持同步,电动机和逆变器不会产生振荡和失步,这也是无刷直流电动机的优点之一。

一般来说,对电子换向器的基本要求是:结构简单;运行稳定可靠;体积小,质量轻;功耗小;能按照位置传感器的信号进行正确换向,并能控制电动机的正反转;应能长期满足不同环境条件的要求。

(3)位置传感器。位置传感器在无刷直流电动机中起着检测转子磁极位置的作用,为功率开关电路提供正确的换相信息,即将转子磁极的位置信号转换成电信号,经位置信号处理电路处理后控制定子绕组换相。由于功率开关的导通顺序与转子转角同步,因而位置传感器与功率开关一起,起着与传统有刷直流电动机的机械换向器和电刷相类似的作用。位置传感器的种类比较多,可分为电磁式位置传感器、光电式位置传感器、磁敏式位置传感器等。电磁式位置传感器具有输出信号大、工作可靠、寿命长等优点,但其体积比较大、信噪比较低且输出为交流信号,需整流滤波后才能使用。光电式位置传感器性能比较稳定、体积小、质量轻,但对环境要求较高。磁敏式位置传感器的基本原理为霍尔效应和磁阻效用,它对环境适应性很强,成本低廉,但精度不高。

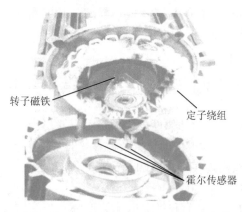

转子磁铁

定子绕组

霍尔传感器

图3-49 无刷直流电动机实物图

2. 无刷直流电动机的特点

无刷直流电动机作为电动汽车用电动机,具有以下优点。

（1）外特性好。非常符合电动汽车的负载特性，尤其是具有低速大转矩特性，能够提供大的起动转矩，满足电动汽车的加速要求。

（2）可以在低、中、高宽速度范围内运行，而有刷电动机由于受机械换向的影响，只能在中低速下运行。

（3）效率高，尤其是在轻载车况下，仍能保持较高的效率，这对珍贵的电池能量是很重要的。

（4）过载能力强，与 Y 系列电动机相比，可提高过载能力 2 倍以上，满足电动汽车的突起堵转需要。

（5）再生制动效果好，因无刷直流电动机转子具有很高的永久磁场，在汽车下坡或制动时电动机可完全进入发电机状态，给电池充电，同时起到电制动作用，减轻机械制动负担。

（6）体积小、质量轻、比功率大，可有效地减轻重量、节省空间。

（7）无机械换向器，采用全封闭式结构，防止尘土进入电动机内部，可靠性高。

（8）控制系统比异步电动机简单。

无刷直流电动机的缺点是电动机本身比交流电动机复杂，控制器比有刷直流电动机复杂。

三、无刷直流电动机的工作原理

无刷直流电动机的工作原理与有刷直流电动机的工作原理基本相同。它是利用电动机转子位置传感器输出信号控制电子换相线路去驱动逆变器的功率开关器件，使电枢绕组依次馈电，从而在定子上产生跳跃式的旋转磁场，拖动电动机转子旋转。同时，随着电动机转子的转动，转子位置传感器又不断送出位置信号，以不断地改变电枢绕组的通电状态，使得在某一磁极下导体中的电流方向保持不变，这样电动机就旋转起来了。

图 3-50 为无刷直流电动机的工作原理图。

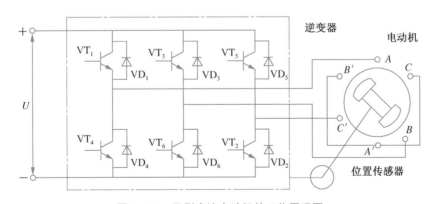

图 3-50 无刷直流电动机的工作原理图

四、无刷直流电动机的控制

按照获取转子位置信息的方法划分，无刷直流电动机的控制方法可以分为有位置传感器控制和无位置传感器控制两种。

有位置传感器控制方法是指在无刷直流电动机定子上安装位置传感器来检测转子旋转过程中的位置，将转子磁极的位置信号转换成电信号，为电子换相电路提供正确的换相信息,以此控制电子换相电路中的功率开关管的开关状态,保证电动机各相按顺序导通,在空间形成跳跃式的旋转磁场,驱动永磁转子连续不断地旋转。无刷直流电动机中常用的位置传感器有霍尔元件位置传感器、磁敏晶体管位置传感器、光电式位置传感器等。

无刷直流电动机的无位置传感器控制,无需安装传感器,使用场合广,相对于有位置传感器方法有较大的优势,因此,无刷直流电动机的无位置传感器控制近年来已成为研究的热点。无刷直流电动机的无位置传感器控制中,不直接使用转子位置传感器,但在电动机运转过程中,仍然需要转子位置信号,以控制电动机换相。因此,如何通过软硬件间接获得可靠的转子位置信号,成为无刷直流电动机无位置传感器控制的关键。为此,国内外的研究人员在这方面做了大量的研究工作,提出了多种转子位置信号检测方法,大多是利用检测定子电压、电流等容易获取的物理量实现转子位置的估算。归纳起来,可以分为反电动势法、电感法、状态观测器法、电动机方程计算法、人工神经网络法等。

【知识点4】 异步电动机

异步电动机又称感应电动机,是由气隙旋转磁场与转子绕组感应电流相互作用产生电磁转矩,从而实现电能量转换为机械能量的一种交流电动机。

异步电动机的种类很多。最常见的分类方法是按转子结构和定子绕组相数分类。按照转子结构来分,有笼型异步电动机和绕线型异步电动机;按照定子绕组相数来分,有单相异步电动机、两相异步电动机和三相异步电动机。异步电动机是各类电动机中应用最广、需要量最大的一种电动机。在电动汽车中,主要使用笼型异步电动机。下面介绍的异步电动机就是指三相笼型异步电动机。

一、异步电机的基本类型和基本结构

异步电机定子相数有单相、三相两类。三相异步电机转子结构有笼形和绕线式两种,单相异步电机转子都是笼形。异步电机主要由固定不动的定子和旋转的转子两部分组成,定、转子之间有气隙,在定子两端有端盖支撑转子。图3-51所示是绕线式异步电动机的结构图。

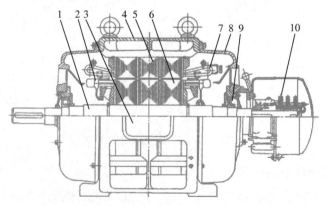

图3-51 绕线式异步电动机的结构图

1-转轴;2-转子绕组;3-机座;4-出线盒;5-定子铁心;
6-转子铁心;7-定子绕组;8-后端盖;9-风扇。

1. 定子

异步电机的定子由定子铁心、定子绕组和机座三部分构成。定子铁心的作用是作为电机磁路的一部分和嵌放定子绕组。为了减少交变磁场在铁心中引起的损耗,铁心一般采用导磁性能良好、比损耗小的 0.5 mm 厚低硅钢片(冲片)叠成,如图 3-52 所示。为了嵌放定子绕组,在定子冲片中均匀地冲制若干个形状相同的槽。槽形有三种:半闭口槽、半开口槽、开口槽,如图 3-53 所示。半闭口槽适用于小型异步电机,其绕组是用圆导线绕成的。半开口槽适用于低压中型异步电机,其绕组是成型线圈。开口槽适用于高压大中型异步电机,其绕组是用绝缘带包扎并浸漆处理过的成型线圈。

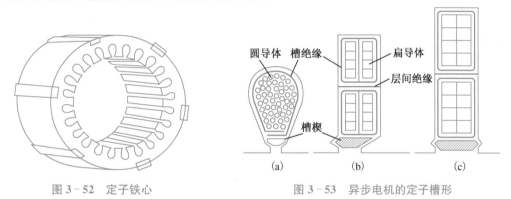

图 3-52　定子铁心　　　　　　图 3-53　异步电机的定子槽形

定子绕组是电机的电路,其作用是感应电动势、流过电流、实现机电能量转换。定子绕组在槽内部分与铁心间必须可靠绝缘,槽绝缘的材料、厚度由电机耐热等级和工作电压来决定。机座的作用主要是固定和支撑定子铁心,因此要求有足够的机械强度。

2. 转子

异步电机的转子由转子铁心、转子绕组和转轴构成。转子铁心是电机磁路的一部分,一般由 0.5 mm 硅钢片冲制后叠压而成。转轴起支撑转子铁心和输出机械转矩的作用,转子绕组的作用是感应电动势、流过电流和产生电磁转矩。其结构型式有两种:笼型和绕线式。

(1) 笼型绕组。在转子铁心均匀分布的每个槽内各放置一根导体,在铁心两端放置两个端环,分别把所有的导体伸出槽外部分与端环联接起来。如果去掉铁心,则剩下来的绕组的形状就像一个松鼠笼子。这种笼型绕组可以用铜条焊接而成,如图 3-54 所示,也可以用铝浇铸而成,如图 3-55 所示。

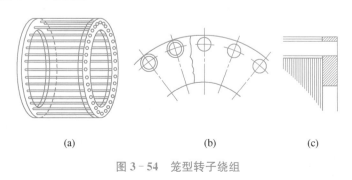

(a)　　　　　　　(b)　　　　　　　(c)

图 3-54　笼型转子绕组

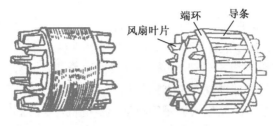

图 3-55　笼型铸铝转子

（2）绕线式绕组。绕线式绕组是与定子绕组相似的对称三相绕组，一般接成星形。将三个出线端分别接到转轴上三个滑环上，再通过电刷引出电流。绕线式转子的特点是可以通过滑环电刷在转子回路中接入附加电阻，以改善电动机的起动性能、调节其转速，其接线示意图如图 3-56 所示。

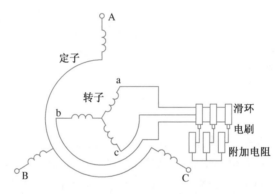

图 3-56　绕线转子异步电动机接线示意图

3. 气隙

异步电机定、转子之间气隙很小，对于中小型异步电机，气隙一般为 0.2 mm～1.5 mm。气隙大小对异步电机的性能影响很大。为了降低电机的空载电流和提高电机的功率，气隙应尽可能小，但气隙太小又可能造成定、转子在运行中发生摩擦，因此，异步电机气隙长度应为定、转子在运行中不发生机械摩擦所允许的最小值。

二、异步电机的基本工作原理

当异步电机定子绕组接到三相电源上时，定子绕组中将流过三相对称电流，气隙中将建立基波旋转磁动势，从而产生基波旋转磁场，其同步转速取决于电网频率和绕组的极对数

$$n_1 = \frac{60 f_1}{p}$$

这个基波旋转磁场在短路的转子绕组（若是笼型绕组则其本身就是短路的，若是绕线式转子则通过电刷短路）中感应电动势并在转子绕组中产生相应的电流，该电流与气隙中的旋转磁场相互作用而产生电磁转矩。由于这种电磁转矩的性质与转速大小相关，下面将分三个不同的转速范围来进行讨论。

为了描述转速，引入参数转差率。转差率为转子转速和与同步转速 n_1 之差（$n_1 - n$）与

同步转速 n_1 之比值,以 s 表示。

$$s = \frac{n_1 - n}{n_1}$$

当异步电机的负载发生变化时,转子的转差率随之变化,使得转子导体的电势、电流和电磁转矩发生相应的变化,因此,异步电机转速随负载的变化而变动。按转差率的正负、大小,异步电机可分为电动机、发电机、电磁制动三种运行状态,如图 3-57 所示。图中 n_1 为旋转磁场同步转速,并用旋转磁极来等效旋转磁场,2 个小圆圈表示一个短路线圈。

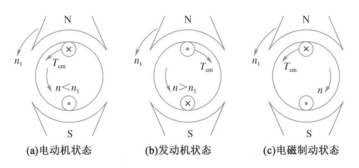

(a)电动机状态　　　　　(b)发动机状态　　　　　(c)电磁制动状态

图 3-57　异步电机的三种运行状态

1. 电动机状态

当 $0<n<n_1$,即 $0<s<1$ 时,如图 3-57(a)所示,转子中导体以与 n 相反的方向切割旋转磁场,导体中将产生感应电动势和感应电流。该电流与气隙中磁场相互作用而产生一个与转子转向同方向的电磁力矩,即拖动性质的力矩,该力矩能克服负载制动力矩而拖动转子旋转,从轴上输出机械功率。根据功率平衡,该电机一定从电网吸收有功电功率。

如果转子被加速到 n_1,此时转子导体与旋转磁场同步旋转,它们之间无相对切割,因而导体中无感应电动势,也没有电流,电磁转矩为零。因此,在电动机状态,转速 n 不可能达到同步转速 n_1。

2. 发电机状态

用原动机拖动异步电机,使其转速高于旋转磁场的同步转速,即 $n>n_1$,$s<0$,如图 3-57(b)所示。转子上导体切割旋转磁场的方向与电动机状态时相反,从而导体上感应电动势、电流的方向与电动机状态相反,电磁转矩的方向与转子转向相反,电磁转矩为制动性质。此时异步电机由转轴从原动机输入机械功率,通过电磁感应由定子向电网输出电功率(电流方向为 $\odot$,与电动机状态相反),电机处于发电机状态。

3. 电磁制动状态

由于机械负载或其他外因,转子逆着旋转磁场的方向旋转,即 $n<0$,$s>1$,如图 3-57(c)所示。此时转子导体中的感应电动势、电流与在电动机状态下的相同。但由于转子转向与旋转磁场方向相反,电磁转矩表现为制动转矩,此时电机运行于电磁制动状态,即由转轴从原动机输入机械功率的同时又从电网吸收电功率(因电流与电动机状态同方向),两者都变成了电机内部的损耗。

综上所述,转速(转差率)与电机运行状态可用图 3-58 表示。

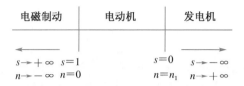

电磁制动		电动机	发电机

$$s \to +\infty \qquad s=1 \qquad\qquad s=0 \qquad s \to -\infty$$
$$n \to -\infty \qquad n=0 \qquad\qquad n=n_1 \qquad n \to +\infty$$

图 3 - 58　异步电机的三种运行状态

三、三相异步电动机的工作原理

1. 交流异步电动机的转动原理

三相异步电动机是利用旋转磁场转动的,其工作原理可通过以下演示实验来直观地了解。演示实验如图 3 - 59 和图 3 - 60(a)所示,一个装有手柄的蹄形磁铁以轴座 O_1 为支撑自由转动;在蹄形磁铁两磁极之间有一个鼠笼转子,鼠笼转子以轴座 O_2 为支撑自由转动;轴座 O_1 和轴座 O_2 在同一条轴线上。蹄形磁铁和鼠笼转子之间无机械联动关系,二者均可各自独立自由地转动。当摇动手柄使蹄形磁铁顺时针方向旋转时,其磁场也是旋转的,称为旋转磁场,旋转磁场的转速用 n_0 表示,转子的转速用 n 表示。

当摇动手柄使蹄形磁铁顺时针方向以转速 n_0 旋转时,磁场的磁感应线就切割鼠笼转子上的铜条,相当于转子铜条逆时针方向切割磁感应线,闭合的铜条中就会产生感应电流,其方向可用右手定则判定,如图 3 - 60(a)所示。通电的铜条受到磁场力 F 的作用而使转子转动,F 的方向可根据左手定则判定,从判定的结果可知转子转动方向与蹄形磁铁旋转方向一致。手柄摇得快,转子转得也快;手柄摇得慢,转子转得也慢。同理,如果让蹄形磁铁逆时针方向旋转时,转子也随之按逆时针方向旋转。

鼠笼转子的转动方向虽然与旋转磁场的转动方向相同,但转子转速 n 不可能达到旋转磁场的转速 n_0。因为如果两者相等,转子与旋转磁场之间就不存在相对运动,转子导体就不能切割磁感应线,转子上也就不再产生感应电流及电磁转矩。由此可见,鼠笼转子的转速与旋转磁场的同步转速之间必须存在差值而不能同步。因此,称笼型电动机为交流异步电动机或交流感应电动机。

2. 交流永磁同步电动机的转动原理

如果将上述实验中的转子改为永磁体,如图 3 - 60(b)所示,磁极方向与转子的半径方向一致,当蹄形磁铁以转速 n_0 旋转时,永磁体转子将随之转动,其转速 n 将与旋转磁场的转速 n_0 同步。因此,将这种电动机称为交流永磁同步电动机。

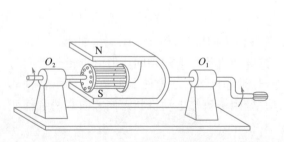

图 3 - 59　鼠笼转子转动原理演示

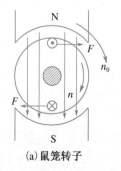

(a)鼠笼转子

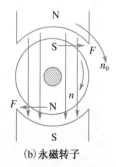

(b)永磁转子

图 3 - 60　鼠笼转子和永磁转子转动原理

交流永磁同步电动机的性能优劣与转子永磁材料密切相关,目前由于稀土永磁材料的优异,永磁电动机不但效率高,而且结构简单、体积小、重量轻、运行可靠,常作为汽车专用驱动电动机,也用于电梯牵引电动机。

交流永磁同步电动机作为控制电动机,因其与电网 50 Hz 的工频交流电(或其他频率的交流电)有整倍数关系,因此可用于计时或定时等精确的时间或转速控制。

无论是异步电动机,还是同步电动机,都需要定子绕组产生旋转磁场,以下讨论三相电动机定子绕组是怎样产生旋转磁场的。

3. 旋转磁场的产生

设将定子三相绕组连成如图 3-61(a)所示的星形接法,三相组的首端 U_1、V_1、W_1 分别与三相交流电的相线 A、B、C 相连接,三相绕组中通过的三相对称交流电流如图 3-61(b)所示。

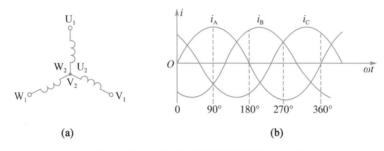

图 3-61　通过定子绕组的三相对称电流

为了讨论方便,选定交流电在正半周时,电流从绕组的首端流入,从末端流出;反之,在负半周时,电流流向相反。图 3-62 是定子绕组在三相交流电不同相位时合成旋转磁场的示意图。

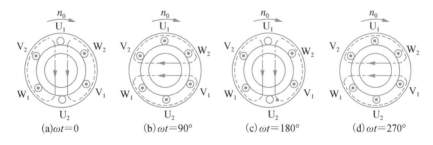

图 3-62　三相电流产生的旋转磁场($p=1$)

当 $\omega t=0$ 时,A 相电流为零;B 相电流为负值,电流由 V_2 端流进,V_1 端流出;C 相电流为正,电流从 W_1 端流进,W_2 端流出。根据右手螺旋法则,可以判定出此时定子三相绕组电流产生的合成磁场方向,如图 3-62(a)所示。

当 $\omega t=90°$ 时,此时 A 相电流为正,电流由 U_1 端流入,U_2 端流出;B 相电流为负,电流由 V_2 端流进,V_1 端流出;C 相为负,电流从 W_2 端流入,W_1 端流出。这一时刻合成磁场的方向如图 3-62(b)所示,磁场方向已顺时针方向在空间转过了 90°。

同理,可分别得出 $\omega t=180°$,$\omega t=270°$ 和 $\omega t=360°$ 时定子三相绕组电流产生的合成磁场方向,分别如图 3-62(c)、(d)、(a)所示,$\omega t=360°$ 时与 $\omega t=0°$ 时的合成磁场方向相同。由此

可见,电流变化一个周期,合成磁场在空间也旋转了一周。电流继续变化,磁场也不断地旋转。

从上述分析可知,三相电流通过定子绕组所产生的合成磁场,是随电流的交变而在空间产生旋转的磁场。这种旋转磁场与蹄形磁铁在空间旋转所起的作用是相同的。

4. 旋转磁场的转速

定子绕组磁场的旋转速度又称同步转速,它与三相电流的频率和磁极对数有关。图 3-62所示的定子绕组,它在任一时刻合成的磁场只有一对磁极(磁极对数 $p=1$),即只有两个磁极,对只有一对磁极的旋转磁场而言,三相电流变化一周,合成磁场也随之旋转一周,如果是 50 Hz 的交流电,旋转磁场的同步转速就是 50 r/s 或 3 000 r/min,在工程技术中,常用 r/min 来表示转速。

如果定子绕组合成的磁场有两对磁极(磁极对数 $p=2$),即有四个磁极,可以证明,电流变化一个周期,合成磁场在空间旋转 180°。由此可以推广得出:p 对磁极旋转磁场每分钟的同步转速为

$$n_0 = \frac{60f}{p}(\text{r/min})$$

工频 50 Hz 时,对应于不同磁极对数 p,其旋转磁场的同步转速见表 3-7 所示。

表 3-7　三相异步电动机旋转磁场的同步转速($f=50$ Hz)

P	1	2	3	4	5	6
$n_0/(\text{r/min})$	3 000	1 500	1 000	750	600	500

当磁极对数一定时,如果改变交流电的频率,则可改变旋转磁场的同步转速,这就是变频调速的基本原理。

必须指出,转子的转动方向虽然与旋转磁场的转动方向相同,但转子转速 n 不可能达到旋转磁场的同步转速 n_0。因为如果两者相等,则转子与旋转磁场之间就不存在相对运动,因而转子导体就不能切割磁感应线,转子上也就不再产生感应电流及电磁转矩。可见,鼠笼转子的转速与旋转磁场的同步转速之间必须存在差值而不能同步,这也正是异步电动机名称的由来。

如果要改变当前旋转磁场的旋转方向,只要任意对调两根相线与定子绕组的连接,便可改变定子三相绕组中三相交流电的相序,实现反向转动。读者可自己分析。

综上所述,三相异步电动机的工作原理是由定子绕组产生旋转磁场,在转子导体中产生感应电流,转子电流与旋转磁场相互作用形成电磁转矩,转子就转动起来。通常把旋转磁场的转速 n_0 与转子转速 n 的差值称为转差,转差与 n_0 的比值称为转差率 s,通常用百分数表示,即

$$s = \frac{n_0 - n}{n_0} \text{ 或 } s = \frac{n_0 - n}{n_0} \times 100\%$$

四、三相异步电动机的运行

了解三相异步电动机的运行状态,对正确使用电动机是非常重要的,电动机的运行状态因负载不同和供电等原因,有以下几种运行状态。

1. 空载运行

空载运行是三相异步电动机接到额定频率和额定电压的三相交流电源上,转子轴上不

带任何机械负载而空转的运行。其特点如下。

① 空载运行时的阻力转矩主要是由转子转动时的轴承摩擦和风阻形成,一般很小。

② 空载的转速高,转差率在0.05%～0.5%。

③ 空载运行的电流称空载电流,由于定子与转子间存在空气间隙等原因,所以空载电流较大。

2. 有载运行

有载运行是三相异步电动机接到额定频率和额定电压的三相交流电源上,转子轴上带着机械负载转动的运行。这里所指的有载负载等于或小于额定负载,其特点如下。

① 电动机在小于额定负载或等于额定负载时可长期正常稳速运行。

② 转子的稳定转速随负载阻力转矩增大有所下降,转差率在1%～6%。

③ 有载运行的效率在小负载时很低,负载增大,效率随之增高。通常在负载为额定负载的75%～80%时效率最高。

3. 过载运行

三相异步电动机转子轴上所带机械负载大于额定负载的运行称为过载运行。其特点如下。

① 转子转速随过载阻力转矩增大而下降,直至停转。

② 电动机的输入电流和功率都增大,电动机的温度升高,严重时可烧坏电动机。因此,不允许电动机过载运行。

4. 欠压运行

三相异步电动机的工作电压低于额定电压的运行称为欠压运行。转子的转动能量来源于定子的输入电能。理论和实验证明,三相异步电动机的电磁转矩与电源电压U的平方成正比,即$T \propto U^2$,所以电源电压的波动对电动机的电磁转矩及运行将产生很大影响。当带载启动时,可能因电压过低而不能启动。当带载运行时,如果电压降低,将使电磁转矩大大下降,转子转速降低,旋转磁场对转子的切割速度增大,使转子和定子电流也随之增大,运行发热会增加,严重时会烧坏电动机。

5. 单相运行

电动机在额定条件下启动运转后,由于故障原因造成供电的一根火线断路,电动机在两根火线通电情况下工作,这种运行称为单相运行或缺相运行。单相运行时,定子绕组产生的不再是旋转磁场,而是脉动磁场,由于转子原来是转动的,所以可以继续转动,但已不稳定。单相运行时电流增大很明显,在有载运行时,很快可将电动机烧坏。因此,必须加装单相运转保护电路。如果在断相的情况下,三相异步电动机由静止启动,是不会转动起来的,只会产生振动声。

五、三相异步电动机的控制

1. 三相异步电动机的启动

电动机接通电源后开始转动,转速不断上升直至达到稳定转速,称为启动过程。在电动机通电的瞬间,定子旋转磁场的转速可以同时达到同步转速,但是,转子却是静止的,两者之间的转速差最大,此时转子产生的感应电流也最大,电路输入给电动机的电流也最大,往往可以达到电动机额定电流的几倍到十几倍,对电动机和电网的冲击比较大。因此,三相异步电动机的启动有直接启动和降压启动两种方式。

（1）直接启动　对于功率不超过 10 kW 的小功率电动机,它的启动电流不至于造成较大的影响,可以直接启动,即直接加额定电压。直接启动的方式可用闸刀开关、交流接触器、空气自动开关等控制电器将电动机直接接上电源启动。因此,直接启动又称全压启动。

（2）降压启动　对较大功率的电动机,不能直接加额定电压启动,需要采用降压启动的方式减小启动电流,待转子的转速接近额定转速时,再改换为额定电压正常运行;或采用连续调压的方式从低压开始启动,随转子的转速增大而逐渐把电压调到额定电压。

降压启动有 Y—△换接降压启动和自耦变压器降压启动。

① Y—△换接降压启动　Y—△换接降压启动只适用于正常运行时定子绕组为△接法的电动机。图 3-63 是 Y—△启动电路。

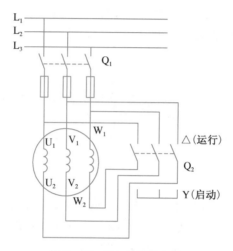

图 3-63　Y—△启动电路

它是利用一个转换开关 Q_2 来实现的。在启动时,Q_2 向下合,使定子绕组连接成 Y 形,此时加在每相定子绕组上的电压是电源线电压的 $1/\sqrt{3}$ 倍,设每相绕组的等效阻抗 Z,此时 Y 型连接的线电流

$$I_{LY} = I_{PY} = \frac{U_L/\sqrt{3}}{Z}$$

当定子绕组连接成△形时,线电流

$$I_{L\triangle} = \sqrt{3}\, I_{P\triangle} = \sqrt{3}\,\frac{U_L}{Z}$$

两种连接方式比较,可得

$$\frac{I_{LY}}{I_{L\triangle}} = \frac{U_L/(\sqrt{3}\,Z)}{\sqrt{3}\,U_L/Z}$$

因此,用 Y 形连接的降压启动,可使启动电流减小到直接启动时的 1/3;待启动后,再将 Q_2 向上合,使定子绕组连接成△形,使电动机在额定条件下运行。Y—△启动具有设备简单、体积小、寿命长、动作可靠等优点。因此,Y—△启动得到了广泛的应用。在实际应用中,Y—△启动是通过自动控制电路完成的。

② 自耦变压器降压启动　自耦变压器降压启动的电路如图 3 - 64 所示,利用一台三相自耦降压变压器来实现,自耦降压变压器的输出电压一般有 3 个等级,分别为电源电压的 55%、64%、73%,供用户根据启动情况选择。在启动时,先将开关 Q_2 合到"启动"位置,而后再接上电源开关 Q_1,此时定子绕组电压降低了;待启动后,再将 Q_2 合到"运行"位置,定子绕组便加上正常的工作电压。降压启动可以减小启动电流,但电动机的启动转矩也降低了,所以降压启动一般用于轻载或空载下启动。

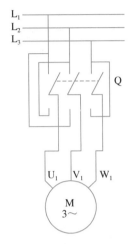

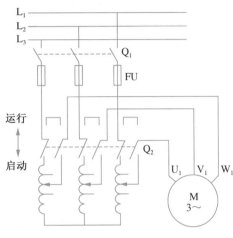

图 3 - 64　自变压器降压启动的电路图　　　图 3 - 65　电动机正反转电路

2. 三相异步电动机的反转

三相异步电动机的转向取决于旋转磁场的转向,而后者又取决于三相电源接入电动机定子绕组的相序。因此,只要把异步电动机的三根电源线中的任意两根对调一下,就能改变三相电源接入电动机定子绕组的相序,从而改变电动机的转向。图 3 - 65 为控制异步电动机正、反转的接线简图,将开关 Q 向上合,三相异步电动机在中间位置,使异步电动机停转后再使开关 Q 向下合,则由于 L_1、L_2 两根电源线顺序交换而使异步电动机反转。需要说明的是,直接反转使转子及定子绕组受到的冲击电流比启动时要大得多,故通常不允许采用直接反转。

3. 三相异步电动机的调速

为了提高生产效率或满足生产工艺的要求,许多生产机械在工作中都需要调速。例如车床切削加工时,精加工用高转速,粗加工用低转速;轧钢机在轧制不同品种和不同厚度的钢材时,也必须有不同的工作速度;用三相异步电动机驱动的电动车,根据行驶需要,也需要调速(三相交流电由蓄电池的直流电经电源变换器变换而来)。

电动机在额定负载下所能得到的最高转速和最低转速之比,称为调速范围,例如 3:1,5:1 等。如果在一定范围内转速可以连续调节,称作无级调速,无级调速的平滑性好。调速不连续时,称为有级调速,有级调速的级数有限。

三相电动机的调速就是用人为的方法改变它的转速,以满足生产机械的要求。三相异步电动机的转速为

$$n = (1 - s)n_0 = (1 - s)\frac{60f}{p}$$

由上式可知,改变电源频率 f、定子绕组的磁极对数和转差率 s 都能达到调节电动机转速的目的。笼型电动机主要应用于调压调速、变频调速和变极调速。

调压调速常用于轻负载,如电风扇等。调压的方法可用串联可调电感,如电感式风扇调速器,也可用自耦变压器调压调速,较先进的是用电子交流调压器调速,如双向晶闸管交流等。

变极调速是以改变定子绕组的串并联来实现定子磁极对数的改变,从而改变转速。这种方法的调速是有级的,一般不超过 4 速,多用的是 2 速。

变频调速可在较宽范围内实现平滑的无级调速,且有硬的机械特性。随着变频技术的发展,变频电源可靠性的提高和成本的降低,这种调速方法将成为异步电动机主要的和理想的调速方法而得到更广泛应用。

变频调速就是改变异步电动机供电电源的频率,采用一套专门的交流变频装置来实现的,如图 3-66 所示,由整流器将工频 50 Hz 三相交流电经整流器变换为直流电,直流电再由逆变器变换为可调频率和可调电压的三相交流电提供给电动机。

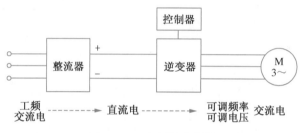

图 3-66 变频调速装置

变频频率 f_x 范围一般为 $0.5 \sim 320$ Hz。变频频率 f_x 改变,会使电动机的感抗随之改变,励磁电流和磁通也会改变。因此,在调频的同时也需调整输出电压 U_x,这就是电压—频率协调控制的变频方式。

4. 三相异步电动机的制动

所谓制动就是刹车。当切断电动机的电源后,电动机的转动部分有惯性,它将继续转动一定时间后才能停止。为了提高生产效率和保证工作安全可靠,往往要求电动机停得既快又准确,除采用某些机械制动外,还需要对电动机本身实行制动,也就是断开电源后给它加一个与转向相反的转矩,使电动机很快停转。通常有反接制动和能耗制动两种方法。

(1) 反接制动。反接制动就是当运行的电动机断电后,立即将电源的三根导线中的任意两根对调,再接通电动机,使旋转磁场改变旋转方向,产生的与转子惯性旋转方向相反的电磁转矩,对转子起制动作用,使电动机转速很快降低;当转速接近零时,再将电动机的电源切断,否则电动机将会反转。上述制动过程,一般要由专用的电动机正反转控制电路来完成。

(2) 能耗制动。能耗制动是在断开三相电源的同时,将直流电流接入定子绕组中产生固定的磁场,而转子由于惯性继续按原方向转动而产生感应电流。根据右手定则和左手定则不难判定,这时转子和固定磁场相互作用产生的新转矩,其方向与电动机的转向相反,因此起制动作用。当电动机停转时,由于转子和固定磁场没有相对速度,转子绕组中没有感应电动势和电流产生,制动转矩随之消失。能耗制动另需加直流电源,成本较高。

六、异步电机应用实例

2010 年 11 月 5 日，在深圳举行的第二十五届世界电动车大会暨展览会上，山东中文沂星电动汽车有限公司作为大会唯一生产纯电动客车的参展商，展出了中文牌纯电动客车。

该车电池使用的是磷酸铁锂电池，其容量为 200 A·h，电池总电压为 576 V，3 h 快速充满电；驱动电机采用的是三相异步交流电机。根据国家电动汽车试验示范区管理中心的检测，中文沂星纯电动客车额定载客 88 人，一次充电续航里程高达 371.9 km，百千米能耗64.8 kW·h，0～50 km 加速时间为 13.2 s。

图 3 - 67　采用异步电动机的中文牌纯电动汽车

山东中文沂星电动汽车有限公司继成功参加深圳电动车展览会及电动车公路游之后，再次参加了香港巡游活动。本次巡游的路线从香港天水围湿地公园途经尖沙咀至香港科学园，共计行程约 75 km。该车以其卓越的加速性能、爬坡性能和优异的驾乘舒适性、操控稳定性获得了一致好评。其优异表现获得了香港市民的高度认同和媒体的重点关注，采用异步电动机的中文牌纯电动汽车如图 3 - 67 所示。

【知识点 5】　永磁同步电动机

永磁同步电动机(Permanent Magnet Synchronous Motor，PMSM)具有高效、高控制精度、高转矩密度、良好的转矩平稳性及低振动噪声的特点，通过合理设计永磁磁路结构能获得较高的弱磁性能。它在电动汽车驱动方面具有很高的应用价值，受到国内外电动汽车界的高度重视，是最具竞争力的电动汽车驱动电机系统之一。

永磁电机中使用的永磁材料主要有铁氧体和钕铁硼两种。铁氧体的特点是剩磁低、矫顽力高、相对回复磁导率小、抗去磁能力强，实际应用中宜做成扁平形状，主要用于小型永磁电机。钕铁硼是目前磁性能最强的永磁材料，但温度稳定性较差、价格较高，仅在特殊场合使用。下面介绍永磁同步电动机的磁路结构。

一、永磁同步电动机的结构

永磁同步电动机的定子与普通电励磁电动机相同，定子绕组为对称三相短距、分布绕组，与交流电网相连，定子电流为三相正弦电流；永磁同步电动机的转子与普通电励磁电机不同，转子的磁极由不同形状的永磁体构成。根据永磁体材料种类、安置方式及永磁体充磁方向的不同，可以形成不同的磁路结构。

1. 永磁体材料种类不同

根据电动机中永磁体所用材料种类的多少，可以分为单一式磁路结构和混合式磁路结构。单一式磁路结构的永磁体由一种材料构成，是常用的磁路结构，如图 3 - 68(a)所示。若永磁体采用两种或两种以上材料构成，则称为混合式磁路结构。图 3 - 68(b)所示为由两种材料构成的永磁同步电动机的混合式磁路结构，混合式磁路结构能充分发挥永磁材料的优势，提高电动机的性能。

(a)单一式磁路结构　　　　　　(b)混合式磁路结构

图3-68　单一式和混合式磁路结构

2. 永磁体安置方式不同

　　按永磁体在转子上的放置方式不同,又可以形成表面式和内置式磁路结构,如图3-69所示。表面式磁路结构又分为凸出式和嵌入式,表面凸出式的转子永磁体磁极直接粘贴在转子铁心表面,由于永磁体的磁导率与空气相近,所以这种磁路结构与电励磁同步电机的隐极转子结构相似,但计算气隙比电励磁电机大很多,同步电抗的标幺值比传统同步电机小得多;表面嵌入式的转子永磁体磁极置于转子表面的槽内,这种磁路结构与电励磁同步电机的凸极转子结构相似,但由于交轴气隙磁导大于直轴气隙磁导,所以其交轴同步电抗大于下轴同步电抗,与传统凸极同步电机相反。表面式磁路结构具有加工和安装方便的优点;内置式磁路结构的转子永磁体磁极置于转子铁心内部,加工和安装工艺复杂,漏磁大,但可以放置较多的永磁体以提高气隙磁密,减少电机的质量和体积。

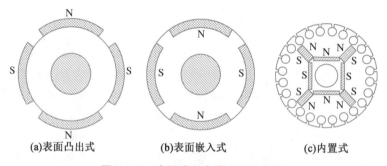

(a)表面凸出式　　　　　　(b)表面嵌入式　　　　　　(c)内置式

图3-69　表面式和内置式磁路结构

3. 永磁体充磁方向不同

　　根据永磁体充磁方向不同,则可形成径向和切向两种磁路结构,如图3-70所示。径向磁路结构的转子永磁体磁极沿径向磁化,多用于稀土永磁材料的永磁电机;切向磁路结构的转子永磁体磁极沿切线方向磁化。

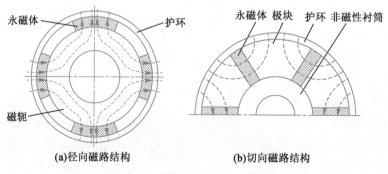

(a)径向磁路结构　　　　　　(b)切向磁路结构

图3-70　径向和切向磁路结构

二、调速永磁同步电动机原理

调速永磁同步电动机又称为正弦波电流驱动永磁无刷电动机,其定子结构与普通感应电动机相似。与异步起动永磁同步电动机不同的是,由于采用了变频起动,所以转子上没有用于起动的笼型绕组。转子的磁路结构形式多种多样,通过选择适当的永磁体结构和表面设计确保其能够产生正弦分布的气隙磁场,定子由正弦波脉宽调制的电压型逆变器供电,三相电流为正弦或准正弦波。

严格地讲,调速永磁同步电动机是一种典型的机电一体化电机,它不但包括电机本体,而且还涉及位置传感器、电力电子变流器以及驱动电路。典型的调速永磁同步电动机的基本组成如图3-71所示。

调速永磁同步电动机的转速是通过调节供电变频器的频率来调节的。变频器输出定子电流的大小取决于负载,受发热的限制,频率取决于转子的实际位置和转速,转子转速越高,变频器的输出频率越高。转子的位置需要通过高精度的位置传感器连续测量获得,定子三相电流的通断受控于转子的位置,以使定子电流的通断频率与转子转速同步,所以调速永磁同步电动机属于自控式同步电动机。

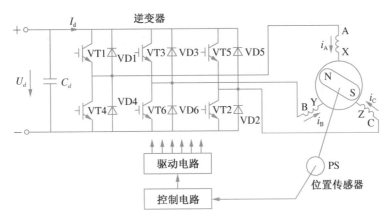

图3-71 调速永磁同步电动机的基本组成

三、永磁同步电动机的特点

永磁同步电动机,与其他电动机相比,具有以下优点。

(1)用永磁体取代绕线式同步电动机转子中的励磁绕组,从而省去了励磁线圈、滑环和电刷,以电子换相实现无刷运行,结构简单、运行可靠。

(2)永磁同步电动机的转速与电源频率间始终保持准确的同步关系,控制电源频率就能控制电动机的转速。

(3)永磁同步电动机具有较硬的机械特性,对于因负载的变化而引起的电动机转矩的扰动具有较强的承受能力,瞬间最大转矩可以达到额定转矩的3倍以上,适合在负载转矩变化较大的情况下运行。

(4)永磁同步电机转子为永久磁铁,无需励磁,因此,电动机可以在很低的转速下保持同步运行,调速范围宽。

(5)永磁同步电动机与异步电动机相比,不需要无功励磁电流,因而功率因数高,定子电流和定子铜耗小。

(6) 体积小、质量轻，近年来随着高性能永磁材料的不断应用，永磁同步电动机的功率密度得到很大提高，比起同容量的异步电动机来，体积和重量都有较大的减少，使其适合用在很多特殊场合。

(7) 结构多样化，应用范围广。永磁同步电动机由于转子结构的多样化，产生了特点和性能各异的许多品种，从工业到农业，从民用到国防，从日常生活到航空航天，从简单电动工具到高科技产品，几乎无所不在。

但是，永磁同步电动机还存在以下缺点。

(1) 由于永磁同步电动机转子为永磁体，无法调节，必须通过加定子直轴去磁电流分量来削弱磁场，这会增大定子的电流，增加电动机的铜耗。

(2) 永磁同步电动机的磁钢价格较高。

由此可见，永磁同步电动机具有体积小、质量轻、转动惯量小、功率密度高（可达 1 kW/kg），适合电动汽车空间有限的特点；另外，转矩惯量比大、过载能力强，尤其低转速时输出转矩大，适合电动汽车的起动加速。因此，永磁同步电动机得到国内外电动汽车界的广泛重视，并已在日本得到了普遍应用，日本新研制的电动汽车大都采用永磁同步电动机驱动。

比较典型的是在丰田普锐斯混联式混合动力轿车上的应用。

丰田普锐斯电动机为交流永磁同步电动机，采用钕磁铁（永久磁铁）转子。其特点是输出功率高、低速扭矩特性好。THSⅡ的 500 V 最高电压使电动机的输出功率比 THS 系统（最高电压为 274 V）提高了 1.5 倍，即从 33 kW 提高到 50 kW，而电动机的尺寸保持不变，它是目前世界上单位质量和体积输出功率最大的电动机。在电动机控制方面，中转速范围增加全新的过调制控制技术，保留原来的低速和高速控制方法。通过改进脉冲宽度调制方法，中速范围的输出比原来的最大值增加大约 30%。

丰田普锐斯发电机也采用交流永磁同步发电机，向高功率电动机提供充足的电能。发电机高速旋转，以增大输出功率。采用增加转子强度等措施，将最大功率输出时的转速从 6 500 r/min 提高到 10 000 r/min，高转速明显地提高了中转速范围的电力，改善了低转速范围的加速性能。此外，发电机还用作发动机的起动机。起动时，发电机（起动机）驱动分配装置的太阳轮带动发动机旋转。

四、永磁同步电动机的运行特性

永磁同步电动机的运行特性主要包括机械特性和工作特性。

永磁同步电动机稳态正常运行时，转速始终保持同步速不变，因此，其机械特性为平行于横轴直线，调节电源频率来调节电动机转速时，转速将严格地与频率成正比例变化，如图 3-72 所示。

永磁同步电动机的工作特性是指当电源电压恒定时，电动机的输入功率 P_1，电枢电流 I_1，效率 η，功率因数 $\cos \varphi$ 等随输出功率变化的关系，如图 3-73 所示。

从图 3-73 中可以看出，在正常工作范围内，永磁同步电动机的功率因数比较平稳，效率特性也能保持较高的水平。电动机的输入功率和电枢电流近似与输出功率成正比例。

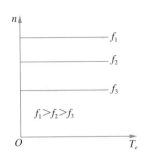

图 3 - 72　永磁同步电动机的机械特性

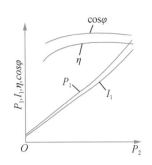

图 3 - 73　永磁同步电动机的工作特性

五、永磁同步电机应用实例

2010 年 11 月 5 日,在深圳举行的第二十五届世界电动车大会暨展览会上,长城汽车最新电动车产品哈弗 M3 纯电动汽车正式亮相,如图 3 - 74 所示。该车采用永磁同步电动机,最大功率 55 kW,最大扭矩 150 N·m,最高时速可以达到 130 km,最高续航里程为 160 km。

在该展览会上,北汽集团也展出了采用永磁同步电动机的 BE701 插电式纯电动汽车,如图 3 - 75 所示。该车采用永磁同步电机进行驱动,电机额定电压为 336 V,最高功率为110 kW,最高扭矩 300 N·m。根据数据显示,BE701 千米加速为 15 s 左右,可使用民用220 V 电源进行充电,完全充电时间为 10 h,而快速充电只需 1 h 左右,在充满电后最远续航行驶距离为 160 km。

图 3 - 74　采用永磁同步电动机的
哈弗 M3 纯电动车

图 3 - 75　采用永磁同步电动机的 BE701
插电式纯电动车

【知识点 6】　开关磁阻电动机

开关磁阻电动机(Switched Reluctance Motor,SRM)是继直流电动机和交流电动机之后,又一种极具发展潜力的新型电动机。

一、开关磁阻电动机的结构与特点

1. 开关磁阻电动机的结构

开关磁阻电动机由双凸极的定子和转子组成,其定子、转子的凸极均由普通的硅钢片叠压而成。定子极上绕有集中绕组,把沿径向相对的两个绕组串联成一个两级磁极,称为"一相";转子既无绕组又无永磁体,仅由硅钢片叠成。

开关磁阻电动机有多种不同的相数结构,如单相、二相、四相及多相等,且定子和转子的极数有多种不同的搭配。低于三相的开关磁阻电动机一般没有自起动能力。相数多有利于减小转矩脉动,但结构复杂、主开关器件多、成本增高。目前应用较多的是四相 8/6 极结构和三相 6/4 极结构。下面介绍的开关磁阻电动机的结构为四相 8/6 极结构。

2. 开关磁阻电动机的特点

开关磁阻电动机与其他电动机相比,具有以下优点。

(1) 可控参数多,调速性能好。可控参数有主开关开通角、主开关关断角、相电流幅值、直流电源电压,控制方便,可四象限运行,容易实现正转、反转和电动、制动等特定的调节控制。

(2) 结构简单,成本低。开关磁阻电动机转子无绕组,也不加永久磁铁,定子为集中绕组,比传统的直流电动机、永磁电动机及感应电动机都简单,制造和维护方便;它的功率变换器比较简单,主开关元件数较少,电子器件少,成本低。

(3) 损耗小,运转效率高。开关磁阻电动机的转子不存在励磁及转差损耗,功率变换器元器件少,相应的损耗也小;控制灵活,易于在很宽的转速范围内实现高效节能控制。

(4) 起动转矩大,起动电流小。在 15% 额定电流的情况下就能达到 100% 的起动转矩。

但是,由于开关磁阻电动机的特殊结构和工作方式,也存在如下一些缺点。

① 转矩脉动现象较大。

② 振动和噪声相对较大,特别是在负载运行的时候。

③ 电动机的出线头相对较多,还有位置检测器出线端。

④ 电动机的数学模型比较复杂,其准确的数学模型较难建立。

⑤ 控制复杂,依赖于电动机的结构。

二、开关磁阻电动机的工作原理与运行特性

1. 开关磁阻电动机的工作原理

开关磁阻电动机的工作原理图如图 3-76 所示。图中,S_1、S_2 是电子开关;VD_1、VD_2 是二极管;U 是直流电源。

电动机的定子和转子呈凸极形状,极数互不相等,转子由叠片构成,带有位置检测器以提供转子位置信号,使定子绕组按一定的顺序通断,保持电动机的连续运行。

开关磁阻电动机的磁阻随着转子磁极与定子磁极的中心线对准或错开而变化。因为电感与磁阻成反比,所以当转子磁极在定子磁极中心线位置时,相绕组电感最大;当转子磁极中心线对准定子磁极中心线时,相绕组电感最小。

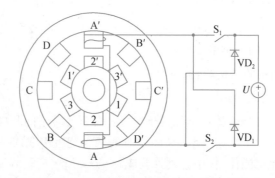

图 3-76 开关磁阻电动机的工作原理图

因为开关磁阻电动机的运行原理遵循"磁阻最小原理",即磁通总要沿着磁阻最小的路

径闭合,所以具有一定形状的铁心在移动到最小磁阻位置时,必须使自己的主轴线与磁场的轴线重合。从图 3-77 中可看出,当定子 D—D′极励磁时,所产生的磁力力图使转子旋转到转子极轴线 1—1′与定子极轴线 D—D′重合的位置,并使 D 相励磁绕组的电感最大。若以图中定、转子所处的相对位置作为起始位置,则依次给 D—A—B—C 相绕组通电,转子即会逆着励磁顺序以逆时针方向连续旋转;反之,若依次给 B—A—D—C 相通电,则电动机会沿着顺时针方向转动。所以开关磁阻电动机的转向与相绕组的电流方向无关,而仅取决于相绕组通电的顺序。

2. 开关磁阻电动机的运行特性

开关磁阻电动机的运行特性可分为 3 个区域:恒转矩区、恒功率区、串励特性区(自然特性区),如图 3-77 所示。

开关磁阻电动机一般运行在恒转矩区和恒功率区。在这两个区域内,电动机的实际运行特性可控,通过控制条件,可以实现在实线以下的任意实际运行特性。

在恒转矩区,电动机转速较低,电动机反电动势小,因此,需采用电流斩波控制(CCC)方式。

在恒功率区,旋转电动势较大,开关器件导通的时间较短,因此,电流较小。当外加电压和开关角一定的条件下,随着角速度的增加,转矩急剧下降,此时可采用角度位置控制(APC)方式,通过按比例地增大导通角来补偿,以延缓转矩的下降速度。

在串励特性区,电动机的可控条件都已达极限,电动机的运行特性不再可控,电动机呈现自然串励运行特性,电动机一般不运行在此区域。

电动机运行时存在着第一、第二两个临界运行点,采用不同的可控条件匹配可得到两个临界点的不同配置,从而得到各种各样所需的机械特性。

临界运行点对应的转速称为临界转速,是开关磁阻电动机运行和设计时要考虑的重要参数。第一临界转速是开关磁阻电动机开始运行于恒功率特性的临界转速,定义为开关磁阻电动机的额定转速,对应的功率即为额定功率;第二临界转速是能得到额定功率的最高转速,是恒功率特性的上限,可控条件都达到了极限,当转速再增加时,输出功率将下降。

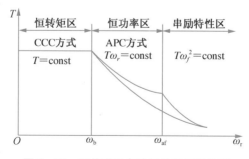

图 3-77　开关磁阻电动机的运行特性图

三、开关磁阻电动机的控制

开关磁阻电动机不同于常规的感应电动机,因其自身结构的特殊性,既可以通过控制电动机自身的参数(如开通角\关断角)来实现,也可以用适用于其他电动机上的控制理论,如 PID 控制、模糊控制等,对功率变换器部分进行控制,进而实现电动机的速度调节。

针对开关磁阻电动机的自身参数进行控制,目前主要使用的几种基本控制方式有:角度位置控制(APC)、电流斩波控制(CCC)和电压控制(VC)。

1. 角度位置控制

角度位置控制是加在绕组上的电压在一定的情况下,通过改变绕组上主开关的开通角 θ_{on} 和关断角 θ_{off} 来改变绕组的通、断电时刻,调节相电流的波形,实现转速闭环控制。

根据电动势平衡方程式可知,当电动机转速较高时,旋转电动势较大,则此时电流上升率下降,各相的主开关器件的导通时间较短,电动机绕组的相电流不易上升,电流相对较小,便于使用角度位置控制方式。

因为开通角和关断角都可调节,角度位置控制可分为:变开通角、变关断角和同时改变开通角、关断角3种方式。改变开通角,可改变电流波形的宽度、峰值和有效值的大小,还可改变电流波形与电感波形的相对位置,从而改变了电动机的转矩和转速。而关断角一般不影响电流的峰值,但可改变电流波形的宽度及其与电感曲线的相对位置,进而改变电流的有效值,故一般采用固定关断角、改变开通角的控制方式。

根据开关磁阻电动机的转矩特性分析可知,当电流波形主要位于电感的上升区时,产生的平均电磁转矩为正,电动机运行在电动状态;当电流波形主要位于电感的下降区时,产生的平均电磁转矩为负,电动机工作在制动状态。而通过对开通角、关断角的控制,可以使电流的波形处在绕组电感波形的不同位置。因此,可以用控制开通角、关断角的方式来使电动机运行在不同的状态。

角度位置控制的优点在于:转矩调节的范围宽;可同时多相通电,以增加电动机的输出转矩,同时减小转矩波动;通过角度的优化,能实现效率最优控制或转矩最优控制。

根据上面的分析可知,此法不适于低速场合。因为在低速时,旋转电动势较小,使电流峰值增大,必须采取相应措施进行限流,故一般用于转速较高的场合。

2. 电流斩波控制

根据电动势平衡方程式可知,电动机低速运行特别是起动时,旋转电动势引起的压降很小,相电流上升快,为避免过大的电流脉冲对功率开关器件及电动机造成损坏,需要对电流峰值进行限定。因此,可采用电流的斩波控制,获取恒转矩的机械特性。电流斩波控制一般不会对开通角、关断角进行控制,它将直接选择在每相的特定导通位置对电流进行斩波控制。

目前电流斩波控制常用的控制方案有两种,方案一对电流上、下限进行限制的控制;方案二限制电流上限值和恒定关断时间的控制。

方案一中,主开关器件在 $\theta = \theta_{on}$ 时导通,绕组电流将从零开始上升,当电流增至斩波电流的上限值时,切断绕组电流,绕组承受反压,电流迅速下降;当电流降至斩波电流的下限值时,绕组再次导通,重复上述过程,从而形成斩波电流,直至 $\theta = \theta_{off}$ 时实现相关断。方案二同方案一的区别在于,当绕组电流达最大限定值后,将主开关关断一个固定的时间后再开通,这样,电流下降的幅度主要取决于电感量、电感变化率、转速等因素。因此,该方式的关键在于合理地选取关断时间的长度。

电流斩波控制的优点在于:它适用于电动机的低速调速系统,可以控制电流峰值的增长,并有很好的电流调节作用。因为每相电流波形会呈现出较宽的平顶状,使得产生的转矩比较平稳,转矩的波动相应地比其他控制方式要小。

然而,由于电流的峰值受到了限制,当电动机转速在负载的扰动作用下发生变化时,电流的峰值无法做出相应的改变,使得系统的特性比较软。因此,系统在负载扰动下的动态响应很缓慢。

3. 电压控制

电压控制是保持开通角、关断角不变的前提下,使功率开关器件工作在脉冲宽度调制(PWM)方式。通过调节 PWM 波的占空比,来调整加在绕组两端电压的平均值,进而改变绕组电流的大小,实现对转速的调节。若增大调制脉冲的频率,就会使电流的波形比较平滑,电动机出力增大,噪声减小,但对功率开关器件工作频率的要求就会增大。

按照续流方式的不同,电压控制分为单管斩波和双管斩波两种方式。单管斩波方式中,连接在每相绕组中的上、下桥臂的两个开关管只有一个处于斩波状态,另一个一直导通。而双管斩波方式中,两个开关管同时导通和关断,对电压进行斩波控制。考虑到系统效率等因素,实际应用中一般常用单管斩波方式。

电压控制的优点在于它通过调节绕组电压的平均值进而调节电流。因此,可用在低速和高速系统,且控制简单,但它的调速范围有限。

在实际的 SRD 运用中,也可以采用多种控制方式相组合的方法,如高速角度控制和低速电流斩波控制相组合,变角度电压斩波控制和定角度电压斩波控制等。这些组合方式各有优势及不足,因此,必须针对不同的应用场合和不同的性能要求,合理地选择控制方式,才能使电动机运行于最佳状态。

根据系统性能要求的不同,控制电路的具体结构形式会有很大差异,但一般均应包含以下功能。

(1)用于接收外部指令信号,如起动、转速、转向信号的操作电路。

(2)用于将给定量与控制量相比较,并按规定算法计算出控制参数的调节量的调节器电路。

(3)用于决定控制电路的工作逻辑,如正反转相序逻辑、高低速控制方式的工作逻辑电路。

(4)用于检测系统中的有关物理量,如转速、角位移、电流和电压的传感器电路。

(5)用于当系统中某些物理量超过允许值时,采取相应保护措施的保护电路,如过压保护和过流保护。

(6)用于控制各被控量信号的输出电路,如控制功率开关器件的导通与关断。

(7)用于指示系统的工作状况和参数状态显示电路,如指示电动机转速、指示故障保护情况的显示。

四、开关磁阻电机应用实例

混合动力城市公交车用开关磁阻电动机及控制系统由开关磁阻电动机及其控制器构成。电动机采用三相 12/8 板结构,铸铝外壳,自然冷却,控制器采用数字信号处理器作为主控芯片,实现了对开关磁阻电动机全数字化控制。系统的额定电压为直流 336 V,额定功率为 35 kW,峰值为 60 kW。发电功率为 50 kW,额定转速为 2 000 r/min,最高为 4 500 r/min。系统能在任意转速下实现可控的发电回馈制动。额定的总系统效率为 0.88,且在很宽的速度范围内电动工况和发电工况都具有高效率,两种工况下效率大于 0.8 的区域都超过 50%,最高效率在0.90以上系统的动态性能好,速度响应快。系统具有所要求的控制功能和完备的保护功能。系统非常适用于城市公交混合电动车,也可用作其他电动汽车的电机驱动系统。系统已成功应用于东风电动车辆股份有限公司所研制的EQ6110HEV混合动力城市公交车上。

东风混合动力城市公交车EQ6110HEV如图3-78所示,它由东风电动车辆股份有限公司自主研发,拥有完全自主知识产权。该车采用自主开发的11 m东风混合动力电动城市客车专用底盘,其驱动系统装载康明斯电控柴油发动机,风冷式开关磁阻电动机和高性能镍氢电池作为辅助动力,以并联方式参与驱动;具备停车断油和制动能量回馈功能;用户在使用过程中不需外接电源对车辆进行充电,与燃油客车比较,整车动力性能相当,减少温室气体排放30%,降低燃油消耗30%。

图3-78 采用开关磁阻电动机的东风混合动力城市公交车EQ6110HEV

【知识点7】 轮毂电机

轮毂电机技术又称为车轮内装式电机技术,是一种将电动机、传动系统和制动系统融为一体的轮毂装置技术,是现阶段先进电动汽车技术研究的热点之一。

从各种驱动技术的特点和发展趋势来看,采用轮毂电机技术是电动汽车的最终驱动形式。随着电池技术、动力控制系统和整车能源管理系统等相关技术研发的不断深入,电动机性能的不断提高,轮毂电机技术将在电动汽车上取得更大成功。

一、轮毂电机结构形式

轮毂电机驱动系统通常由电动机、减速机构、制动器与散热系统等组成。轮毂电机驱动系统根据电机的转子形式主要分成两种结构形式:内转子型和外转子型。图3-79所示为两种形式轮毂电机的结构简图。通常,外转子型采用低速外转子电机,电机的最高转速为1 000~1 500 r/min,无任何减速装置,电机的外转子与车轮的轮辋固定或者集成在一起,车轮的转速与电机相同。内转子型则采用高速内转子电机,同时装备固定传动比的减速器。为了获得较高的功率密度,电机的转速通常高达10 000 r/min。减速结构通常采用传动比为10:1左右的行星齿轮减速装置,车轮的转速为1 000 r/min左右。

高速内转子的轮毂电机的优点是具有较高的比功率,质量轻、体积小、效率高、噪声小、成本低;缺点是必须采用减速装置,使效率降低,非簧载质量增大,电机的最高转速受线圈损耗、摩擦损耗以及变速机构的承受能力等因素的限制。低速外转子电机的优点是结构简单、轴向尺寸小、比功率高,能在很宽的速度范围内控制转矩,且响应速度快,外转子直接和车轮相连,没有减速机构,因此效率高;缺点是如要获得较大的转矩,必须增大发动机体积和质量,因而成本高,加速时效率低,噪声大。这两种结构在目前的电动车中都有应用,但是随着紧凑的行星齿轮变速机构的出现,高速内转子式驱动系统在功率密度方面比低速外转子式更具竞争力。

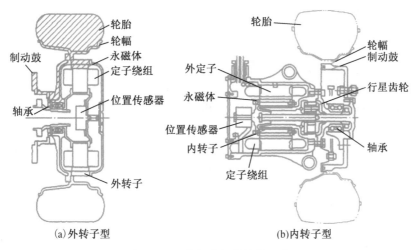

(a)外转子型　　　　　　　　(b)内转子型

图 3－79　轮毂电机的结构形式

轮毂电机动力系统由于电机电制动容量小,不能满足整车制动效能的要求,通常需要附加机械制动系统。轮毂电机系统中的制动器可以根据结构采用鼓式或者盘式制动器。由于电动机电制动容量的存在,往往可以使制动器的设计容量适当减小。大多数的轮毂电机系统采用风冷式进行冷却,也可采用水冷和油冷方式对电机、制动器等的发热部件进行散热降温,但结构比较复杂。

二、轮毂电机应用类型

轮毂电机系统的驱动电机按照电机磁场的类型分为轴向磁通和径向磁通两种类型。轴向磁通电机的结构更利于热量散发,并且它的定子可以不需要铁心;径向磁通电机定子、转子之间受力比较均衡,磁路由硅钢片叠压得到,技术更简单成熟。

轮毂电机的电机类型主要分为永磁、感应、开关磁阻式 3 种,其特点如下:

(1)无刷永磁同步电机可采用圆柱形径向磁场结构或盘式轴向磁场结构,具有较高的功率密度和效率,以及宽广的调速范围,已在国内外多种电动汽车中获得应用,发展前景十分乐观。

(2)感应(异步)电机的优点是结构简单、坚固耐用、成本低廉、运行可靠、转矩脉动小、噪声低,不需要位置传感器,转速极限高;缺点是驱动电路复杂,成本高,相对永磁电机而言,异步电机效率和功率密度偏低。

(3)开关磁阻式电机具有结构简单、制造成本低廉、转速高、转矩特性好等优点,适用于电动汽车驱动;缺点是设计和控制非常困难和精细,运行噪声大。

三、轮毂电机驱动方式

轮毂电机的驱动方式可以分为直接驱动和减速驱动两种基本形式。

直接驱动方式如图 3－80 所示,采用低速外转子电动机,轮毂电机与车轮组成一个完整部件总成,电机布置在车轮内部,直接驱动车轮带动汽车行驶。其主要优点是电机体积小、质量轻、成本低、系统传动效率高、结构紧凑,既有利于整车结构布置和车身设计,也便于改型设计。这种驱动方式直接将外转子安装在车轮的轮辋上驱动车轮转动。由于电动汽车在起步时需要较大的转矩,所以安装在直接驱动型电动轮中的电动机必须能在低速时提供大转矩;承载大转矩时需要大电流,易损坏电池和永磁体;电机效率峰值区域很小,负载电流超过一定值后效率急剧下降。为了使汽车能够有较好的动力性,电动机还必须具有很宽的转矩和转速调节范围。由于电机工作产生一定的冲击和振动,要求车轮轮辋和车轮支撑必须坚固、可靠;同时,由于非簧载质量大,要保证汽车的舒适性,要求对悬架系统进行优化设计。此方式适用于平路或负载小的场合。

减速驱动方式如图 3-81 所示,采用高速内转子电动机,适合现代高性能电动汽车的运行要求。这种电动轮采用高速内转子电动机,其目的是为了获得较高的功率。减速机构布置在电动机和车轮之间,起减速和增矩的作用,保证电动汽车在低速时能够获得足够大的转矩。电机输出轴通过减速机构与车轮驱动轴连接,使电机轴承不直接承受车轮与路面的载荷作用,改善了轴承的工作条件;采用固定速比行星齿轮减速器,使系统具有较大的调速范围和输出转矩,消除了车轮尺寸对电机输出转矩和功率的影响。但轮毂电机内齿轮的工作噪声比较大,并且润滑方面存在很多问题;其非簧载质量也比直接驱动式电动轮电驱动系统的大,对电机及系统内部的结构方案设计要求更高。

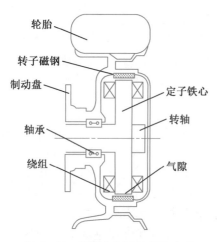

图 3-80　轮毂电机直接驱动方式

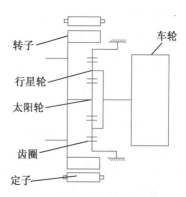

图 3-81　轮毂电机减速驱动方式

四、轮毂电机驱动系统的特点

轮毂电机驱动系统作为一种新兴的电机驱动形式,其布置非常灵活,可以根据汽车驱动方式分别布置在电动汽车的两前轮、两后轮或四个车轮的轮毂中。和其他驱动形式的电动汽车相比,轮毂电机驱动式电动汽车在动力源配置、底盘结构等方面有其独特的技术特征和优势,具体体现在以下几个方面。

(1)动力控制由硬连接改为软连接。通过电子线控技术,实现各电动轮从零到最大速度的无级变速和各电动轮间的差速要求,从而省略了传统汽车所需的机械式操纵变速装置、离合器、变速器、传动轴和机械差速器等,使驱动系统和整车结构简洁,有效可利用空间大,传动效率提高。

(2)各电动轮的驱动力直接独立可控,使其动力学控制更为灵活、方便;能合理控制各电动轮的驱动力,从而提高恶劣路面条件下的行驶性能。

(3)容易实现各电动轮的电气制动、机电复合制动和制动能量回馈,还能对整车能源的高效利用实施最优化控制和管理,节约能源。

(4)底架结构大为简化,使整车总布置和车身造型设计的自由度增加,若能将底架承载功能与车身功能分离,则可实现相同底盘不同车身造型的产品多样化和系列化,从而缩短新车型的开发周期,降低开发成本。

(5)若在采用轮毂电机驱动系统的四轮电动汽车上导入线控四轮转向技术,实现车辆转向行驶高性能化,可有效减小转向半径,甚至实现零转向半径,大大增加了转向灵便性。

五、轮毂电机驱动系统的关键技术

轮毂电机带来的新的技术挑战,主要包括以下方面。

(1)轮毂电机系统集驱动、制动、承载等多种功能于一体,优化设计难度大。

(2)车轮内部空间有限,对电机功率密度性能要求高,设计难度大。

(3)电机与车轮集成导致非簧载质量较大,使悬架隔振性能恶化,影响不平路面行驶条件下的汽车操控性和安全性。同时,轮毂电机将承受很大的路面冲击载荷,电机抗振要求苛刻。

(4)汽车在大负荷低速爬长坡工况下容易出现冷却不足导致的轮毂电机过热烧毁问题,电机的散热和强制冷却问题需要重视。

(5)车轮部位容易集存水和污物等,导致电机的腐蚀破坏,使寿命和可靠性受到影响。

(6)轮毂电机运行转矩的波动可能会引起汽车轮胎、悬架、转向系统的振动和噪声,以及其他整车声振问题。

六、轮毂电机应用实例

同济大学研发的"春晖三号—嘉乐"微型电动车为二门紧凑型微型电动车,如图3-82所示。该车动力平台采用燃料电池发动机和高功率锂离子电池为动力源,装备4个轮毂电机驱动;采用自主开发的控制系统,集成了最新的线控转向技术和制动能力回馈技术;整车具有结构简洁、有效空间大、传动效率高、转向灵活、零排放、无噪声等突出特点;最高车速为45 km/h,续驶里程为50 km。

图3-82　采用轮毂电机驱动的"春晖三号—嘉乐"微型电动车

【知识点8】 电动汽车电机故障及检测

一、异步电动机常见故障

从故障性质上看,鼠笼式异步电动机的故障大致可以分为电气性故障和机械性故障两大类,电气性故障主要包括定子绕组故障和转子导条故障,而机械性故障则包括由于机械上的原因而引起的气隙偏心故障和轴承故障。

1. 转子导条故障

转子故障主要有导条脱焊和断裂以及端环的损坏,产生这些故障的内因是工艺问题,外因是工作环境恶劣、电机频繁起动等。可是在实际中,制造工艺受到制造厂家技术水平的限制,频繁起动和工作条件又是实际所要求的,所以转子导条或端环经常发生开焊和断裂等故障是难免的。

转子导条或端环出现轻微故障时,通常只引起电机在恒转矩负载下的转差率增大,相应地引起定子电流和输入功率的增加。当转子导条出现比较严重的断裂时,电机的起动时间明显加长,甚至起动不起来。转子导条断裂故障若没有及时被发现并采取措施,会造成更严重的故障,如导条断裂可能引起相邻导条连续断裂;断裂的导条在高速运转的情况下和定子绕组可能产生划擦,造成扫膛故障,从而使定子绝缘损坏,带来定子绕组故障等。

2. 定子绕组故障

定子绕组故障主要是主绝缘和匝间绝缘损坏以及线圈烧损。产生故障的原因是外界因素,通风冷却不好、水蒸气或油泄入电机内部,甚至由于操作不当引起过电压或过电流、损坏绝缘等等。在电机的使用过程中只要改善工作条件,保证操作正确,定子方面的故障是可以大大减少的。特别是近年来,电机定子绕组的设计和制造取得了重大进展,定子绕组发生故障的概率大大降低。

定子绕组故障属于内部电气不对称故障的范畴,气隙磁场除存在高次谐波外,还存在很强的分数次谐波,绕组感应电势的谐波分量也很大,因而这类故障对电机的电、磁、热、力等都有较大影响。定子绕组短路匝数较少时,对电动机运行的影响很小,故障征兆表现不明显。但是短路处温度较高,长期发展下去将引起周围绝缘破坏,导致更为严重的匝间短路,甚至发生相间短路、单相对地短路、线圈和定子铁芯的烧损等严重故障。

3. 气隙偏心故障

产生气隙偏心故障的原因很多,主要有生产或装配不正确、轴承磨损、轴承弯曲以及电动机转速太高等。气隙偏心包括静态偏心和动态偏心。静态偏心是由定转子铁心椭圆、不同心以及安装等因素造成的,即定转子气隙之间的最小气隙在空间分布是静止的;动态偏心是由转轴弯曲扰动、轴承磨损、安装不同心等因素造成的,即当转子旋转中心与转子质心不同心时引起,它是时间和空间的函数。气隙偏心将产生不平衡磁拉力,并引起电机的振动和噪声变大,严重时将危及定转子铁心和绕组。

4. 轴承故障

电动机的机械故障也是影响其正常运行的重要因素,而其主要表现形式就是电动机的轴承损坏。轴承故障主要是由负载过重、润滑不良、安装不正、轴电流、异物进入等原因造成的,分为表面损伤类故障和磨损类故障。表面损伤类故障包括点蚀、剥落、擦伤等;一般说来,在正常情况下,滚动轴承的工作表面经过长时间的运行,会逐渐发生磨损现象,磨损类故障是轴承使用过程中必然出现的一类故障。轴承出现故障后,将引起电动机的异常振动。

二、异步电动机内部故障检测技术发展和现状

电动机内部故障将引起定子电流、机械振动、转子转速、定子绕组9:1、气隙磁场以及其他一些相应参数的不正常变化。电动机故障检测的主要工作就是如何对这些外在表现进行提取、检测和判定,并寻找这些参数变化和故障之间的对应关系。由于电动机长期处于高速运转或者高电压工作状态之下,运行环境恶劣,加上电动机的规格型号繁多,内部电磁关系非常复杂,而且各种故障特征分散、模糊、交叉或重叠,给故障检测带来了很大困难。多年来,国内外许多学者和专家一直在探索方便、快捷、准确的电动机故障检测方法,尤其近十余年间,由于各种新的分析方法以及各种新技术的出现,使得该领域内的检测技术取得了很大的进展。

思考与练习

一、填空题

1. 电机驱动系统是电动汽车的心脏,它由电动机、_____、控制器、各种_____和电源(蓄电池)组成。

2. 电动汽车电机驱动系统按所选电动机的类型可分为_____、无刷直流电动机、异步电动机、_____和开关磁阻电动机等。

3. 电枢绕组是用来_____、通过电流并产生_____或电磁转矩,使电机能够实现机电能量转换的核心构件。

4. 直流电动机的常用起动方法有直接起动、_____和_____三种。

5. 直流电动机有_____、改变励磁电流和_____三种调速方式。

6. 直流电动机的制动有能耗制动、_____、_____三种形式。

7. 异步电动机的种类很多,按照转子结构来分,有_____电动机和_____电动机。

8. 异步电机的定子由_____、定子绕组和_____三部分构成。

9. 永磁同步电动机按永磁体在转子上的放置方式不同,又可以形成_____和_____结构。

10. 开关磁阻电动机的运行特性可分为3个区域:_____、_____、串励特性区。

11. 轮毂电机驱动系统通常由_____、减速机构、_____与_____等组成。

12. 轮毂电机驱动系统根据电机的转子形式主要分成两种结构形式:_____和外转子型。

13. 轮毂电机的驱动方式可以分为_____和_____两种基本形式。

二、简答分析题

1. 电动汽车用电动机主要有哪几种？其特点是什么？

2. 电动汽车对电动机有哪些要求？

3. 直流电动机有哪些类型？

4. 无刷直流电动机的工作原理是什么？其控制方法有哪些？

5. 异步电动机的工作原理是什么？其控制方法有哪些？

6. 永磁同步电动机的运行原理与特性是什么？

7. 开关磁阻电动机的工作原理是什么？其控制方法有哪些？

8. 轮毂电机驱动方式有哪几种？轮毂电机驱动系统有哪些特点？

模块三　电动汽车能量管理与回收系统

在 2020 年中国汽车风云盛典中，荣登"年度最佳新能源车"奖项的比亚迪汉 EV（如图 3-83），可以 3.9 秒加速破百，搭载了新能源车最领先的车身动态稳定技术，配合由前奔驰底盘专家精心调校出的悬挂系统，可以 80 km/h 时速从容通过麋鹿测试。新车还搭载博士 IPB 智能集成制动系统，百公里刹车距离 32.8 米，世界第一。充电 10 分钟续航 135 公里，最快充电；25 分钟充电 30% 到 80%，真实续航超过 600 km，搭载最新智能温控系统低温性能也很好。另外能量回收近 35%，意味着汉 EV 可以开到 700+ km。

图 3-83　比亚迪汉 EV

汉 EV 搭载的 IPB 集成制动控制系统采用博世最新技术，不仅制动响应更迅速、控制更精确，还可以显著增强制动能量回收的效率。数据显示，汉制动能量回收系统可回馈的最低速度为 2 km/h，覆盖城市拥堵路况下 90% 以上制动场景，可比其他车型多回收 10% 的制动能量"反哺"续航。不止于走走停停的拥堵路况，汉在 ACC 自适应巡航开启时，也同样具备制动能量回收能力。

【知识点 1】　电动汽车能量管理系统

能量管理系统（Energy Management System, EMS）在电动汽车中非常重要，它由硬件系统和软件系统组成，如图 3-84 所示。能量管理系统具有从电动汽车各子系统采集运行数据，控制完成电池的充电，显示蓄电池的荷电状态（SOC），预测剩余行驶里程，监控电池的状态，调节车内温度，调节车灯亮度，以及回收再生制动能量为蓄电池充电等功能。能量管理系统中最主要的是电池管理系统。

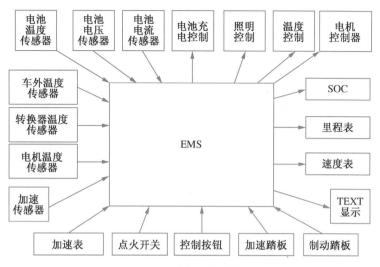

图 3-84 电动汽车能量管理系统

一、电池管理系统的功能

电池管理系统是集监测、控制与管理为一体的复杂的电气测控系统,也是电动汽车商品化、实用化的关键。电池管理的核心问题就是 SOC 的预估问题,电动汽车电池操作窗 SOC 的合理范围是 30%~70%,这对保证电池寿命和整体的能量效率至关重要。电动汽车在运行时,电池的放电和充电均为脉冲工作模式,大的电流脉冲很可能会造成电池过充(超过 80%SOC)、深放(小于 20%SOC)甚至过放(小于 10%SOC),因此,电动汽车的控制系统一定要对电池的荷电状态敏感,并能够及时做出准确的调整。这样电池能量管理系统才能根据电池容量决定电池的充放电电流,从而实施控制。根据各个电池容量的不同,识别电池组中各电池间的性能差异,并以此做出均衡充电控制和电池是否损坏的判断,确保电池组的整体性能良好,延长电池组的寿命。

准确和可靠地获得电池 SOC 是电池管理系统中最基本和最首要的任务,在此基础上才能对电动汽车的用电进行管理,特别是防止电池的过充及过放。蓄电池的荷电状态是不能直接得到的,只能通过对电池特性——电压、电流、电池内阻、温度等参数来推断。这些参数与 SOC 的关系并不是简单的对应关系。

典型的电池管理系统应具备如下功能。

(1)实时采集电池系统运行状态参数。实时采集电动汽车蓄电池组中的每块电池的端电压和温度、充放电电流及电池组总电压等。由于电池组中的每块电池在使用中的性能和状态不一致,因而对每块电池的电压、电流和温度数据都要进行监测。

(2)确定电池的 SOC,准确估测动力电池组的 SOC,从而随时预报电动汽车储能电池还剩余多少能量或储能电池的 SOC,使电池的 SOC 值控制在 30%~70%的工作范围内。

(3)故障诊断与报警。当蓄电池电量或能量过低需要充电时,及时报警,以防止电池过放电而损害电池的使用寿命;当电池组的温度过高,非正常工作时,及时报警,以保证蓄电池正常工作。

(4)电池组的热平衡管理。电池热管理系统是电池管理系统的有机组成部分,其功能是通过风扇等冷却系统和热电阻加热装置使电池温度处于正常工作温度范围内。

（5）一致性补偿。当电池之间有差异时，有一定的措施进行补偿，保证电池组表现能力更强，并有一定的手段来显示性能不良的电池位置，以便修理替换。一般采用充电补偿功能，设计有旁路分流电路，以保证每个单体都可以充满电，这样可以减缓电池老化的进度，延长电池的使用寿命。

（6）通过总线实现各监测模块和中央处理单元的通信。在电动汽车上实现电池管理的难点和关键在于如何根据采集的每块电池的电压、温度和充放电电流的历史数据，建立确定每块电池剩余能量的较精确的数学模型，即准确估计电动汽车蓄电池的 SOC 状态。电池管理系统对外提供了两路 CAN 总线接口，包括一路与整车 CAN 总线网络连接的 CAN1 和一路与具有 CAN 总线接口充电器相连的 CAN2。

二、纯电动汽车能量管理系统

1. 纯电动汽车能量管理系统的组成

纯电动汽车能量管理系统的基本结构如图 3-85 所示，它主要由电池输入控制器、车辆运行状态参数、车辆操纵状态、能量管理系统 ECU、电池输出控制器、电机发电机系统控制等组成。能量管理系统 ECU 的参数包括各电池组的状态参数（如工作电压、放电电流和电池温度等）、车辆运行状态参数（如行驶速度、电动机功率等）和车辆操纵状态（如制动、起动、加速和减速等）等。能量管理系统具有对检测的状态参数进行实时显示的功能。ECU 对检测的状态参数按预定的算法进行推理与计算，并向电池、电动机等发出合适的控制和显示指令等，实现电池能量的优化管理与控制。

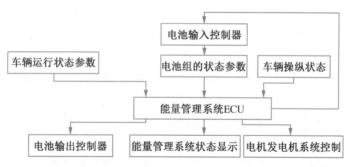

图 3-85 纯电动汽车能量管理的系统的基本结构

2. 电池荷（充）电状态指示器

电池荷（充）电状态指示器是能量管理系统的一个重要组成。电动汽车蓄电池中储存有多少电能，还能行驶多少里程，是电动汽车行驶中必须知道的重要参数。与燃油汽车的油量表类似的仪表就是电池荷（充）电状态指示器，它是能量管理系统的一个重要装置。因此，在电动汽车中要装备满足这一需求的仪表，即电池荷（充）电状态指示器。

3. 电池管理系统

电池管理系统是能量管理系统的一个子系统。电动汽车电池携带的能量是有限的，也是非常宝贵的。为了增加电动汽车的续驶里程，对电池系统进行全面、有效的管理是十分必要的。蓄电池管理系统在汽车运行过程中需完成的任务多种多样，其主要任务是保持电动汽车蓄电池性能良好，并优化各蓄电池的电性能和保存、显示测试数据等。

目前主要根据实际情况,确定纯电动汽车的电池管理系统具体的功能和形式。电池管理系统设计包括硬件系统的设计和软件系统的设计。

硬件系统的设计取决于管理系统实现的功能,基本要实现对动力电池组的合理管理,即保证采集数据的准确性、可靠稳定的系统通信抗干扰性。在具体实现过程中,根据设计要求确定需要采集的动力电池组的数据类型,根据采集量及精度要求确定前向通道的设计,根据通信数据量及整车的要求选用合理的总线。

图 3-86 是某电池管理系统的结构框图。

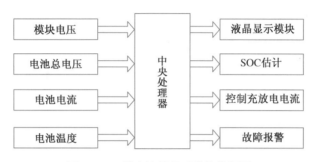

图 3-86　某电池管理系统结构框图

电池的 SOC 一部分是经过对电流的积分得到的,电流信号检测的精度直接影响系统的 SOC 的准确度,因此,要求电流转换隔离放大单元在较大范围内有较高的精度,较快的响应速度,较强的抗干扰能力,较好的零飘、温飘抑制能力和较高的线性度。电流转换隔离放大单元是用电流性霍尔元件将-400 A～400 A 的电流(充电电流为正,放电电流为负)转换为电压信号。电流的采样精度要求为 1%。

电池的温度是判断电池能否正常使用的关键性参数,如果电池的温度超过一定值,有可能造成电池的不可恢复性破坏。电池组之间的温度差异造成电池组的单体之间的不均衡,从而会造成电池寿命的降低,系统中温度采样单元通过总线数字化温度传感器完成,温度采样精度可达到 0.5℃。

电压是判断电池组好坏的重要依据,系统要求能得到电池组在同一时刻的电压值的变化和各电池组的值,通过算法来找出问题电池组,因此,电压的采样精度要求比较高,本系统采用的单片机内部自带 A/D 转换功能,精度可以达到 0.1 V。

电动汽车中电动机等强电磁干扰源的存在对系统的抗干扰性要求较高,所以要求系统从硬件设计、印刷电路板的制作和软件程序方面提高系统的抗干扰性。

本硬件系统是基于 ATMEGA8L 单片机进行设计的。

(1)电压采样的实现。电压采样是对电动汽车电池组的电压进行采样,每个电池组由 10 个单体电池构成。本系统中一共有 14 个电池组组成电动汽车的动力电池。电压数据采集方案硬件原理如图 3-87 所示,每个电池为一个电池组。

ATMEGASL 通过逻辑控制单元,控制高压开关阵列的通断来采样电池组电压,电压信

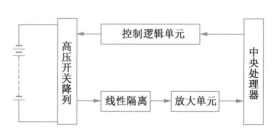

图 3-87　电压数据采集方案硬件原理图

号经过线性隔离器件,再经放大后输入到 ATMEGA8L 的 A/D。

（2）电流采样的实现。电流的采样是估计电池 SOC 的主要依据,因此,对其采样的精度,抗干扰能力,零飘、温飘和线性度误差的要求都很高。在这里采用电流传感器 LT308 (LEM),该电流传感器是基于霍尔原理的闭环(补偿)电流传感器,具有高的精度、良好的线性度和最佳的反应时间,同时也具有很好的抗干扰能力。其一次的额定电流为 300 A,满足系统设计的要求。二次的额定电流为 150 mA,其转换率为 1:2 000。供电电源为 ±12 V 或 ±15 V。电流采样部分电路如图 3-88 所示。

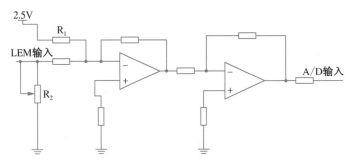

图 3-88　电流采样部分电路

LEM 的输入电流经过可调电阻 R_2 转换为电压信号,可调电阻用于调节电流与其对应的电压之间的比例关系。由于从 LEM 过来的电流是双向的,因此,其转换得到的电压是以地(GND)为中心变化的一个正负电压,而选用的模数转换器是单向的,必须将其电压提供至 0 V 以上。为此,设计一个加法器(前端的运算放大器),它的功能是将以 0 V 为中心的正负电压提升至以 2.5 V 为中心的正电压。后端的运算放大器为一个反相器,将由加法器得到的负电压转换为正电压,同时起到功率放大的作用。通过两级运放,最终将信号变为 0~5 V 的标准信号进入 A/D 转换器。

电阻 R_1 前端的 2.5 V 电压是通过稳压器件调整得到的,它的稳定性关系到系统零点的稳定,对电流采样有重要的意义。采用高精度的电压参考源 AD580,其输出精度为 2.5×(1±0.4%)V,完全满足设计要求。

（3）温度采样的实现。温度传感器采用美国 DALLAS 公司继 DS1820 之后推出的增强型单总线数字温度传感器 DS18B20,它在测温精度、转换时间、传输距离、分辨率等方面较 DS1820 有了很大的改进,给用户带来了更方便的使用界面和更令人满意的效果。

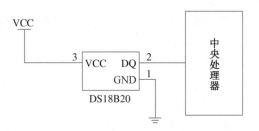

图 3-89　温度采集电路

温度采集电路如图 3-89 所示。温度检测系统采用直接电源供电方式。当 DS18B20 处于写存储器操作和温度 A/D 变换操作时,总线上必须有强的上拉,上拉开启时间最大为 10 ms。由于单线制只有一根线,因此,发送接收口必须是三态的。同时由于读写在操作上是分开的,故不存在信号竞争问题。

无论是单点还是多点温度检测,在系统安装及工作之前,应将主机逐个与 DS18B20 挂接,读出其序列号。

(4)抗干扰措施的设计。由于电池管理系统用在情况比较复杂的电动汽车上,所以干扰可以沿各种线路侵入单片机系统,其主要的渠道有3条:空间干扰、供电系统干扰、过程通道干扰。干扰对单片机系统的作用可以分为3个部位:第1个部位是输入系统,干扰叠加在信号上,使数据采集误差增大,特别在前向通道的传感器接口是小电压信号输入时,此现象会更加严重;第2个部位是输出系统,使各输出信号混乱,不能正常反映单片机系统的真实输出量,导致一系列严重后果;第3个部位是单片机系统的内核,使总线上的数字信号错乱,程序运行失常,内部程序指针错乱,控制状态失灵,单片机中数据被修改,更严重的会导致死机,使系统完全崩溃。

硬件抗干扰效率高,若硬件措施得当,可以将绝大多数干扰拒之门外。硬件抗干扰技术主要有电隔离、双绞线传输和终端阻抗匹配、硬件滤波、良好的接地、屏蔽等。

在单片机系统中,充分挖掘软件的抗干扰能力可以将干扰的影响抑制到最小。软件抗干扰设计主要是消除模拟输入信号的噪声,程序运行混乱时使程序重新正常运行。软件抗干扰技术主要有数字滤波和程序运行监视系统。

(5)车载CAN通信设计实现。电池管理系统是混合电动车车载电气系统的一部分,它与整车控制系统的通信联系是通过CAN通信来实现的。在电池管理系统中,CAN通信是由外围设置CAN的控制器和接收器组成的通信模块实现的,它的设计原理图如图3-90所示。

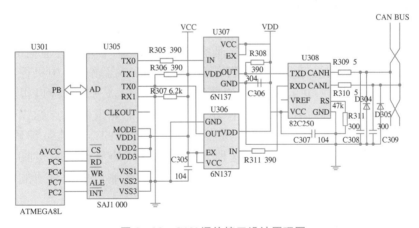

图3-90 CAN通信接口设计原理图

从图3-90中可以看出,电路主要由4部分构成:微处理器ATMEGA8L、CAN控制器SAJ1000、CAN总线驱动器82C250和高速光电耦合器6N137。

为了增强CAN总线节点的抗干扰能力,SAJ1000的CAN接口不是直接与82C250的TXD和RXD相连,而是通过高速光耦6N137后与82C250相连,这样就很好地实现了总线上各CAN节点间的电气隔离。同时光耦部分电路所采用的两个电源VCC和VDD也完全隔离,否则采用光耦就失去了意义。电源的完全隔离采用的是两个小功率的隔离电源模块来实现的。这些部分虽然增加了接口电路的复杂性,但是却提高了节点稳定性和安全性。

82C250与CAN总线的接口部分也采用了一定的安全和抗干扰措施。82C250的

CANH 和 CANL 引脚各自通过一个 5 Ω 的电阻与 CAN 总线相连,电阻可起到一定的限流作用,保护 82C250 免受过流的冲击。CANH 和 CANL 与地之间并联了两个 30PF 的小电容,可滤除总线上的高频干扰,具有一定的防电磁辐射的能力。另外,在两个 CAN 总线上与地之间分别接一个防雷击管,可以防止总线与地之间的瞬间干扰。

电池管理系统的软件主要包括 3 个部分:中央处理单元的管理部分、各 ECU 的测量与控制部分、整个系统的通信部分。

电池管理系统的主要任务是检查电池的电压、电流和温度。通过对测量参数的分析,估计电池的剩余容量并做出各种错误报警。系统软件是基于 ATMEGA8L 的 C 语言实现的,主要有以下几部分:系统初始化、参数检测及滤波、剩余容量估计、通信、数据诊断报警。

(1) 系统内存配置。ATMEGA8L 有两种类型的存储器:程序存储器(主要包含可执行程序代码)和数据存储器(主要包含外部变量、静态变量、系统堆栈),由 C 语言生成的每一块程序或数据存放于存储器空间的一个连续的段中。

(2) 参数检测及滤波。电压、电流的检测都是通过 AD 中断采集的。ADC 转换结果为 10 位,存放于 ADC 数据寄存器 ADCH 及 ADCL 中。默认情况下转换结果为右对齐但可通过设置 ADMUX 寄存器的 ADLAR 变为左对齐。在此设计中,采用默认右模式。在读 ADCH 之前又一次 ADC 转换结束,数据寄存器的数据也不会更新,从而保证了转换结果不丢失。

(3) 剩余容量估计。剩余容量估计在系统软件中分 3 部分:开机参数初始化、数据采集及电流积分、根据估计模型进行计算。

(4) CAN 通信。CAN 通信是电池管理系统与整车控制单元进行通信的中介,电池管理系统把电池的 SOC、温度及相关报警信息发送到 CAN 总线上,中央控制单元接收到数据后对数据进行处理,进行对整车的控制。在系统中,CAN 总线以报文为单位进行数据传输,节点对总线的访问采取位仲裁方式。报文起始发送节点标识符分为地址标识符和功能标识符,CAN 协议的最大特点是打破了传统的节点地址编码方式,扩展了对系统数据进行编码的方式。采用这种方式可使不同的节点同时接收到相同的数据。数据标识符的值越小,帧数据的优先级越高。CAN 控制器监听总线的电平决定发送数据是否有效。

CAN 总线智能节点的软件设计主要包括 3 大部分:CAN 节点初始化、报文发送和报文接收。熟悉这 3 部分程序设计,就能编写出利用 CAN 总线进行通信的一般应用程序。当然,如果将 CAN 总线应用于比较复杂的系统中,还应该详细了解有关 CAN 总线错误处理、总线关闭处理等方面的错误。

CAN 通信初始化过程只能在复位模式下进行,主要包括工作方式的设置、接收滤波方式的设置、接收屏蔽寄存器和接收代码寄存器的设置等。在完成 SJA1000 的初始化设置以后,SJA1000 就可以回到工作状态,进行正常的通信任务。

(5) 数据诊断报警。在此电池管理系统中,对电池组相关的数据进行分析处理是关键,也是电池管理系统的核心所在。这中间涉及温度的诊断、电压高低的诊断、电池组好坏的诊断等,并且要在危险情况下做出紧急处理和报警。

例如,在温度诊断中,利用总线式温度传感器对电池温度进行检测,当温度高于设定的上下限后,要断开电池组的充电电路。

电压高低也要做出相应诊断,以免电动汽车电池组出现过充或坏电池现象,对于电池组中出现的坏电池现象,也在程序中做了相应的算法,以发现坏电池所在电池组,并显示在液晶屏中,方便更换电池组。

三、混合动力电动汽车能量管理系统

作为一种新型的多能量交通工具,混合动力电动汽车的性能与其采用的能量管理策略密切相关,其能量管理策略是传统燃油汽车与纯电动汽车完美结合的纽带,是混合动力电动汽车成败的最终决定性因素。

能量管理策略的控制目标是根据驾驶员的操作,如加速踏板、制动踏板等,判断驾驶员的意图,在满足车辆动力性能的前提下,最优地分配电机、发动机、动力电池等部件的功率输出,实现能量的最优分配,提高车辆的燃油经济性和排放性能。由于混合动力汽车中电池不需要外部充电,能量管理策略还应考虑动力电池的荷电状态平衡,以延长电池寿命,降低车辆维护成本。

混合动力电动汽车的能量管理系统十分复杂,并且随系统组成的不同而呈现出很大差异。下面简单介绍3种混合动力电动汽车的能量管理策略。

1. 串联式混合动力电动汽车的能量管理策略

由于串联式混合动力电动汽车的发动机与汽车行驶工况没有直接联系,因此,能量管理策略的主要目标是使发动机在最佳效率区和排放区工作。为了优化能量分配整体效率,还应考虑传动系统的动力电池、发动机、电动机和发电机等部件。串联式混合动力电动汽车有3种基本的能量管理策略。

(1)恒温器策略。当动力电池SOC低于设定的低门限值时,起动发动机,在最低油耗或排放点按恒功率模式输出,一部分功率用于满足车轮驱动功率要求,另一部分功率给动力电池充电。而当动力电池组SOC上升到所设定的高门限值时,发动机关闭,由电动机驱动车辆。其优点是发动机效率高、排放低,缺点是动力电池充放电频繁,加上发动机开关时的动态损耗,使得系统总体的损失功率变大,能量转换效率较低。

(2)功率跟踪式策略。由发动机全程跟踪车辆功率需求,只有在动力电池的SOC大于SOC设定上限时,且仅由动力电池提供的功率能满足车辆需求时,发动机才停机或怠速运行。由于动力电池容量小,动力电池充放电次数减少而使得系统内部损失减少。但是发动机必须在从低到高的较大负荷区内运行,使得发动机的效率和排放不如恒温器策略。

(3)基本规则型策略。该策略综合了恒温器策略与功率跟踪式策略二者的优点,根据发动机负荷特性图设定了高效率工作区,根据动力电池的充放电特性设定了动力电池高效率的荷电状态范围,并设定一组控制规则,根据需求功率和SOC进行控制,以充分利用发动机和动力电池的高效率区,使其达到整体效率最高。

2. 并联式混合动力电动汽车的能量管理策略

并联式混合动力电动汽车的能量管理策略基本属于基于转矩的控制。目前主要有以下4类。

(1)静态逻辑门限策略。该策略通过设置车速、动力电池SOC上下限、发动机工作转矩等一组门限参数,限定动力系统各部件的工作区域,并根据车辆实时参数及预先设定的

规则调整动力系统各部件的工作状态,以提高车辆整体性能。其实现简单,目前实际应用较为广泛,但由于主要依靠工程经验设置门限参数,静态逻辑门限策略无法保证车辆燃油经济性最优,而且这些静态参数不能适应工况的动态变化,无法使整车系统达到最大效率。

(2) 瞬时优化能量管理策略。针对静态逻辑门限策略的缺点,一些学者提出了瞬时优化能量管理策略。瞬时优化策略一般是采用"等效燃油消耗最少法"或"功率损失最小法",二者原理类似。其中"等效燃油消耗最少法"将电机的等效油耗与发动机的实际油耗之和定义为名义油耗,将电机的能量消耗转换为等效的发动机油耗,得到一张类似于发动机万有特性图的电机等效油耗图。在某一个工况瞬时,从保证系统在每个工作时刻的名义油耗最小出发,确定电机的工作范围(用电机转矩表示),同时确定发动机的工作点,对每一对工作点计算发动机的实际燃油消耗,以及电机的等效燃油消耗,最后选名义油耗最小的点作为当前工作点,实现对发动机、电机输出转矩的合理控制。为了将排放一同考虑,该策略还可采用多目标优化技术,采用一组权值来协调排放和燃油同时优化存在的矛盾。"等效燃油消耗最少法"在每一步长内是最优的,但无法保证在整个运行区间内最优,而且需要大量的浮点运算和比较精确的车辆模型,计算量大,实现困难。

(3) 全局最优能量管理策略。全局最优能量管理策略是应用最优化方法和最优控制理论开发出来的混合动力系统能量分配策略,目前主要有基于多目标数学规划方法的能量管理策略、基于古典变分法的能量管理策略和基于 Bellman 动态规划理论的能量管理策略3种。

研究最为成熟的是基于 Bellman 动态规划理论的能量管理策略,该方法首先建立空间状态方程,然后计算在约束条件下满足性能指标的最优解。为了满足电池荷电状态平衡的约束条件,采用拉格朗日乘子法推导出的性能指标,除了包含燃油消耗外,还包括荷电状态变化量。采用迭代方法计算其拉格朗日系数,可以得到满足荷电状态平衡约束条件的最优解。该方法只能用于特定的驾驶循环,即必须预先精确知道车辆的需求功率,因而不能用于在线控制。

全局最优模式实现了真正意义上的最优化,但实现这种策略的算法往往都比较复杂,计算量也很大,在实际车辆的实时控制中很难得到应用。通常的做法是把应用全局最优算法得到的能量管理策略作为参考,以帮助总结和提炼出能用于在线控制的能量管理策略,如与逻辑门限策略等相结合,在保证可靠性和实际可能性的前提下进行优化控制。

(4) 模糊能量管理策略。该策略基于模糊控制方法来决策混合动力系统的工作模式和功率分配,将"专家"的知识以规则的形式输入模糊控制器中,模糊控制器将车速、电池 SOC、需求功率/转矩等输入量模糊化,基于设定的控制规则来完成决策,以实现对混合动力系统的合理控制,从而提高车辆整体性能。基于模糊逻辑的策略可以表达难以精确定量表达的规则,可以方便地实现不同影响因素(功率需求、SOC、电机效率等)的折中,鲁棒性好,但是模糊控制器的建立主要依靠经验,无法获得全局最优。

3. 混联式混合动力电动汽车的能量管理策略

混联式混合动力电动汽车由于其特有的传动系统结构(如采用行星齿轮传动),除了采用瞬时优化能量管理策略、全局最优能量管理策略和模糊能量管理策略(与并联式混合动力汽车能量管理策略原理类似)以外,还有如下一些特有的能量管理策略。

（1）发动机恒定工作点策略。由于采用了行星齿轮机构，发动机转速可以独立于车速变化，这样使发动机始终工作在最优工作点，提供恒定的转矩输出，而剩余的转矩则由电动机提供。这样由电动机负责动态部分，避免了发动机动态调节带来的损失，而且与发动机相比，电动机的控制也更为灵敏，易于实现。

（2）发动机最优工作曲线策略。发动机工作在万有特性图中的最佳油耗线上，只有当发电机电流需求超出电池的接受能力或者当电动机驱动电流需求超出电动机或电池的允许限制时，才调整发动机的工作点。

混合动力电动汽车的实际运行工况十分复杂，主要包括起步、加速、减速、巡航、上坡、下坡、制动、停车、倒车等。混合动力电动汽车由两种动力源驱动，由于发动机和电动机两套动力系统分别具有不同的高效工作区，为了充分发挥混合动力系统的优势，汽车在不同的运行工况下，应具有多种不同的工作模式，以充分提高车辆整体性能。

【知识点2】 电动汽车再生制动能量回收系统

再生制动是指电动汽车在减速制动（或者下坡）时将汽车的部分动能转化为电能，转化的电能储存在储存装置中，如各种蓄电池、超级电容和超高速飞轮，最终增加电动汽车的续驶里程。如果储能器已经被完全充满，再生制动就不能实现，所需的制动力就只能由常规的制动系统提供。

图3-91为电动汽车的再生制动/液压制动系统的基本结构，当驾驶员踩下制动踏板后，电泵使制动液增压产生所需的制动力，制动控制与电机控制协同工作，确定电动汽车上的再生制动力矩和前后轮上的液压制动力。再生制动时，再生制动控制回收再生制动能量，并且反充到动力电池中。与传统燃油车相同，电动汽车上的ABS及其控制阀的作用是产生最大的制动力。

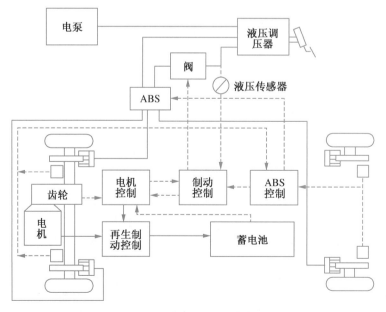

图3-91 电动汽车的再生制动/液压制动系统的基本结构

一、再生制动能量回收的方法和类型

再生制动能量回收的基本原理是先将汽车制动或减速时的一部分机械能(动能)经再生系统转换(或转移)为其他形式的能量(旋转动能、液压能、化学能等),并储存在储能器中,同时产生一定的负荷阻力使汽车减速制动;当汽车再次起动或加速时,再生系统又将储存在储能器中的能量转换为汽车行驶所需要的动能(驱动力)。

1. 再生制动能量回收方法

根据储能机理不同,电动汽车再生制动能量回收的方法也不同,主要有 3 种,即飞轮储能、液压储能和电化学储能。

飞轮储能是利用高速旋转的飞轮来储存和释放能量,能量回收系统原理图如图 3 - 92 所示。当汽车制动或减速时,先将汽车在制动或减速过程中的动能转换成飞轮高速旋转的动能;当汽车再次起动或加速时,高速旋转的飞轮又将存储的动能通过传动装置转化为汽车行驶的驱动力。

图 3 - 92　飞轮储能式再生制动能量回收系统原理图

图 3 - 93 是一种飞轮储能式再生制动能量回收系统示意图。系统主要由发动机、高速储能飞轮、增速齿轮、离合器和驱动桥组成。发动机用来提供驱动汽车的主要动力,高速储能飞轮用来回收再生制动能量及作为负荷平衡装置,为发动机提供辅助的功率以满足峰值功率的要求。

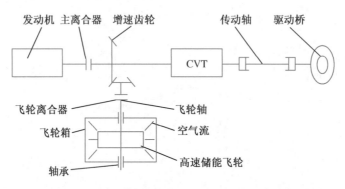

图 3 - 93　飞轮储能式再生制动能量回收系统示意图

液压储能式再生制动能量回收系统原理图如图 3 - 94 所示。它是先将汽车在制动或减速过程中的动能转换成液压能,并将液压能储存在液压储能器中;当汽车再次起动或加速时,储能系统又将储能器中的液压能以机械能的形式反作用于汽车,以增加汽车的驱动力。

图 3 - 94　液压储能式再生制动能量回收系统原理图

图 3 - 95 是液压储能式再生制动能量回收系统示意图。系统由发动机、液压泵/电动机、储能器、变速器、驱动桥、离合器和液压控制系统组成。汽车起动、加速或爬坡时,液控离合器接合,液压储能器与连动变速器连接,液压储能器中的液压能通过液压泵/电动机转化为驱动汽车的动能,用来辅助发动机满足驱动汽车所需要的峰值功率。减速时,电控元件发出信号,使系统处于储能状态,将动能转换为压力能储存在液压储能器内,这时汽车行驶阻力增大,车速降低直至停车。在紧急制动或初始车速较高时,能量再生系统不工作,不影响原车制动系统正常工作。

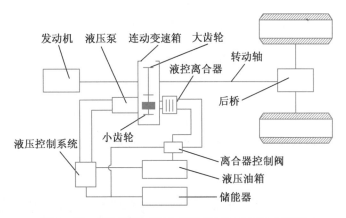

图 3 - 95　液压储能式再生制动能量回收系统示意图

　　电化学储能式再生制动能量回收系统原理图如图 3 - 96 所示。它是先将汽车在制动或减速过程中的动能,通过发电机转化为电能并以化学能的形式储存在储能器中;当汽车再次起动或加速时,再将储能器中的化学能通过电动机转化为汽车行驶的动能。储能器可采用蓄电池或超级电容,由发电机/电动机实现机械能和电能之间的转换。系统还包括一个控制单元,用来控制蓄电池或超级电容的充放电状态,并保证蓄电池的剩余电量在规定的范围内。

图 3 - 96　电化学储能式再生制动能量回收系统原理图

　　图 3 - 97 是一种用于前轮驱动汽车的电化学储能式再生制动能量回收系统示意图。当汽车以恒定速度或加速度行驶时,电磁离合器脱开。当汽车制动时,行车制动系统开始工作,汽车减速制动,电磁离合器接合,从而接通驱动轴和变速器的输出轴。这样,汽车的动能由输出轴、离合器、驱动轴、驱动轮和从动轮传到发动机和飞轮上。制动时的机械能由电动机转换为电能,存入蓄电池。当离合器再分离时,传到飞轮上的制动能,驱动发电机产生电能,存入蓄电池。在发电机和飞轮回收能量的同时,产生负载作用,作为前轮驱动的制动力。当汽车再次起动时,蓄电池的化学能被转换成机械能用来加速汽车。

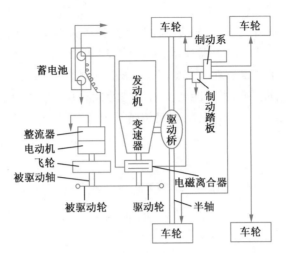

图 3-97　电化学储能式再生制动能量回收系统示意图

电动汽车一般采用这种形式实现再生制动能量回收,采用的办法是在制动或减速时将驱动电动机转化为发电机。

2. 再生制动能量回收系统的类型

再生制动能量回收系统的类型因储能方法不同而不同,主要有电能式、动能式、液压式。

电能式主要由发电机、电动机和蓄电池或超级电容组成,一般在电动汽车上使用;动能式主要由飞轮、无级变速器构成,一般在公交汽车上使用;液压式主要由液压泵/电动机、储能器组成,一般在工程机械或大型车辆上使用。

二、电动汽车的再生制动能量回收系统

再生制动能量回收问题对于提高电动汽车的能量利用率具有重要意义。在汽车制动过程中,汽车的动能通过摩擦转化为热能耗散掉,浪费了大量的能量。有关研究数据表明,在几种常见城市工况下,大量的驱动能量被转化为制动能量而消散掉。从平均数值看,制动能量占总驱动能量的50%左右。

在电动汽车上采取再生制动能量回收方法,有如下作用。

(1) 在目前电动汽车的储能元件没有大的突破与发展的实际情况下,再生制动能量回收装置可以提高电动汽车的能量利用率,延长电动汽车的行驶里程。

(2) 电制动与传统制动相结合,可以减轻传统制动器的磨损,增长其使用周期,达到降低成本的目的。

(3) 可以减少汽车制动器在制动,尤其是缓速下长坡及滑行过程中产生的热量,降低汽车制动器的热衰退,提高汽车的安全性和可靠性。

再生制动系统的结构与原理如图 3-98 所示,由驱动轮、主减速器、变速器、电动机、AC/DC 转换器、DC/DC 转换器、能量储存系统及控制器组成。

汽车在制动或滑行过程中,根据驾驶员的制动意图,由制动控制器计算得到汽车需要的总制动力,再根据一定的制动力分配控制策略得到电动机应该提供的电动机再生制动力,电动机控制器计算需要的电动机电枢中的制动电流,通过一定的控制方法使电动机跟踪需要的制动电流,从而较准确地提供再生制动力矩,在电动机的电枢中产生的电流经 AC/DC 整

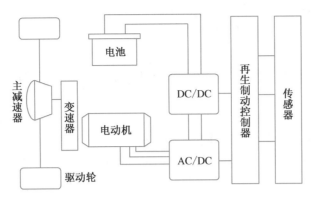

图 3 - 98　再生制动系统结构与原理

流再经 DC/DC 控制器反充到储能装置中保存起来。

在城市循环工况下,汽车的平均车速较低,负荷率起伏变化大,需要频繁地起动和制动,相关研究显示,汽车制动过程中以热能方式消耗到空气中的能量约占驱动总能量的 50% 左右,如果可以将该部分损失的能量加以回收利用,汽车的续驶里程将会得到很大提高。有关资料显示,具有再生制动能量回收系统的电动汽车,一次充电续驶里程至少可以增加 10%～30%。

下面简单介绍几种电动汽车再生制动能量回收系统。

1. Eco-Vehicle 制动控制系统

Eco-Vehicle 是日本开发的一款电动车,该车制动系统使用了传统制动系统不具有的制动压力控制阀单元,控制单元安装在主缸和前后制动器之间的液压回路中,同时压力控制阀还包括主缸压力传感器和两个由制动控制器控制的电磁调节器,如图 3 - 99 所示。

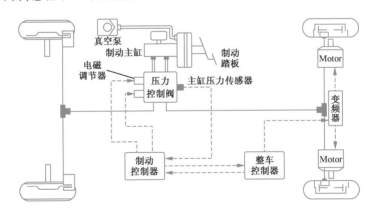

图 3 - 99　Eco-Vehicle 制动控制系统

压力控制阀单元包含 2 个阀体,且每个阀体能够独立地作用在前后轮制动器上,同时每个阀体都有一个电磁调节器。利用电磁调节器来控制输出的压力不会直接输送到轮缸,车上的制动控制器控制输出液压制动力。在 Eco-Vehicle 制动控制系统中,使用压力控制阀减小液压制动力所占比例。压力控制阀中还有一种补偿制动液损失的机械装置,它能够在压力出现起伏波动时减轻踏板的振动。制动控制器根据接收的主缸压力信号做出判断,计算出施加的再生制动力的大小,并将结果以电信号形式发送给汽车控制器,之后汽车控制器参与到再生制动过程中,同时将结果反馈给制动控制器。制动控制器根据反馈信号决定压力控制阀的调节器应处于什么位置,从而控制制动压力的大小。

2. 本田 EVPlus 制动控制系统

本田 EVPlus 的制动控制系统与传统的液压(气压)制动系统有所区别,它使用电动真空泵给制动助力器提供动力源;制动过程中将回收能量传递到动力电池中。

本田 EVPlus 的制动控制系统如图 3-100 所示。当驾驶员踩下制动踏板一定时间后,电机将以发电方式工作。制动回收的动能经过能量控制单元进入电池,转化为电能储存起来。在制动中,主缸产生的液压制动力矩经过补偿阀,补偿阀根据能量回收制动力矩的大小对液压制动力矩进行相应的调节控制。

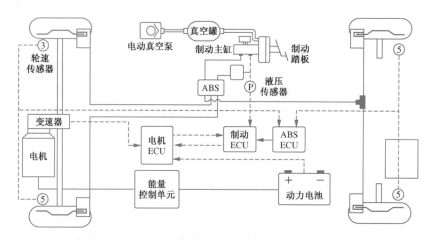

图 3-100　本田 EVPlus 的制动控制系统

3. 丰田普锐斯制动控制系统

丰田普锐斯是丰田汽车公司研制的一款混合动力轿车,它的制动系统包括能量回收制动和液压制动,能量回收制动由整车 ECU 控制,液压制动则由制动控制器控制,液压制动系统如图 3-101 所示。它包括常规制动系统,并且加装了踏板行程模拟机构、压力传感器、压力控制单元。该车具有 ABS 的压力调节功能,4 个压力传感器分别用于检测 2 个制动力矩及 2 个轮缸压力。制动过程如下。

(1) 在制动开始时,制动控制器根据主缸的压力计算出驾驶员所需的制动力矩,并将该制动力矩发送给整车 ECU,整车 ECU 通过计算得到当前所能够施加的能量回收制动力矩的大小,并将其发送给制动控制器。

(2) 制动控制器根据能量回收制动力矩的大小计算目标液压制动力矩的大小,并根据目标液压制动力矩的数值确定电磁阀 SLA 的通电电流的大小,通过 SLA 来控制液压制动力矩的大小。

(3) SLR 是减压电磁阀,在 ABS 不起作用的时候可以通过 SLR 和储液器的配合来起到减压的作用。

(4) SS 为沟通前后轮缸回路的电磁阀,当前轮的制动力完全可以由能量回收制动力矩提供时,SS 是关闭的,当能量回收制动力矩不能够满足前轮制动需要时,SS 打开,前轮也进行液压制动。

（5）踏板行程模拟机构主要用来模拟踏板行程,吸收多余的制动液,使得在确保制动安全的前提下尽可能采用能量回馈制动,减少液压制动。

（6）SMC$_1$和SMC$_2$为2个电磁阀,在正常情况下它们是关闭的,截断了两前轮的轮缸制动回路和制动主缸之间的连接,当制动回路出现异常情况时,如SS阀失效,前轮无法获取液压制动力矩时,SMC$_1$和SMC$_2$打开,连通前轮的制动轮缸和制动主缸,确保前轮制动。

（7）电磁阀SLA和SLR都是相关的机械开启装置（在一定的开启压力下可以打开）,防止由于电信号失效导致制动轮缸的压力增减失效。当ABS系统起作用时,SLA全开,此后制动过程由ABS系统控制。

（8）当ABS系统不再起作用时,则转换为Pressure Control Part工作,通过SLA来控制液压制动力矩。

（9）压力控制单元主要用于控制液压制动力矩,它包括液压调节阀和制动主缸,同时实现ABS功能。当ABS系统起作用时,该车不进行能量回收制动,完全由液压制动系统来完成制动过程。

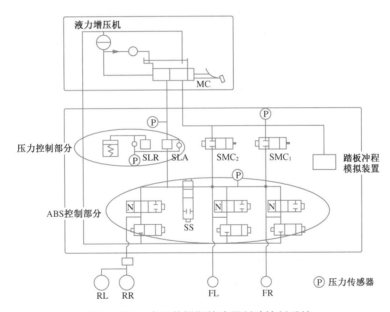

图3-101　丰田普锐斯的液压制动控制系统

4. 再生—液压混合制动系统

图3-102是某电动汽车的再生—液压混合制动系统,它只在前轮上进行再生制动能量回收,前轮上的总制动力矩大小等于电机产生的再生制动力矩与机械制动系统产生的摩擦制动力矩的和。踩下制动踏板后,电动泵使制动液压力增加以产生所需的制动力,制动控制器与电机控制器协同工作以确定再生制动力矩和前后轮上的液压制动力矩大小。在电机再生制动过程中,再生制动控制模块回收再生制动能量并输送到电池中,电动汽车上的ABS及其控制阀的作用都是产生尽可能大的制动力。

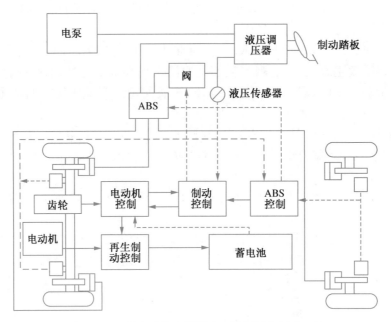

图 3－102　某电动汽车的再生—液压混合制动系统

模块四　电动汽车充电技术

　　2020 年 5 月 15 日,北京规模最大的集中式电动汽车充电站(如图 3－103)在五棵松体育中心地下停车场投入使用。五棵松体育中心是北京 2022 年冬奥会冰球比赛场馆,为践行"绿色冬奥"理念,北京市加快冬奥会场馆周边电动汽车充电网络布局建设,该充电站共有 200 个充电桩,包括 80 个 60 千瓦直流充电桩和 120 个 7 千瓦交流充电桩,单日可最大提供约 1 300 车次充电服务能力。

图 3－103　北京五棵松体育中心地下停车场电动汽车充电站

【知识点1】　电动汽车充电装置

蓄电池充电装置是电动汽车不可缺少的系统之一，它的功能是将电网的电能转化为电动车车载蓄电池的电能。

一、电动汽车对充电装置的要求

电动汽车对充电装置的基本要求主要有如下几点。

（1）安全性。电动汽车充电时，要确保人员的人身安全和蓄电池组的安全。

（2）使用方便。充电装置应具有较高的智能性，不需要操作人员过多干预充电过程。

（3）成本经济。成本经济、价格低廉的充电设备有助于降低整个电动汽车的成本，提高运行效益，促进电动汽车的商业化推广。

（4）效率高。高效率是对现代充电装置最重要的要求之一，效率的高低对整个电动汽车的能量效率具有重大影响。

（5）对供电电源污染要小。采用电力电子技术的充电设备是一种高度非线性的设备，会对供电网及其他用电设备产生有害的谐波污染，而且由于充电设备功率因数低，在充电系统负载增加时，对其供电网的影响也不容忽视。

二、电动汽车充电装置的类型

电动汽车充电装置的分类有不同的方法，总体上可分为车载充电装置和非车载充电装置。

车载充电装置是指安装在电动汽车上的、采用地面交流电网或车载电源对电池组进行充电的装置，包括车载充电机、车载充电发电机组和运行能量回收充电装置。它将一根带插头的交流动力电缆线直接插到电动汽车的插座中给电动汽车充电。车载充电装置通常使用结构简单、控制方便的接触式充电器，也可以是感应充电器。它完全按照车载蓄电池的种类进行设计，针对性较强。

非车载充电装置，即地面充电装置，主要包括专用充电机、专用充电站、通用充电机、公共场所用充电站等，它可以满足各种电池的各种充电方式。通常非车载充电器的功率、体积和质量均比较大，以便能够适应各种充电方式。

另外，根据电动汽车蓄电池充电时能量转换方式的不同，充电装置可以分为接触式和感应式。

随着电力电子技术和变流控制技术的飞速发展，高精度可控变流技术的成熟和普及，分阶段恒流充电模式已经基本被充电电流和充电电压连续变化的恒压限流充电模式取代。直到目前，主导充电工艺的还是恒压限流充电模式。接触式充电的最大问题在于它的安全性和通用性，为了使它满足严格的安全充电标准的要求，必须在电路上采用许多措施使充电设备能够在各种环境下安全充电。恒压限流充电和分阶段恒流充电均属于接触式充电技术。

近年来，新型的电动汽车感应充电技术发展很快。感应充电器是利用高频交流磁场的变压器原理，将电能从充电设备感应到电动车上，以达到给蓄电池充电的目的。感应充电的最大优点是安全，这是因为充电器与电动汽车之间并无直接的点接触，即使电动汽车在恶劣的天气下（如雨雪天）进行充电也无触电的危险。

三、电动汽车充电方法

电动汽车蓄电池的充电方法可以分为常规充电方法和快速充电方法两种。

1. 蓄电池常规充电方法

蓄电池的常规充电方法主要有恒流充电法、分段电流充电法、恒压充电法、恒压限流充电法等。

（1）恒流充电法。恒流充电法是通过调整充电装置输出电压或改变与蓄电池串联的电阻的方式使充电电流强度保持不变的充电方法。该方法控制简单，但由于蓄电池可接受的电流能力是随着充电过程的进行而逐渐下降的，到充电后期，充电电流多用于电解水，产生气体，使析气过甚，此时电能不能有效转化为化学能，多变为热能消耗掉了，因此，常选用分段电流充电法。恒流充电曲线如图 3-104 所示，充电电流选择 10 h 率或 20 h 率。

恒流充电法能使蓄电池充电比较彻底，但需经常调节充电电压，且充电时间较长。

（2）分段电流充电法。在充电过程中，为更有效地利用电能，而采用逐渐减小电流的方法。考虑到蓄电池具体情况，分段电流充电法一般分为数段进行充电，如二阶段充电法和三阶段充电法。

① 二阶段充电法。二阶段充电法采用恒电流和恒电压相结合的快速充电方法，其充电曲线如图 3-105 所示。首先，以恒电流充电至预定的电压值，然后，改为恒电压完成剩余的充电。一般两阶段之间的转换电压就是第二阶段的恒电压。

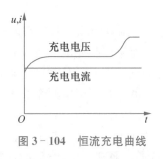

图 3-104 恒流充电曲线   图 3-105 二阶段法充电曲线

② 三阶段充电法。三阶段充电法在充电开始和结束时采用恒电流充电，中间用恒电压充电。当电流衰减到预定值时，由第二阶段转换到第三阶段。这种方法可以将出气量减到最少，但作为一种快速充电方法使用，受到一定的限制。

（3）恒压充电法。恒压充电法指充电电源的电压在全部充电时间里保持恒定的数值，随着蓄电池端电压逐渐升高，电流逐渐减少。与恒流充电法相比，其充电过程更接近于最佳充电曲线。用恒压充电法快速充电的曲线如图 3-106 所示。由于充电初期蓄电池电动势较低，充电电流很大，随着充电的进行，电流将逐渐减少，因此，只需控制系统即可。

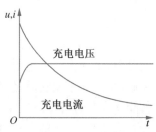

图 3-106 恒压充电法曲线

这种充电方法电解水很少，避免了蓄电池过充。但在充电初期电流过大，对蓄电池寿命会造成很大影响且容易使蓄电池极板弯曲，造成蓄电池报废。恒压充电法很少使用，只有在充电电源电压低而电流大时采用，如汽车行驶过程中，蓄电池就是以恒压充电法充电的。

（4）恒压限流充电法。为了克服恒压充电法中初期电流过大，而使充电设备不能承受的缺点，常采用恒压限流充电法来代替恒压充电法。在充电第一阶段，用恒定的电流充电；在蓄电池电压达到一定电压后，维持此电压恒定不变，转为第二阶段的恒压充电过程；当充电电流下降到一定值后，继续维持恒压充电大约 1 h 即可停止充电。

2. 蓄电池快速充电法

为了能够最大限度地加快蓄电池的化学反应速度，缩短蓄电池达到满充状态的时间，同时保证蓄电池正、负极板的极化现象尽量地少或轻，提高蓄电池使用效率，快速充电技术近年来得到了迅速发展。

（1）蓄电池快速充电的原理。由蓄电池的化学反应原理可知，蓄电池在充、放电的过程中要产生氧气。在密封式铅酸蓄电池中，这些正极产生的氧气可以通过隔膜和气室被负极吸收，整个化学反应变成一个循环的反应形式，从而达到免维护的目的。但它的内压是有限的，因此，阴极吸收速度也是有限的。如果充电电压过高，正极产生氧气的速度过快，吸收速度跟不上氧气的产生速度，长时间之后必然造成电池失水，从而诱发蓄电池的微短路、硫酸化等失效现象，损害蓄电池的质量和使用寿命。同时，高速率充电时蓄电池的极化会造成蓄电池内部压力上升、蓄电池温度上升、蓄电池内阻升高等，这不仅会缩短蓄电池寿命，还有可能对蓄电池造成永久性伤害。同时也使蓄电池可接受的充电电流下降，导致蓄电后备厢池不能充到标称容量。

蓄电池的化学反应原理是制定快速充电方法的依据。快速充电要想方设法加快蓄电池的化学反应速度（提高充电电压或电流等），使充电速度得到最大的提高；快速充电又要保证负极的吸收能力，使负极的吸收能力能够跟得上正极氧气产生的速度，同时要尽可能地消除蓄电池的极化现象。这一原理也表明，蓄电池的快速充电的速度是有上限的，不可能无限制地提高蓄电池地充电速度。

提高蓄电池的化学反应速度有两种方式：一是改进蓄电池的结构，以降低欧姆内阻和提高反应离子的扩散速度；二是改进蓄电池的充电方法，允许加大充电电流，缩短充电时间。

（2）几种快速充电方法。

① 脉冲式充电法。脉冲充电法首先是用脉冲电流对蓄电池充电，然后停充一段时间，如此循环，其充电曲线如图 3 - 107 所示。充电脉冲使蓄电池充满电量，而间歇期使蓄电池经化学反应产生的氧气和氢气有时间重新化合而被吸收掉，使浓差极化和欧姆极化自然而然地得到消除，从而减轻了蓄电池的内压，使下一轮的恒流充电能够更加顺利地进行，蓄电池可以吸收更多的电量。间歇脉冲使蓄电池有较充分的反应时间，减少了析气量，提高了蓄电池的充电电流接受率。

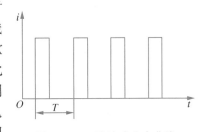

图 3 - 107 脉冲式充电曲线

② 变电流间歇充电法。变电流间歇充电法是建立在恒流充电和脉冲充电的基础上，其充电曲线如图 3 - 108 所示。它的特点是将恒流充电段改为限压变电流间歇充电段。充电前期的各段采用变电流间歇充电的方法，保证加大充电电流，获得绝大部分充电量。充电后期采用定电压充电段，获得过充电量，将蓄电池恢复至完全充电态。通过间歇停充，使蓄电池经化学反应产生的氧气和氢气有时间重新化合而被吸收掉，使浓差极化和欧姆极化自然

而然地得到消除,从而减轻了蓄电池的内压,使下一轮的恒流充电能够更加顺利地进行,使蓄电池可以吸收更多的电量。

(3)变电压间歇充电法。变电压间歇充电法的充电曲线如图3-109所示。与变电流间歇充电方法的不同之处在于第一阶段不是间歇恒流,而是间歇恒压。

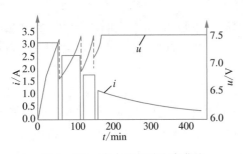

图3-108　变电流间歇充电曲线

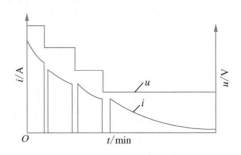

图3-109　变电压间歇充电曲线

比较图3-108和图3-109可以看出,图3-109更加符合最佳充电的充电曲线。在每个恒电压充电阶段,由于是恒压充电,充电电流自然按照指数规律下降,符合蓄电池电流可接受率随着充电的进行逐渐下降的特点。

四、电动汽车充电方式

电动汽车充电方式主要包括常规充电方式、快速充电方式、无线充电方式、更换电池充电方式和移动式充电方式。

1. 常规充电方式

常规充电方式是采用恒压、恒流的传统方式对电动汽车进行充电。这种方式以相当低的充电电流为蓄电池充电,电流大小约为 15 A,若以 120 A·h(如 360 V,即串联 12 V、100 A·h30 只)的蓄电池为例,充电时间要持续 8 个多小时。相应的充电器的工作和安装成本相对比较低。电动汽车家用充电设施(车载充电机)和小型充电站多采用这种充电方式。车载充电机是纯电动轿车的一种最基本的充电设备,如图3-110所示。充电机作为标准配置固定在车上或放在后备厢里。由于只需将车载充电器的插头插到停车场或家中的电源插座上即可进行充电,因此,充电过程一般由客户自己独立完成。直接从低压照明电路取电,充电功率较小,由 220 V/16 A 规格的标准电网电源供电,正常的充电时间为8～10 h(SOC 达到 95% 以上)。这种充电方式对电网没有特殊要求,只要能够满足照明要求的供电质量就能够使用。由于在家中充电通常是晚上或者是在电低谷期,有利于电能的有效利用,因此,电力部门一般会给予电动汽车用户一些优惠,如电低谷期充电打折。

小型充电站是电动汽车的一种最重要的充电方式,如图3-111所示,充电机设置在街边、超市、办公楼、停车场等处,采用常规充电电流充电。电动汽车驾驶员只需将车停靠在充电站指定的位置上,接上电线即可开始充电。计费方式是投币或刷卡,充电功率一般为 5～10 kW,采用三相四线制 380 V 供电或单相 220 V 供电。其典型的充电时间是:补电 1～2 h,充满 5～8 h(SOC 达到 95% 以上)。

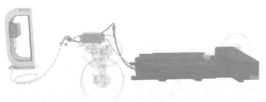

图 3‐110　车载充电机充电方式　　　　　图 3‐111　充电站充电方式

2. 快速充电方式

快速充电方式以 150～400 A 的高充电电流在短时间内为蓄电池充电,与常规充电方式相比,安装成本相对较高。快速充电也可称为迅速充电或应急充电,其目的是在短时间内给电动汽车充满电,充电时间应该与燃油车的加油时间接近。大型充电站(机)多采用这种充电方式。

大型充电站(机)的快速充电方式如图 3‐112 所示,它主要针对长距离旅行或需要进行快速补充电能的情况进行充电,充电机功率很大,一般都大于 30 kW,采用三相四线制 380 V 供电。其典型的充电时间为 10～30 min。这种充电方式对电池寿命有一定的影响,特别是普通蓄电池不能进行快速充电,因为在短时间内接收过多的电量会导致蓄电池过热。快速充电站的关键是非车载快速充电组件,它能够输出 35 kW 甚至更高的功率。由于功率和电流的额定值都很高,因此,这种充电方式对电网有较高的要求,一般应靠近 10 kV 变电站附近或在监测站和服务中心使用。

图 3‐112　大型充电站(机)的快速充电方式

3. 无线充电方式

电动汽车无线充电方式是近几年国外的研究成果,其原理就像在车里使用移动电话,将电能转换成一种符合现行技术标准要求的特殊的激光或微波束,在汽车顶上安装一个专用天线接收即可,如图 3‐113 所示。有了无线充电技术,公路上行驶的电动汽车或双能源汽车可通过安装在电线杆或其他高层建筑上的发射器快速补充电能。电费将从汽车上安装的预付卡中扣除。

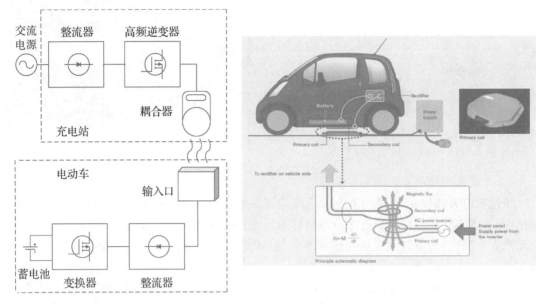

图 3‑113　感应式充电方式

4. 更换电池充电方式

除了以上几种充电方式外,还可以采用更换电池组的方式,即在蓄电池电量耗尽时,用充满电的电池组更换已经耗尽的电池组。蓄电池归服务站或电池厂商所有,电动汽车用户只需租用电池。电动汽车用户把车停在一个特定的区域,然后用更换电池组的机器将耗尽的蓄电池取下,换上已充满电的电池组。对于更换下来的未充电蓄电池,可以在服务站充电,也可以集中收集起来以后再充电。由于电池更换过程包括机械更换和蓄电池充电,因此,有时也称它为机械"加油"或机械充电。电池更换站同时具备正常充电站和快速充电站的优点,也就是说可以用低谷电给蓄电池充电,同时又能在很短的时间内完成"加油"过程。通过使用机械设备,整个电池更换过程可以在 10 min 内完成,与现有的燃油车加油时间大致相当。

不过,这种方法还存在不少有待解决的问题。首先,这种电池更换系统的初始成本很高,其中包括昂贵的机械装置和大量的蓄电池。其次,由于存放大量未充电和已充电的蓄电池需要很多空间,因此,修建一个蓄电池更换站所需要的空间远大于修建一个正常充电站或快速充电站所需要的空间。另外,在蓄电池自动更换系统得到应用之前,需要对蓄电池的物理尺寸和电气参数制定统一的标准。

5. 移动式充电方式

对电动汽车蓄电池而言,最理想的情况是汽车在路上巡航时充电,即所谓的移动式充电(MAC)。这样,电动汽车用户就没有必要去寻找充电站、停放车辆并花费时间去充电了。MAC 系统埋设在一段路面之下,即充电区,不需要额外的空间。

接触式和感应式的 MAC 系统都可实施。对接触式的 MAC 系统而言,需要在车体的底部装一个接触拱,通过与嵌在路面上的充电元件相接触,接触拱便可获得瞬时高电流。当电动汽车巡航通过 MAC 区时,其充电过程为脉冲充电。对于感应式的 MAC 系统,车载式接触拱由感应线圈所取代,嵌在路面上的充电元件由可产生强磁场的高电流绕组所取代。很明显,由于机械损耗和接触拱的安装位置等因素的影响,接触式的 MAC 对人们的吸引力并不大。目前的研究主要集中在感应充电方式上,因为它不需要机械接触,也不会产生大的位置误差。当然,这种充电方式的投资巨大,现在仍处于实验阶段。

【知识点 2】 电动汽车充电机

充电机是电动汽车充电装置最主要的设备,它的性能好坏直接影响电动汽车的充电效果。本节参照电动汽车有关标准,介绍电动汽车用锂离子电池充电的充电机。

一、电动汽车充电机类型

电动汽车充电机从供电电源提取能量,以合适的方式传递给蓄电池,建立供电电源与蓄电池之间的功率转换接口。根据不同的分类标准,电动汽车充电机可以分为多种类型。根据安装位置不同,可以分为车载充电机和地面充电机;根据输入电源不同,可以分为单相充电机和多相充电机;根据连接方式不同,可以分为传导式充电机和感应式充电机;根据功能不同,可以分为普通充电机和多功能充电机。

车载充电机安装在电动汽车上,通过插头和电缆与交流插座连接,因此,也称为交流充电机。车载充电机的优点是在蓄电池需要充电的任何时候,只要有可用的供电插座,就可以进行充电。缺点是受车上空间的限制,功率处理能力有限,只能提供小电流慢速充电,充电时间较长。

地面充电机一般安装在固定的地点,已事先做好输入电源的连接工作,直流输出端与需要充电的电动汽车相连接,所以也称为直流充电机。地面充电机可以提供多达上百千瓦的功率处理能力,可以对电动汽车进行快速充电。

传导式充电机的输出直接连接到电动汽车上,两者之间存在实际的物理连接,电动汽车上不装备电力电子电路。

感应式充电机利用电磁感应耦合方式向电动汽车传输电能,两者之间没有实际的物理连接,充电机分为地面部分和车载部分。

普通充电机只提供对蓄电池的充电功能,多功能充电机除了提供对蓄电池的充电功能外,还能实现诸如对蓄电池进行容量测试、对电网进行谐波抑制、无功率补偿和负载平衡等功能。当前实际运行的充电机基本上以交流电源作为输入电源,因此,充电机的功率转化单元实质上是一个 AC/DC 变换器。

目前,地面充电机使用的是传导式大功率三相充电机。

二、电动汽车充电机的电气参数和技术指标

电动汽车充电机铭牌标志的电气参数和技术指标主要如下。

输入电源为 AC380V。

稳流精度为 1%。

稳压精度为 1%。

满载效率>91%。

满载功率因数>0.9。

使用环境温度为 $-20℃\sim50℃$。

最高输出电压为串联电池的个数×电池充电限制电压×k(k 为系数,由电池厂家提供)。

最低输出电压为串联电池的个数×电池放电限制电压。

最大输出电流按蓄电池厂家提供的数据确定。

最低充电电流按蓄电池厂家提供的数据确定。

最大输出功率为最高输出电压×最大输出电流。

三、电动汽车充电机的技术要求

为保证充电机安全可靠高效工作,充电机要满足以下技术要求。

(1) 充电机和电池管理系统之间能够进行通信,可以接收电池数据,充电过程中应采用适当方法保证串联电池中的单体电池电压不超过上限。

(2) 充电机应具有面板操作和远程操作功能,充电机及其监控系统相连,在监控计算机上能完成除闭合和切断输入电源外的所有功能。

(3) 充电机应能通过监控网络向监控计算机传送对应电池管理系统发送的数据。

(4) 充电机应具有故障报警功能,能主动向监控系统发送故障信息。

(5) 充电机应具有输入欠压、输入过压、输出短路、电池反接、输出过压、过温、电池故障等保护功能。

(6) 在脱离电池管理系统的情况下,充电机应停止充电。

(7) 充电机应提供一条充电电缆连接确认信号。一方面,在充电期间,当充电插头连接到汽车后,汽车控制逻辑可通过此信号来禁止在充电期间汽车驱动系统工作,保证充电安全;另一方面,此确认线与充电线形成闭锁,保证充电人员安全。

(8) 提供良好的人机界面,完成充电机充电过程的闭环控制,并显示故障类型,提供一定的故障排除指示;提供开放式充电过程参数(包括充电模式、充电参数、阶段数)设定功能,并按照参数完成对充电过程的自动控制;当充电机的保护系统动作引起充电过程中断时,应能显示故障类型,对比较容易排除的故障提供简单的处理方法。

(9) 整车充电时要为电池管理系统提供所需的直流电源,目前一般取 24 V/50 A。

(10) 充电机的监控系统应具备事件记录功能,为事故分析和运行测试提供历史数据。对于有多台充电机的充电站,充电机还需要为充电站监控系统提供事件记录数据。

(11) 充电机的可靠性必须满足一定的指标,综合考虑成本和利用率,建议充电机要保证 5 年 70 000~80 000 h 的充电小时数。

(12) 充电机的设计必须充分保证人身安全,其带电部分不可外露,同时保证车体和大地等电位;充电机与充电站接地连接、充电机与车体外壳连接、充电站接地网连接等要可靠方便。

四、电动汽车充电机实例

1. 电动汽车车载充电机

图 3-114 是某企业生产的电动汽车车载充电机。它采用高频开关电源技术,具有浮充、均匀自动切换、短路、过载等保护功能,可以实现涓流恒流/快速恒流/恒压自动切换功能,确保蓄电池电量充足,延长蓄电池的使用寿命。

电动汽车车载充电机的充电过程如下。

(1) 此充电机根据锂离子电池特性而设定充电过程,对电压要求严格,电压过高会导致电池过充甚至电池爆炸。

图 3-114　某企业生产的电动
汽车车载充电机

（2）充电初期，先要小电流对电池激活，使得电池内部化学反应充分建立起来，为大电流充电做准备。

（3）此后进入 18 A 恒流充电阶段，当电压充到 400 V 时，充电机减小充电恒流值后而不进入稳压阶段，此后继续检测充电电压，当电池电压再次达到 400 V 时，充电机再次减小充电电流，反复以上充电过程直到充电电流很小，充电机认为电池已经充满并关机。

（4）充电机关机只是关闭充电，处于空载状态，而不是整机停机。

该充电机的主要特点如下。

（1）根据电池特性设计充电曲线，可以延长蓄电池的寿命。

（2）使用方便，维护简单，智能充电，无需人工职守。

（3）保护功能齐全，具有过压、欠压、过流、过热、短路、输出反接等保护功能。

（4）直观性强，充电过程和故障采用指示灯，能一目了然。

（5）采用高频开关技术，使得充电机效率高、体积小、质量轻。

（6）充电机风扇由 45℃ 温控开关控制，当散热器温度低于 45℃ 时，风扇不转动，当散热器温度高于 45℃ 时，风扇开始转动，可以减少噪声和延长风扇寿命；整机温度保护为 65℃，当机内温度达到 65℃ 时，充电机停止工作，等待散热低于 65℃ 后，自动恢复工作。

该充电机的主要技术指标如下。

（1）输入电压为 AC220×(1±10%)V,50～60 Hz。

（2）输出电压为 200～400 VDC。

（3）输出电流为 0～18 A。

（4）最大功率为 3.5 kW。

（5）输出纹波≤1%。

（6）电压电流温度精度≤1%。

（7）工作效率≥90%。

（8）指示状态为电源指示、充电指示、故障指示。

（9）保护功能为过压、欠压、过流、过热、短路、反接保护。

（10）12 V 输出为 DC13.5 V/150 W。

（11）CAN 接口的波特率为 9 600 bps。

（12）安全指标为绝缘电阻≥200 MD,耐压 1 500 V/min。

（13）冷却方式为风冷。

（14）外形尺寸为 330 mm×300 mm×140 mm。

（15）质量为 10 kg。

2. 电动汽车非车载充电机

图 3-115 是某企业生产的电动汽车非车载充电机。它采用高频开关电源技术，具有欠压、过压、反接、短路、过载等保护功能，采用合理的充电曲线和单片机控制充电过程，确保蓄电池电量充足，延长蓄电池的使用寿命。

电动汽车非车载充电机的充电过程如下。

（1）预充充电：充电机起动后，首先以 5～10 A 电流对蓄电池充电 4 min，然后进行大电流充电 4 min。小电流充电目的是激活电池，让电池内部化学反应充分建立起来，避免电池在冷状态下充电。

（2）4 min 小电流结束后，充电机进入预设电流（如 88 A）恒流充电阶段；当电压充到预设电压（如 370 V）时，充电机减小充电恒流值后而不进入稳压阶段；此后继续检测充电电压，当电池电压再次达到 370 V 时，充电机再次减小充电电流（每次以 2 A 递减），反复以上充电过程直到充电电流到 8 A 时，充电机认为电池已经充满并关机。

（3）充电机关机只是关闭充电，处于空载状态，而不是整机停机。

该充电机的主要特点如下：

（1）根据电池特性设计充电曲线，既可以充满电池，又可以延长蓄电池的寿命。

（2）使用方便，维护简单，智能充电，无需人工值守。

（3）保护功能齐全，具有过压、欠压、过流、过热、短路、输出反接等保护功能。

（4）直观性强，充电过程和故障采用指示灯，能一目了然。

（5）采用高频开关技术，使得充电机效率高、体积小、质量轻。

（6）充电机风扇由 45℃ 温控开关控制，当散热器温度低于 45℃ 时，风扇不转动，当散热器温度高于 45℃ 时，风扇开始转动，这样可以减少噪声和延长风扇寿命。

该充电机的主要技术指标如下。

（1）输入电源为 AC380V（三相五线制）。

（2）输入适应电源电压和频率范围宽，在 AC380×(1±10%)V，频率 50×(1±10%)Hz 输入下能稳定可靠地工作。

（3）输出直流稳压值从 60～400 V 电位器连续可调。

（4）输出直流稳流值从 5～88 A 电位器连续可调。

（5）负载调整率≤1%。

（6）纹波电压≤1%。

（7）电压调整率≤1%，电流调整率≤1%。

（8）漏电流≤10 mA。

（9）暂载率为 100%。

（10）整体效率≥92%（满载时）。

（11）功率因数≥0.8（满载时）。

（12）绝缘电阻 DC1000V 测试≥50MD。

（13）充电模式为自动＋手动。

图 3−115　某企业生产的电动汽车非车载充电机

（14）具有充电电压、电流、充电状态、显示和参数设定功能。

（15）具有故障报警、显示功能。

（16）具有前期恒流充电、后期恒压浮充、充满自动停机功能。

（17）防护等级为 IP32。

（18）冷却方式为风冷。

（19）具有致命错误停机保护，一般错误报警功能。

（20）具有过压、欠压、过流、过热、缺相、对地短路等相应的保护功能。

（21）外形尺寸为 700 mm×(500 mm～1 200 mm)，以实物为准。

（22）质量为 150 kg。

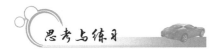

思考与练习

一、简述分析题

1. 电动汽车对充电装置有哪些要求？

2. 电动汽车充电方法有哪些？

3. 电动汽车充电方式有哪些？

4. 电池管理系统有哪些功能？

5. 再生制动能量回收的方法和类型有哪些？

扫码可见本单元视频

替代燃料汽车类型

单元 四

知识目标

1. 掌握气体燃料汽车、生物燃料汽车和氢燃料汽车的类型;
2. 掌握气体燃料汽车、生物燃料汽车和氢燃料汽车结构原理等。

技能目标

1. 了解天然气汽车和液化石油气汽车的主要特点和车型;
2. 了解什么是生物燃料,以及甲醇燃料汽车、乙醇燃料汽车、二甲醚燃料汽车的特点和车型;
3. 了解氢燃料汽车的特点和车型。

单元导读

世界能源危机与环境污染问题促使汽车行业能源体系转型,可再生、节能、环保、清洁的新型汽车替代燃料成为汽车行业的新宠。

目前,汽车所使用的替代燃料,最常见的一类燃料是压缩天然气、液化石油气,还有另一类是甲醇、乙醇、二甲醚,以及生物柴油和氢能等。替代燃料汽车的发动原理与人们较为熟悉的普通汽车没什么不同,就是将替代燃料在密封汽缸内燃烧释放出热能,使气体膨胀,推动活塞做功,再进一步转换成为机械能,驱动汽车行驶。

图 4-1 全新明锐 G-TEC 车型

作为一款以 CNG 为主要燃料的车型,全新明锐 G-TEC(如图 4-1)在车底配备了三个气罐,作为一款以 CNG 为主要燃料的车型,全新明锐 G-TEC 在车底配备了三个气罐,总共可储存 17.33 千克的压缩天然气,而这能为新车带来 500 公里的 WLTP 续航里程。除此之外,新车还配备了一个 9L 的汽油油箱,因此全新明锐 G-TEC 还是一款混合动力车型。新车的燃油和 CNG 燃料均被用于一台最大功率 130 马力的

1.5TSI 发动机，车辆也能够自动在汽油和 CNG 燃料模式下切换，无需驾驶员操作，最大续航可超过 700 公里，比常规的燃油车续航表现更为优异，而且燃料成本更低。

模块一　气体燃料汽车

气体燃料汽车主要包括天然气汽车和液化石油气汽车。

【知识点 1】　天然气汽车

天然气汽车是指以天然气作为燃料的汽车。按照所使用天然气燃料状态的不同，天然气汽车可以分为压缩天然气汽车(CNGV)和液化天然气汽车(LNGV)。

压缩天然气是指压缩到 20.7 MPa～24.8 MPa 的天然气，储存在车载高压气瓶中。它是一种无色透明、无味、高热量、比空气轻的气体，主要成分是甲烷。由于组分简单，易于完全燃烧，加上燃料含碳少、抗爆性好、不稀释润滑油，能够延长发动机使用寿命。

液化天然气是指常压下，温度为 −162℃ 的液体天然气，储存于车载绝热气瓶中。液化天然气燃点高、安全性能强，适于长途运输和储存。

目前世界上使用较多的是压缩天然气汽车。

与同功率的传统燃油汽车相比，天然气汽车尾气中的碳氢排放量可减少90%，一氧化碳可减少约80%，二氧化碳可减少约15%，氮氧化物可下降40%，并且没有含铅物质排出。在节能减排方面，天然气汽车的优势不言而喻。因而，大力推广天然气汽车，对于减少城市大气污染、改善空气质量、美化城市环境、提高居民生活水平作用重大。到 2020 年，预计全球将有 6 500 万辆汽车使用天然气作为动力，占全球汽车保有量的 8%。

天然气汽车与普通燃油汽车相比，在结构上主要增加了天然气供给系统。天然气供给系统由储气部件、供气部件、控制部件和燃料转换部件组成。

一、大众汽车压缩天然气车型：途安 TSI EcoFuel

大众途安 TSI EcoFuel 以天然气作为主要燃料。在进气歧管内装备了天然气喷射装置，并由一根共同的高压轨道提供燃料。动力系统主要为天然气模式设计。而在紧急状况下，发动机管理系统可自动将燃料供给切换到汽油模式。经过改进的发动机控制单元可完美地处理任一种操作模式。

由于采用天然气做燃料，途安 TSI EcoFuel 的一氧化碳、碳氢及氮氧化合物排放较原型汽油机车型分别降低了 80%、73% 与 80%。温室气体 CO_2 也降低了 23%，消耗天然气 4.8 kg/100 km。燃料成本大大低于汽油。如果只使用天然气做燃料，途安 TSI EcoFuel 能持续行驶约 370 km，加上 11 L 汽油容量，最多可跑 520 km。

为提高途安 EcoFuel 车型的安全性，大众汽车进行了深入而周全的设计：如电磁阀在发动机熄火、汽油模式及车辆发生碰撞时，能自动切断天然气的供应；储气钢瓶

图 4-2　途安 TSI EcoFuel 的 CNG（左下）和汽油加注口

的热安全阀与流量控制阀设计，避免了管线中不可控制的压力下降；而储气钢瓶中配置的压

力阀,可以避免加气时钢瓶中天然气向外倒流等。因此,在安全性上,途安 EcoFuel 与普通汽油或柴油车型并无差异。

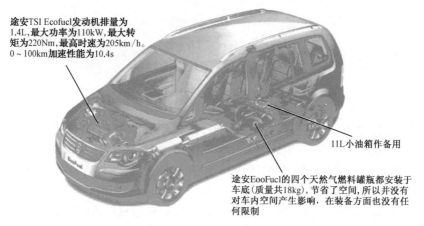

途安TSI Ecofucl发动机排量为1.4L,最大功率为110kW,最大转矩为220Nm,最高时速为205km/h,0～100km加速性能为10.4s

11L小油箱作备用

途安EooFucl的四个天然气燃料罐瓶都安装于车底(质量共18kg),节省了空间,所以并没有对车内空间产生影响,在装备方面也没有任何限制

图 4-3 大众途安 TSI EcoFuel 透视图

表 4-1 大众途安 TSI EcoFuel 天然气车型参数表

年 数	型 号	排量	最大功率	最大转矩	储气罐容量	天然气巡航能力	每 100 km 消耗天然气	每千米 CO_2 排量
2009	途安 TSI EcoFuel	1.4 L	110 kW	220 N·m	18 kg	370 km	4.8 kg	129 g

二、奔驰汽车压缩天然气车型:E200 NGT

NGT 是 Natural Gas Technology 的英文缩写,是奔驰运用的压缩天然气技术的简称。E 200 NGT 是奔驰以 E 级车为基础开发的压缩天然气和汽油为燃料的双燃料汽车。它采用与 E 200KOMPRESSO R 同样的 1.8 L 直列 4 缸发动机,最大功率 120 kW,最大转矩 240 N·m,0～100 km/h 加速只需要 9.8 s,最高时速 220 km/h,无论采用哪种燃料,E 200 NGT的性能都不会发生改变。

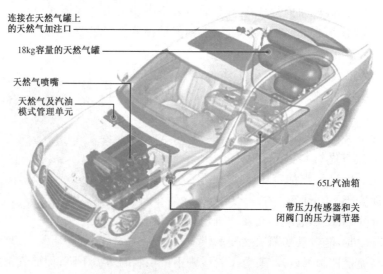

连接在天然气罐上的天然气加注口

18kg容量的天然气罐

天然气喷嘴

天然气及汽油模式管理单元

65L汽油箱

带压力传感器和关闭阀门的压力调节器

图 4-4 奔驰 E 200 N GT 透视图

驾驶人可以通过转向盘上的按钮来随时切换 2 个模式。开启天然气模式以后,仪表盘上会显示当前储存天然气的数量,当天然气耗尽的时候,系统会自动地切换到汽油模式。汽油箱容量为 65 L,位于备胎位置的天然气罐有 18 kg 装载能力。当所有的燃料都充满时,E 200 NGT 可连续行驶 1 000 km。该型号还可以选装 80 L 的汽油箱,能再增加 200 km 的行程。

表 4 - 2　奔驰汽车压缩天然气车型主要参数表

年　数	型　　号	排量	最大功率	最大转矩	储气罐容量	天然气巡航能力	每 100 km 消耗天然气	每千米 CO_2 排量
2007	E 200 NGT	1.8 L	120 kW	240 N·m	18 kg	300 km	6.1 kg	168 g
2008	B 170 NGT	2.0 L	85 kW	165 N·m	16 kg	300 km	4.9 kg	135 g

三、奥迪汽车压缩天然气车型:A5 2.0T - CNG

奥迪的压缩天然气市场还处于待开发中,不过也尝试推出相关的车型做研发。2007 年,奥迪就展示过一台基于奥迪 A5 2.0 的压缩天然气概念车,这台车采用了新一代的高压轻量储氢罐和压力调节器,再基于公司出色的 TFSI 发动机,奥迪很有信心在未来的日子里用 A4 或 A5 来冲击压缩天然气汽车市场。

展示用的这台 A5 T - CNG 采用了 4 个储氢罐,质量共 21 kg。这些高压罐采用了碳复合材料和铝材料,因此质量非常轻。这与同样的汽油发动机车型相比,质量还轻了 90 kg。一次加满气 A5 T - C~IG 可以跑 420 km,做备用的汽油箱有 14 L,可以延长行驶距离 180 km。

为了使天然气达到最高效果,奥迪的 A5 T - CNG 采用了最新的带 TFSI 技术的直喷汽油发动机,最大功率可以到 120 kW。0~100 km/h 加速仅仅需要 8.9 s,最高时速 228 km/h。

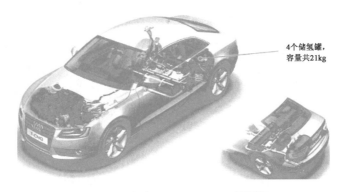

4个储氢罐,容量共21kg

图 4 - 5　奥迪 A5 2.0T - CNG 透视图

表 4 - 3　奥迪 A5 2.0T - CNG 主要参数表

年数	型　　号	排量	最大功率	最大转矩	储气罐容量	天然气巡航能力	每 100 km 消耗天然气	每千米 CO_2 排量
2007	A5 2.0T - CNG	2.0 L	120 kW	260 N·m	21 kg	420 km	5.0 kg	143 g

四、欧宝汽车压缩天然气车型:赛飞利 1.6CNG Turbo

欧宝致力于发展以 CNG 压缩天然气为燃料的车辆,已经取得了令人瞩目的成绩。早在 2002 年,欧宝就推出了赛飞利 1.6 CNG,取得了销售 2 万辆的好成绩;2006 年,欧宝再次推出全新的赛飞利 1.6 CNG,同样屡获好评;2009 年,欧宝首次将涡轮增压器装在赛飞利的 1.6 L 发动机上,使性能突飞猛进。

新的赛飞利 1.6 CNG Turbo,最大功率 110 kW,而在发动机转速 2 300 r/min 时,便可发挥 210 N·m 的最大转矩,最高时速更达到了 200 km/h,加上仅 144 g/kmCO_2 排放的表现,不仅在环保上得到众人认可,而且在性能方面,也不输给同级对手。

赛飞利 1.6 CNG Turbo 在天然气模式下,最高行驶里程可达到 370 km,加上额外的 14 L 备用油箱,还可以让这台环保性能多功能车多行驶 150 km。

图 4-6　欧宝天然气车型氢气加注口

图 4-7　欧宝赛飞利 1.6CNG 透视图

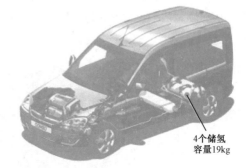

图 4-8　欧宝 Combo1.6CNG 透视图

表 4-4　欧宝汽车压缩天然气车型主要参数表

年　数	型　号	排量	最大功率	最大转矩	储气罐容量	天然气巡航能力	每100 km消耗天然气	每千米 CO_2 排量
2007	赛飞利 1.6CNG	1.6 L	69 kW	133 N·m	21 kg	420 km	5.0 kg	138 g
2007	Combo1.6CNG	1.6 L	69 kW	133 N·m	19 kg	380 km	4.9 kg	133 g
2009	赛飞利 1.6CNG Turbo	1.6 L	110 kW	210 N·m	21 kg	370 km	5.3 kg	144 g

五、本田汽车压缩天然气汽车车型:思域 GX NGV

本田在混合动力、燃料电池和电动车方面一直走在汽车界的前沿,而其他替代能源产品线同样丰富。在北美市场,本田家喻户晓的思域 GX,就是一款传承三代的天然气汽车。依托于天然气的燃油经济性优势,思域 GX 车主每年的燃料费用甚至低于丰田混合动力车型普锐斯,令人叫绝。

思域 GX 早在 1998 年就以第六代为蓝本进入了北美市场,当时还没有哪家生产商专门制造天然气车型。作为美国的超低排放车型,思域 GX 的车主在美国享有 4 000 美元的补助。2001 年,以第七代思域为原型的天然气 GX 车型上市;2006 年,随着全新的第八代思域登场,思域 GX 也跟着改头换面。

最新的第八代思域 GX 动力系统采用最大功率 84 kW 的 1.8 L SHOC i—VTEC 发动机,搭配五速自动变速器后,拥有平均油耗 11.9 km/L 与 354 km 的最大巡航距离。

表 4 - 5　本田思域 GX 主要参数表

年　　数	型　　号	排量	最大功率	最大转矩	储气罐容量	天然气巡航能力	每100 km消耗天然气	每千米 CO_2 排量
2009	思域 GX	1.8 L	84 kW	159 N·m	21 L	354 km	5.2 kg	接近 0 排放

六、菲亚特汽车压缩天然气车型

1. 熊猫(Panda)天然气版

菲亚特熊猫的天然气版在车底下装置了 2 个分离的天然气储存罐,一共可以存放13 kg压缩天然气,这可以让熊猫行驶约 300 km。另外,在储气罐中间还有一个 30 L 的汽油箱,可以将行驶里程升至 720 km。储气罐的位置可以让熊猫仍然保持乘员和行李舱的空间,并且在安全方面也达到最优。单独使用天然气驱动,熊猫可以释放出 38 kW 功率,0～100 km/h加速需要 19 s;如果用汽油驱动,功率可升至 44 kW,0～100 km/h 加速需要17 s。排放方面的差距是相当明显的,使用天然气仅仅 119 g/km,而汽油做燃料时,马上升至 146 g/km。

另外,装备 1.2 L 双燃料发动机的熊猫的天然气车型还有一个四驱的版本,集成了 4×4 车型的良好的通过能力。两个独立的储气罐的装载能力为 12 kg,这可以让熊猫四驱版行驶270 km,汽油油箱仍然为 30 L,最大巡航里程超过 700 km。

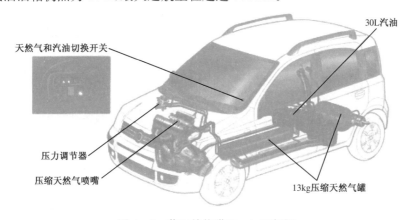

图 4 - 9　菲亚特熊猫 Panda 透视图

2. 菲亚特 Ducato 140 Natural Power

商用车一直是天然气最大的市场,菲亚特在欧洲占了半壁江山。2008 年共销售 5 900 辆天然气商用车,在欧洲占有率为 57.6%。2009 年,最新的 Ducato 140 天然气车上市将巩固菲亚特在此领域的领先地位。

Ducato 140 采用一台 3.0 L 发动机,最大功率有 100 kW,转矩 350 N·m。这台中轴距、高车顶的商用车最高时速可以达到 155 km/h,每 100 km 消耗天然气 8.8 kg,排放为 239 g/km。Ducato 140 主要以压缩天然气为燃料,一共有 36 kg,可以跑 400 km。而汽油只是作备用,只有 15 L,可以跑 100 km 左右。

压缩天然气罐容量达36kg

图 4-10　菲亚特 Ducato 140 Natural Power 透视图

七、国内目前压缩天然气车型

1. 力帆 620 CNG

力帆 620 CNG 双燃料汽车历经力帆汽车设计院三年潜心研制,经济环保,高效节能。系统部件为意大利原装进口,由原厂专业设备安装,并配备了多点燃油喷射和 60 L 储气罐,平均每公里的燃料消耗费用不足 0.15 元。搭载 1.6 L 发动机的力帆 620 CNG 功率达到了 78.66 kW,在动力上,不输于普通的汽油发动机车型。尤其值得称道的是,力帆 620 CNG 车型搭载了力帆汽车自主研发的 CVT 技术。

2. 比亚迪 F3 CNG

图 4-11　力帆 620 CNG

图 4-12　比亚迪 F3CNG

比亚迪 F3 CNG 双燃料系统采用意大利 LOVATO 公司产品,快充式加气口,方便且可靠性能好。压缩天然储气瓶容积 60 L,采用混合器式控制,维修简洁方便。动力系统采用三菱 4G18 4 缸 16 气门发动机,0~100 km 加速只需 12.3 s,最大功率 73.5 kW,60 L 储气瓶行驶里最长约 200 km,汽油发动机最低油耗 6.5 L/100 km。

3. 爱丽舍 CNG

爱丽舍 CNG 双燃料车采用汽油及压缩天然气电控多点喷射燃料供给系统的 1.6 L 16 V高性能两用燃料发动机,其汽油喷射系统选用与爱丽舍相同的 BOSCH ME7.4 汽油电控单元。CNG 系统适配 PSA 认可的意大利 LOVATO 最新一代的压缩天然气多点喷射系统。另外,爱丽舍 CNG 将加气口设计在了车外后翼子板上,实现了外部直接加气,带截止阀的 65 L 钢质内胆环向缠绕气瓶,使用更为安全可靠。

4. 天语 CNG

图 4-13　东风雪铁龙爱丽舍 CNG

图 4-14　长安铃木天语 CNG

天语 CNG 双燃料汽车采用意大利朗第·伦索公司最新研制及生产的 CMEGASCN G 燃气多点顺序电控喷射系统。该系统采用了全新的开发理念,燃气电脑在控制燃气喷射的方式上完全依附于汽油电脑,使其在驾驶性能、尾气排放、功率损耗及燃气消耗各方面均优于以往各种类型的燃气系统。压缩天然气储气罐容积为 75 L,在使用压缩天然气时的巡航里程为:使用空调条件下 180~210 km,不使用空调条件下 200~220 km。

5. 悦翔 CNG

图 4-15　长安悦翔 CNG

悦翔 CNG 双燃料系统采用意大利 CMVL 公司的产品,意大利 CMVL 公司是国际上著名的燃气汽车改装设备专业生产企业,其产品减压器恒压供气技术和组合阀限充装技术在国际上享有盛誉。悦翔 CNG 气瓶是专门量车定做,65 L 的装气量,瓶体长度却控制在 905 mm,可以完全安装在行李舱内的最深处,大大提高了行李舱的有效容积,还用户最多的使用空间。加装压缩天然气系统后对整车轴荷及系统进行重新匹配,以达到最佳的操控性和舒适性以及整车姿态的完美。

表 4-6 国产压缩天然气车型主要参数表

年数	型 号	排量	最大功率	最大转矩	储气罐容量	天然气巡航能力	每千米平均费用	厂家建议售价
2009	力帆 620 CNG	1.6 L	78.66 kW	137 N·m	60 L	190 km	0.15 元	7.28 万元
2009	比亚迪 F3CNG	1.6 L	73.5 kW	134 N·m	60 L	200 km	0.14 元	8.98 万元
2009	雪铁龙爱丽舍 CNG	1.4 L	78 kW	142 N·m	65 L	190 km	0.20 元	8.48 万元
2009	铃木天语 CNG	1.6 L	80 kW	144 N·m	75 L	220 km	0.16 元	11.08 万元
2010	长安悦翔 CNG	1.5 L	72 kW	137 N·m	65 L	200 km	0.22 元	6.59 万元

【知识点 2】 液化石油气汽车

以液化石油气为燃料的汽车称为液化石油气汽车。液化石油气汽车和天然气汽车结构类似,也是增加了一套燃气供给系统。

LPG 是液化石油气(Liquefied Petroleum Gas)的简称,是指常温下加压(约 1 MPa 左右)而液化的石油气。液化石油气来自炼厂气、湿性天然气或油田伴生气。

图 4-16 LPG 的加注状态

由于液化石油气几乎不含有不可燃烧成分,发热量高、燃烧充分,无粉尘灰渣,所以液化石油气是一种清洁能源。使用液化石油气能减少空气污染,保护环境。液化石油气燃烧时释放的热量是常用燃气中最高的,因此,非常适合当作车用燃料。

LPG 的单位质量比汽油所能提供的质量要高 8%。理论上来说配有 LPG 的车辆要比汽油驱动的车辆产生更高的效率。然而,这只是针对专门为 LPG 设计和改造的发动机而言。如果将一台现成的汽油发动机改成 LPG 发动机,将达不到增加效率的目的。在排放方面,LPG 虽然也有如同石油燃料发动机一样的一氧化碳、碳氢化合物、碳氧化合物排放,但数量低得多。在国内,LPG 在车辆方面的运用也仅仅是有政府扶持的公交车;而国外,除了商用车以外,在乘用车方面,也运用得较多。

一、兰旗亚 LPG 车型

2009 年的日内瓦车展上,兰旗亚推出了 Ypsilon 和 Musa 车型的环保版本:Ecochic。它们都采用液化石油气(LPG)和汽油双燃料发动机。这台双燃料 1.4 L 77hp 发动机采用了特别的进气系统以适应 LPG 喷嘴的要求,另外新增加的电缆也完全集成保证安全。环形的 LPG 储罐位于原备胎位置,保证了行李舱的合理空间。另外,这两台 Ecochic 小车除了 LPG 燃料以外,还集成了一个 39 L 的汽油油箱,这个容量达到了普通车型的 80%。驾驶人可以很方便地用一个按钮来切换使用 LPG 或者是汽油,当 LPG 使用完之后,系统会自动地切换到汽油燃料以保证行车的连续性。整个行驶里程,Ypsilon Ecochic 能达到 1 300 km(LPG 能达到 425 km,汽油能达到 854 km),Musa Ecochic 能达到 1 200 km(LPG 能达到 419 km,汽油能达到 758 km)。

图 4－17　Ypsilon Ecochic(左)和 Musa Ecochic(右)在液化石油气加气站

表 4－7　兰旗亚 LPG 车型主要参数表

年　数	型　号	排量	最大功率	最大转矩	储气罐容量	LPG巡航能力	每 100 km消耗 LPG	每千米 CO$_2$排量
2009	Ypsilon Ecochic	1.4 L	57 kW	115 N·m	39 L	425 km	8.6 L	119 g
2009	Musa Ecochic	1.4 L	57 kW	115 N·m	39 L	419 km	8.8 L	120 g

二、欧宝 LPG 车型

2010 年,欧宝将旗下的 LPG 车型增加到 7 款。从前面文章可知欧宝在 CNG 汽车市场有着重要的布局,而在 LPG 方面,欧宝仍然在欧洲各品牌当中一枝独秀,誓将降低燃油花费和环境保护进行到底。2009 年 9 月,欧宝推出了 5 款 LPG 车型,2010 年增加到 7 款,可见欧宝在替代燃料方面的前沿技术以及对 LPG 的重视。

这些原厂出品的 LPG 车型都是欧宝环保解放方案 ecoFLEX 的最新成员,车型包括 Agila、可赛、雅特旅行版和赛飞利,功率从 62 kW 到 101 kW 不等。它们都是 LPG 和汽油的双燃料车型,除了有燃料费用大幅度降低的优势以外,因低排放而获得的政府税费减免,也是吸引消费者的地方。

欧洲的 LPG 之所以可以在乘用车中展开,因为有广泛的 LPG 加气站支持,截至 2010 年,欧洲有超过 25 500 座 LPG 加气站。其中德国最多,有 5 800 座;意大利次之,有 2 200 座;其他地方大体情况为:法国 1 400 座、荷兰 1 100 座、比利时 500 座、英国 600 座、匈牙利 250 座。

表 4－8　欧宝 LPG 车型主要参数表

年　数	型　号	排量	最大功率	最大转矩	储气罐容量	LPG巡航能力	每 100 km消耗 LPG	每千米 CO$_2$排量
2010	可赛 1.4 LPG eco FLEX	1.4 L	65 kW	126 N·m	42 L	415 km	8.0 L	129 g
2009	赛飞利 1.8 LPG eco FLEX	1.8 L	101 kW	166 N·m	52 L	447 km	9.9 L	160 g

模块二　生物燃料汽车

生物燃料是指生物资源生产的醇类燃料和生物柴油等，它可以替代由石油制取的汽油和柴油，是可再生能源开发利用的重要方向。生物燃料汽车就是以生物燃料为能源的汽车。

【知识点1】　甲醇燃料汽车

甲醇燃料汽车是指利用甲醇燃料作为能源驱动的汽车。甲醇作为燃料在汽车上的应用主要有掺烧和纯甲醇替代两种。掺烧是指将甲醇以不同的比例（如 M10、M15、M30 等）掺入汽油中，作为发动机的燃料，一般称为甲醇汽油；纯甲醇替代是指将高比例甲醇（如 M85、M100）直接用作汽车燃料。

国外甲醇燃料汽车的研发与应用始于 20 世纪 70 年代第二次石油危机。1976 年，在瑞典召开了第一次国际醇燃料会议（ISAF），推动醇燃料（主要是甲醇和乙醇）发展。德国、美国、日本等国先后进行了甲醇燃料及甲醇汽车配套技术的研发，在甲醇燃料生产与配比、运输与加注、发动机、甲醇汽车以及相关配套技术方面取得了一系列实用性进展。

20 世纪 70～80 年代，美国加州、德国等地均组织了甲醇汽车示范车队。20 世纪 90 年代后期以来，国外对甲醇的使用日趋严格，只允许低比例掺混使用。例如，美国车用汽油标准 ASTM 4814 中要求，汽油中甲醇含量最大不超过 0.3%；欧洲 85/536/EEC 法规规定，车用汽油中甲醇的添加量不应超过 3%，但同时必须包括腐蚀抑制添加剂；德国对汽油中的甲醇含量最大限额为 3.5%；日本对汽油中甲醇的检出量要求不超过 0.1%。

到了 21 世纪，虽然由于油品生产和汽车生产技术的进步，使汽油汽车的排放获得很大改善，从环保角度醇燃料的优异性相对减少。但由于石油供不应求情况加剧，以及对温室效应的关心，生物质的乙醇受到更多的重视。甲醇则由于来源较广（煤、天然气、生物质），在国外也开始有人重新考虑液体燃料资源问题。

我国甲醇燃料汽车的发展并未随同停止，尤其是在山西等富含煤矿的地区。与之相关的改善燃料性能、不同配比的燃油发动机改装、专用发动机的开发、运输与加注设施的改建技术、地方标准制定、示范运营等方面的工作，多年来在争论声中不断取得实用性进展。

旗云甲醇新型燃料车是在旗云车 6 年市场磨炼、6 次品质升级的基础上研发的环保节能型出租车，延续了旗云车经济实用的优势，并结合了世界上环保燃料的发展趋势，可使用甲醇和汽油双燃料，从而使得旗云甲醇车型出租车一身兼具环保、经济、可靠、安全四大优势。旗云甲醇新型燃料汽车如图 4-18 所示。

图 4-18　旗云甲醇新型燃料汽车

图 4-19　HFF6104GK39 汽油/甲醇
双燃料城市公交客车

安凯公司自主研发的 HFF6104GK39 汽油/甲醇双燃料城市公交客车,如图 4-19 所示。该车配备 CA6102 N1 双燃料发动机、安凯 153 车桥、哈齿变速器,排放达到欧Ⅲ标准,具有经济、清洁、环保等特点。

2008 年 2 月 27 日,上海华普汽车有限公司、上海焦化有限公司就 M100 甲醇燃料的合作举行了签约仪式。汽车生产企业与甲醇生产企业联合,进行规范化的甲醇燃料、甲醇汽车研发,这在国内甲醇汽车的研发史上尚属首例。上海华普和上海焦化双方,将从优化能源结构、提高能源效率、保障能源安全、缓解资源环境约束的国家政策环境出发,共同推进我国煤基甲醇燃料、甲醇汽车的发展。华普已经生产出了 4 款甲醇灵活燃料轿车。

图 4-20 是上海华普汽车有限公司经过 3 年精心研发生产的海锋甲醇动力轿车。这款甲醇动力发动机可以灵活使用纯甲醇燃料(M100)或汽油燃料。其动力明显优于同排量汽油发动机,且比同排量汽油机燃料消耗节省 40% 以上。目前已解决了甲醇动力开发中低温起动困难、材料适应性、发动机润滑等业界公认的各项关键技术难点。

图 4-20 海锋甲醇动力轿车

甲醇汽车是我国新能源汽车战略中的重要组成部分,属于醇醚类汽车的代表,甲醇燃料已经被确定为今后 20～30 年过渡性车用替代燃料。但由于欠缺规范性,掺烧甲醇比例不规范也带来了一些负面的效果。国家应该加大投入和支持的力度,规范生产标准等问题。甲醇汽油国家标准一旦颁布,或将快速推动醇醚类汽车的发展。

【知识点 2】 乙醇燃料汽车

乙醇汽车是使用车用乙醇汽油作为主要动力燃料的汽车。一直以来,生物乙醇燃料备受争议,因为有人批评大规模使用乙醇作为燃料,会导致食品价格上涨。此外,传统制造乙醇过程中会消耗很多能源,因此,从“油井到车轮”的全过程来看,乙醇燃料并不环保。但是,通用汽车打算结束这种争论,在 2008 年北美车展上,通用汽车大打“E85 牌”,推出了多款 E85 乙醇燃料车,同时,作为推动车用能源多样化的战略手段,正式宣布与美国 Coskata 能源公司携手,在乙醇燃料技术领域内开展合作。

事实上,通用汽车在乙醇以及乙醇燃料汽车技术研发领域中,一直走在业界的最前列。通用汽车 20 多年前就已经致力于乙醇燃料技术的研发,并通过和众多乙醇燃料生产商的合作,开发可以使用乙醇燃料的汽车产品。另外,通用汽车也是第一个在美国大规模应用 EIO 燃料(90% 汽油和 10% 乙醇的混合燃料)的汽车制造商。20 世纪 90 年代初期,通用和福特两家汽车公司开始研制“灵活燃料”发动机,既可以用汽油,又可以用乙醇。

2002 年,福特汽车公司公布了巴西首款汽油-乙醇双燃料车,通用汽车公司在 2003 年将第一款“灵活燃料”汽车投向了市场。

目前,通用在全球已经销售了 250 万辆可以使用 E85 的车辆(同时也可以使用汽油),而在巴西,通用售出的 90% 以上的汽车可以使用 100% 的乙醇燃料,此类车型的保有量达到了 100 万辆。通用汽车还承诺,在 2010 年前,将使公司每年在北美生产的一半汽车都将适用 E85。

所谓 E85 就是由 85％的乙醇和 15％的汽油混合而成的乙醇燃料。在世界能源需求持续快速增长的背景下,乙醇成为不可再生的矿物燃料的可行替代品。通用汽车预测,从 2007 年到 2020 年,运输行业使用 E85 所减少的二氧化碳总排放量将超过 10 亿吨,从 2020 年起每年将减少 2 亿吨。

1. 通用汽车燃料乙醇概况

通用汽车在乙醇以及燃料乙醇汽车技术研发领域中,一直走在业界的最前列。通用汽车 20 多年前就已经致力于燃料乙醇技术的研发,并通过和众多燃料乙醇生产商的合作,开发可以使用燃料乙醇的汽车产品。另外,通用汽车也是第一个在美国大规模应用 E10 燃料的汽车制造商。

现在,通用汽车是最大的 E85 灵活燃料汽车制造商,目前全球在使用中的 E85 燃料乙醇汽车已超过了 300 万辆。在巴西,通用售出的 90％以上的汽车可以使用 100％的燃料乙醇,此类车型的保有量达到了 100 万辆。此前通用汽车还承诺在 2010 年,使公司每年在北美生产的可灵活使用不同燃料的汽车产品数量增加一倍,由 40 万辆增加至 80 万辆,2012 年,通用汽车在北美生产的一半汽车都将可以使用 E85。

在 2008 年北美车展上,通用汽车大打"E85 牌",推出了多款 E85 燃料乙醇车;同时,作为推动车用能源多样化的战略手段,正式宣布与美国 Coskata 能源公司携手,在燃料乙醇技术领域内开展合作。

美国 Coskata 能源公司 2006 年由一位风险投资家及化工技术人员创立,与其他生产燃料乙醇工厂不同的是,Coskata 可以利用包括废旧轮胎、城市垃圾及农作物废弃物等在内的各种有机碳原料来生产燃料乙醇。一直以来,燃料乙醇备受争议,因为有人批评大规模使用乙醇作为燃料,会导致粮食价格上涨,此外,传统制造乙醇的过程中会消耗很多能源。而 Coskata 公司的创新技术,先是应用常规的汽化技术将垃圾等废弃物原料转变为合成气,随后把制成的合成气送入生物反应器中与微生物反应生成乙醇,最后再采用膜技术将乙醇和水分离开。不但减少了对传统农作物的依赖,并且在生产制作过程中消耗的能量和对环境造成的污染也大大地降低。

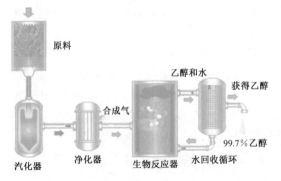

图 4-21　Coskata 获得燃料乙醇的方法

图 4-22　Coskata 获得燃料乙醇的原料

2. 福特汽车燃料乙醇概况

福特在燃料乙醇的运用方面,也一直走在前列。从 1996 年以来,福特已经生产了 200 多万辆 E85 和汽油任意混合比燃料的灵活燃料汽车。作为混合动力技术和燃料乙醇技术的领先者,福特第一个想到把它们结合到一起。

在 2006 年的华盛顿车展上,福特推出了 E85 Escape 混合动力车,它是世界第一款使用燃料乙醇的混合动力车。E85 Escape 混合动力车比燃烧汽油的 Escape 混合动力车的温室气体排放量少 25%,同时能降低对石油的依赖。福特推出 E85 Escape 混合动力车并非用来展示,而是即刻投入到实际运行当中,一共生产了 20 辆,供美国六个州的政府车队使用,而前三辆车分别交付美国能源部门、可再生燃料协会和乙醇联合会理事会使用。

图 4 - 23　福克斯 E85 燃料乙醇汽车

图 4 - 24　福特 F - 250 Super Chief 概念车

福特也是欧洲燃料乙醇汽车的最主要制造商之一,早在 2001 年,他们就正式生产了第一辆低 CO_2 排放的燃料乙醇车。2005 年,新一代福克斯推出以后,福特就与欧洲的乙醇企业以及瑞典政府合作开发了福克斯的燃料乙醇版本。采用燃料乙醇 E85 的福克斯,在价格上与普通汽油车基本持平,由于环保性能高、燃油经济性好,政府还有额外的税收优惠政策,这款车型具有很强的竞争力。福克斯的 1.8 L 发动机,经过一些改良后即可很好地支持 E85 燃料:首先,发动机的气门和气门座,都改用特殊强化材料制成,以保证发动机工作时,气门机构可以承受足够的冲击;其次,燃料乙醇和普通汽油的燃点不同,新发动机采用了可调的新式点火方式,这样就可以适应各种燃料的不同要求;最后,燃料乙醇不像汽油那样容易受到低温的影响,因此,一旦温度降低到零下 15 度,发动机汽缸体就可以进行预热,比普通汽油车更容易起动。除了福克斯以外,福特在欧洲的许多畅销车型,比如蒙迪欧、C—MAX、Galaxy 等车型,都有 E85 版本。

3. 萨博汽车燃料乙醇概况

依托于政府的大力支持,瑞典对于燃料乙醇的运用在欧洲显得十分活跃,萨博汽车就是其中典型的代表。2004 年的巴黎车展上,萨博推出了一款可同时使用汽油和燃料乙醇的 2.0 L 涡轮增压发动机。该发动机可以将两者掺和在一起使用,发动机的管理系统可以自动做调整。这种可以使用灵活燃料的发动机最大功率输出比同规格的汽油发动机要高出 20%,且车辆在中、高负荷状态下的油耗表现更好。

2006 年斯德哥尔摩车展上,萨博推出了使用 100% 燃料乙醇的混合动力概念车。如图 4 - 25 所示,该车强大的动力来自 191 kW 2.0 L 燃料乙醇涡轮发动机,总和共 53 kW 电动机,最大转矩 375 N·m。功率和转矩分别比普通的汽油发动机高出 24% 和 25%。配有一前一后电动系统,前置 15 kW 电动机/发电机安装在飞轮与变速器之间,集成了发电机功能,能够产生 15 kW 功率和 120 N·m 转矩,将动力传输给前轮,后置 38 kW 电动机负责驱动后轮。前后驱动系统的使用提升了起动时的加速效果和行驶中的动力输出,在没有增加燃油消耗的情况下动力提升了 28％,0~100 km/h 加速只需要 6.9 s。而同排量汽油发动机的加速时间为 8.8 s。这台车还集成了停车/起步系统,可以节省燃油 5％~7％。在 50 km/h 以下时可以使用纯电动驱动,行驶距离 10~20 km,电量过低或超过 50 km/h 时发动机自动重新起动。

从 2007 年开始,萨博推出的所有四款概念车全部采用燃料乙醇作为发动机动力源,表达了该品牌对于这种燃料的重视,包括 2007 年日内瓦车展上的 BioPower 100、2008 年北美车展上的 9-4XBioPower 概念车、2008 年日内瓦车展上的 9-X BioHybrid 概念车和 2008 年巴黎车展上的 9-X Air 概念车。

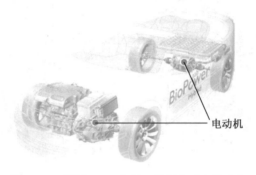

电动机

图 4-25　萨博 E100 燃料乙醇混合动力概念车

【知识点 3】　二甲醚燃料汽车

二甲醚作为环保、清洁、安全的新型替代能源,已经得到国际社会的公认。二甲醚是汽车发动机,特别是柴油发动机燃料的理想替代品。

由于二甲醚具有低沸点、高饱和蒸气压、低黏性、压缩性、高十六烷值、含氧 34.8％、较低热值等特点,二甲醚燃料发动机技术已引起西方发达国家政府和专家的高度重视。近年来,欧美、日韩等国家十分看好二甲醚燃料汽车的市场前景和环保效益,纷纷开展二甲醚燃料发动机与汽车的研发。在欧洲,VOLVO 汽车公司研制出了燃用二甲醚燃料的大客车样车用于示范;在日本,JFE、产业技术综合研究所、COOP 低公害车开发会社、交通公害研究所、五十铃汽车公司和伊藤忠会社等,分别研制了多辆燃用二甲醚燃料的货车样车和城市客车样车,计划在 3~5 年内小规模推广。

图 4-26　二甲醚城市客车

我国与国际二甲醚燃料发动机研究几乎同步。2005 年 4 月,在国家科技攻关项目支持下,上海交大与上汽集团、上海柴油机股份有限公司、上海华谊集团合作,成功开发了具有完全自主知识产权的 D6114 二甲醚燃料发动机和我国第一辆二甲醚城市客车,如图 4-26 所示。该车发动机采用上柴六缸、水冷、四冲程、顶置两气门、直喷、涡轮增压 SC8R250Q3B 型,排量 8.27 L,压缩比 17.3,最大功率 184 kW/2 200(r·min^{-1}),最大扭矩 985 N·m/1 200~1 400(r·min^{-1})。燃料系统采用 3 只容积为 140 L 的车用液化二甲醚钢瓶。

模块三　氢燃料汽车

气燃料汽车是在传统内燃机的基础上加以修改后可以直接用氢作为燃料燃烧,以产生动力的汽车,是一种真正实现零排放的交通工具,排放出的是纯净水,具有无污染、零排放、储量丰富等优势,因此,氢动力汽车是传统汽车最理想的替代方案。

一、宝马氢燃料汽车

1. 宝马氢动力发展史

早在 20 世纪 70 年代,宝马就开始了氢燃料的研究。第一代氢动力车是宝马在 1979 年推出的 520 汽车,装配有可使用氢气和汽油的双燃料发动机,从此拉开了宝马的液氢动力车的序幕。1984～1995 年,宝马又研制了第三代氢动力车,虽然有过大量的路试,但也仅限于实验用途。1999 年,宝马推出了由 15 辆 750hL 组成的氢动力车队。这 15 辆 750hL 在德国汉诺威 2000 年世博会上作为贵宾接待车,为宝马的氢动力市场化迈出了坚实的一步。同年,世界上第一个液氢加气站也在慕尼黑机场投入使用,如图 4－27 所示。

图 4－27　慕尼黑机场世界上第一个公用液氢加气站

2001 年,宝马举行了"清洁能源世界巡展"。在这次活动中,宝马清洁能源车队 2 月 1 日从中东的迪拜出发,途经布鲁塞尔、米兰、东京,最后到达洛杉矶。9 月的法兰克福车展,宝马又推出了以全新 7 系为基础的第六代氢动力车 745 h。

2004 年的巴黎车展,宝马展出了打破 9 项记录的氢动力赛车 H₂R。2 年后,宝马 Hydrogen 7 诞生,一共生产了 100 辆,正式交付特定的用户使用,氢动力汽车进入准商业化运作。

2. 宝马 750hL

750hL 是宝马第五代氢动力车产品,2000 年汉诺威世博会上,有 15 辆 750hL 作为世博会贵宾接待车而受到极大的关注。750hL 的发动机由原来的汽油发动机改进而成,并没有太大的变动,只是在发动机上安装了用于氢供给的管路。氢气利用储氢罐的压力,并且经过汽化送到发动机中。液态氢的汽化通过新增加的热交换器来完成。

750hL 是一台汽油和氢双燃料汽车,采用 5.4 LV12 发动机,使用汽油时,最大功率

240 kW,0～100 km/h 加速需要 6.8 s,最高时速 250 km/h;使用氢气时,最大功率 150 kW,0～100 km/h 加速需要 9.6 s,最高时速 226 km/h。储氢罐能储存 140 L 氢气,消耗 40 L/100 km,一次加满氢气可行驶 350 km。透视图如图 4-28 所示。

3. 宝马 745h

随着新一代的 7 系于 2001 年上市,宝马的氢动力车也迈入第六代,即 745h。745h 采用 4.4 L 的 V8 发动机,与汽油量产车相同,可使用汽油和氢气两种燃料。使用氢气时,745h 的最大功率为 135 kW,最高时速为 215 km/h,140 L 的储氢罐可以提供 300 km 的巡航能力。汽油箱为 70 L,可提供额外的 650 km 巡航距离。透视图及第六代宝马氢动力车如图4-29、图 4-30 所示。

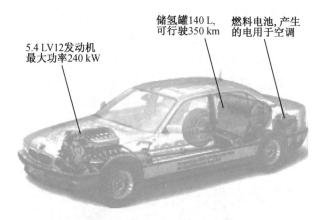

图 4-28　宝马 750hL 透视图

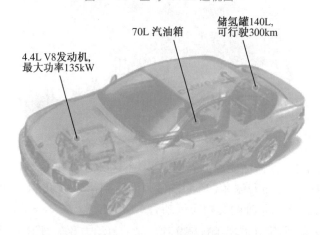

图 4-29　宝马 745h 透视图

图 4-30　六代宝马氢动力汽车

4. 宝马 H2R

2004 年,宝马向世界展示了一台仅用氢气作为燃料的赛车:H2R。如图 4－31 所示,作为宝马清洁能源计划的一部分,H2R 在法国米拉马斯高速试车场创下氢燃料内燃机汽车的 9 项全球速度记录。H2R 证明了采用氢燃料内燃发动机的惊人潜力。宝马一直坚信氢燃料可以完全取代传统燃料并直接用于现有的内燃机,与此同时,车辆的性能和动力丝毫不会逊色于任何一部现代汽车,H2R 的记录让宝马的坚信得到世界的认可。

H2R 是宝马公司仅用 10 个月的时间开发出来的,整个开发过程得益于以往数代氢动力车的宝贵经验。这辆"世界纪录创造者"概念车的车身表面由碳纤维强化型塑料制成,经过空气动力学优化后,H2R 的风阻系数仅 0.21。

H2R 动力源自一台 6.0 L 的 V12 发动机,最大功率 210 kW,0～100 km/h 加速仅仅需要 6 s,最高时速达到 300 km/h。与宝马的其他氢动力车不同,这款赛车仅仅使用了氢气作为其唯一的动力源。H2R 的储氢罐容量为 11 kg,位置在驾驶座椅的一侧,其三阀门设计可以提供很好的安全性。工作阀门在 4.5 Pa 的压力下打开,另外两个安全阀可以防止任何液氢泄漏产生的危险后果,在压力超过 5 Pa 时立即开启,释放压力,从而保证储氢罐不会因为压力过高而发生事故。H2R 在储氢罐加满且驾驶人就坐状态下的质量仅为 1 560 kg,在创造世界纪录的同时,排出的仅仅是水蒸气。

图 4－31　宝马氢动单座赛车

5. 宝马 Hydrogen 7

在 2006 年的洛杉矶车展上,宝马首次向公众展示了全新一代的氢动力车:Hydrogen 7。该车一共生产了 100 辆,主要用于准商业运行、宣传和道路实验。Hydrogen 7 采用 6.0 LV12 缸发动机,最大功率为 191 kW,最大转矩为 390 N·m。如此的性能可以让这台豪华汽车 9.5 s 内加速到 100 km/h,最高时速可达到 230 km/h。透视图如图 4－32 所示。

Hydrogen 7 依然是一台使用汽油燃料和氢燃料的双燃料汽车,它拥有一个 8 kg 的液态氢储氢罐和一个 74 L 的汽油箱。采用液态氢的好处是在相同体积的储存空间里,低温状态下储存的液态氢比加压储存的气态氢所包含的能量要大 75% 左右。8 kg(约 114 L)的液态氢可行驶 200 km;74 L 的油箱可行驶 500 km,要想将氢气液化,必须将温度降低至 −253℃,并且一直保持这个温度。因此,储氢罐对于隔热的效能要十分好。Hydrogen 7 的储氢罐由 2 mm 厚的不锈钢内胆和外胆组成,在内、外胆之间,有 30 mm 厚的真空隔热层。

■ 气态氢供给线路
□ 蒸发管路
■ 放空间安全管路
▨ 排气管蒸发管理系统
□ 空气进气蒸发管理系统
▨ 水冷循环
■ 汽油油管

图 4-32　宝马 Hydrogen 7 透视图

1-8 kg 液化氢燃料罐;2-液化氢加注口;3-液化氢连接器;
4-放空阀安全管路;5-辅助装置(包括氢热交换器和燃料箱控制单元);
6-可使用液化氢和汽油的内燃机;7-供氢气道及进气歧管;8-蒸发管理系统;
9-74 L 汽油箱;10-压力控制阀。

虽然宝马拥有十分有效的隔热措施,但仍不能保证氢气完全不会被蒸发。为了防止储氢罐中压力过大,通过蒸发管理系统控制燃料蒸发过程:一旦超过既定的压力水平,系统就会允许蒸发的氢气在受控状态下,从蒸发阀逸出,自动与空气混合并经催化剂氧化成水。半满的储氢罐大约 9 天就会缓慢地蒸发,但是其蒸发过程是安全可控的,仍然有足够的氢保存在储氢罐中,足以在氢燃料运行模式下行驶一定的距离。

在使用汽油燃料时,汽油是直接喷射入汽缸的;而使用氢燃料时,氢气和空气要在进气歧管中形成混合气。由于两种燃料的燃烧性质完全不同,因此,发动机的管理系统将精确地控制使用各种燃料时发动机的各项参数。氢气燃烧得更快,与空气混合后的燃烧过程具有更快的燃烧速率,这是氢气具有的显著优点,利用宝马 V12 发动机上的 Valvetronic 电子气门管理系统和双 VANOS 凸轮轴控制系统,发动机管理系统可以针对氢气空气混合物的特定特点和要求,来进行燃料喷射和气门正时、升程的控制。

图 4-33　宝马 Hydrogen 7 储氢罐透视图

氢气流　　空气流

图 4-34　宝马 Hydrogen 7 发动机透视图

二、马自达氢燃料汽车

与宝马一样,马自达是第二个十分热衷于研究采用氢气作为内燃机燃料的汽车生产商,不过更独特的是,马自达是将氢气用于本品牌最有魅力的转子发动机上面。

早在1991年的东京车展上,马自达就推出了旗下第一款氢转子发动机概念车HR-X,该车采用由RX-7转子发动机改进而成的0.49L×2(转子发动机的排气量通常用单位工作室容积和转子的数量来表示)氢转子发动机,最大功率73.5 kW,最大转矩127 N·m。1m³的燃料箱储存了相当于43 m³的压缩氢气,最大巡航里程达到了230 km。

1993年,马自达发布了第二款氢转子发动机概念车HR-X20,该车采用0.65L×2氢转子发动机,最大功率95.6 kW,最大转矩167 N·m。另一个特色是HR-X采用了马自达独自研发的"液晶聚合物塑钢"材料,加强了对于再收回环保材料的运用。

在开发HR-X2的同期,马自达的研发队伍还在1993年研制出以MX-5敞篷车为基础的氢转子发动机试验车。该车排量为0.65L×2,并在日本汽车研究所举行了实地测试大会。

两年后的1995年,马自达得到当时日本运输省(交通部)批准,两辆以氢转子发动机为动力的Capella Cargo车型正式上路测试。马自达与新日铁公司合作,4年时间内总共进行了超过40 000 km的测试。该车采用0.65L×2氢转子发动机,最大功率92 kW,最大转矩175.5 N·m。

2003年,马自达将氢转子发动机运用到目前唯一量产的转子发动机车型RX-8上面。2004年10月,采用双燃料系的RX-8氢转子发动机车型获得了日本国土交通省的认可,开始进行公路测试。2006年正式将氢转子发动机车型进行准商业运用——对外租赁,位于东京及大阪的两家日本企业获得了首批2台的租赁权。

2004年,世界第3大石油和天然气输出国挪威启动了一项国家计划——HyNor(挪威氢能源之路),其目的是减少CO_2放量,并且在资源逐渐枯竭的背景下研究如何利用氢能。

虽然挪威已基本普及CO_2排放为零的水力发电,但工业或家庭用电无法进一步减少CO_2的排放量。为此,挪威将希望寄托于承担着国内主要交通运输任务的汽车,通过对汽车能源的改造来达成减少CO_2排放量的目的。

挪威将发展重点放在应用氢作为汽车燃料方面,因为氢不但可以通过本国自产的天然气或水电解而产生,而且不会排放CO_2。

目前,HyNor正计划在连接斯塔万格(邻近北海的挪威第四大城市)和奥斯陆(挪威首都)的全长580 km的高速公路上,建设可供氢能源汽车补给的基础设施。预计于2010年将会建成包括5座固定式氢燃料补给站和1个拖车式的氢燃料移动补给站在内的6个基础设施。

2006年,马自达参加了挪威首座氢燃料补给站的开幕典礼,并展示了RX-8氢转子发动机车型,如图4-35、图4-36所示。2007年,马自达为了促进氢和氢能汽车的普及,决定为HyNor提供帮助,并计划在未来一共提供约30辆RX-8氢转子发动机车型供挪威政府及相关单位使用。这是马自达首次将氢转子动力车型交付给日本以外的地区使用。

图 4-35 马自达 RX-8 氢动汽车

2009 年,马自达专为 HyNor 计划推出的全新 RX-8 氢转子发动机车型,基于全新改款的 RX-8。

图 4-36 挪威建成首座氢燃料补给站

马自达 RX-8 Hydrogen RE 于 2003 年东京车展首次露面,随着 2004 年的路试、2006 年的租赁,现在已经开始准商业化运作。RX-8 Hydrogen RE 的动力源自一台 RENIESIS 氢转子发动机,RENESIS 是马自达新一代转子发动机的称谓。该发动机 1999 年在 RX-EVOLV 概念车上露面,2003 年随着 RX-8 量产而正式走向市场。新一代的 RENIESIS 转子发动机最大的改进是采用了侧排气/侧吸气技术,排气量为 0.65L×2,自然吸气,输出最大功率却可达到 184 kW,最大转矩达 216 N·m。燃油经济性和净化尾气排放方面也得到了大幅度的改善。

马自达 RX-8 Hydrogen RE 上的 REN ESIS 转子发动机,被设计成为可使用氢燃料和汽油双燃料的发动机。发动机外壳上安装了 4 个氢气喷射器。在使用汽油为燃料行驶时发动机与 RX-8 完全一样,采用两侧进排气;当使用氢气为燃料行驶时,发动机便可通过安装在 REN ESIS 外壳上的喷射器直接喷射氢气,由于氢气密度小,喷射量比汽油多得多,因此,每个转子配备两个喷射器。使用氢燃料时,氢转子发动机最大输出功率为 81 kW、最大转矩

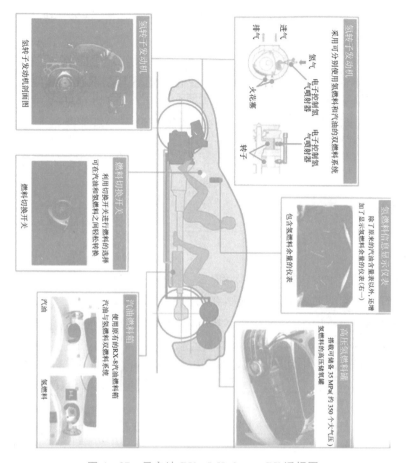

图 4‑37　马自达 RX‑8 Hydrogen RE 透视图

为 120 N·m。使用汽油时,氢转子发动机的最大功率为 154 kW、最大转矩为 222 N·m。透视图如图 4‑37 所示。

马自达 RX‑8 Hydrogen RE 在后行李舱安置了一个容量 74 L,35 MPa(约 350 个大气压)的储氢罐,可以行驶 60 km 左右。马自达还有意研发 70 MPa(约 700 个大气压)的储氢罐。为了确保安全,该车还配备了 4 个氢气泄漏检测装置。驾驶人可以通过切换按钮来选择使用汽油或氢燃料,仪表上也多出了一个氢气余量显示表,以提醒驾驶人关注氢气余量。

图 4‑38　马自达 RX‑8 Hydrogen RE 上的 RENESIS 转子发动机

马自达 RX - 8 Hydrogen RE 上的 RENESIS 转子发动机,被设计成为可使用氢燃料和汽油双燃料的发动机,如图 4 - 38 所示。

氢能由于具有清洁、高效、可再生等特点被誉为 21 世纪理想能源,但许多关键技术尚未成熟,而且生产成本高昂,短期内很难实现产业化。随着氢制取技术和使用技术的不断进步,人们越来越乐观地认识到氢离人们的生活越来越近了。可以预见,未来世界将从以碳为基础的能源经济形态转变为以氢为基础的能源经济形态。氢能是汽车作为燃料的最终目标。

思考与练习

一、填空题

1. 气体燃料汽车主要包括_____和_____汽车。

2. 天然气汽车与普通燃油汽车相比,在结构上主要增加了_____。

3. 天然气供给系统由_____、供气部件、控制部件和_____组成。

4. 甲醇作为燃料在汽车上的应用主要有_____和_____两种。

5. 掺烧是指将甲醇以不同的比例(如 M10、M15、M30 等)掺入汽油中,作为发动机的燃料,一般称为_____;_____是指将高比例甲醇(如 M85、M100)直接用作汽车燃料。

6. 气燃料汽车是在_____的基础上加以修改后可以直接用_____为燃料燃烧,产生动力的汽车。

二、简述分析题

1. 气体燃料汽车如何进行分类?

2. 天然气汽车车型有哪些?试对比它们的技术参数,分析哪一车型性能相对更好。

3. 生物燃料汽车可分为哪几类?

4. 氢燃料汽车车型有哪些?试对比它们的技术参数,分析哪一车型性能相对更好。

扫码可见本单元视频

替代燃料汽车技术

单元
五

知识目标

1. 掌握可变气门正时技术、GDI 燃油直喷技术和 VDE 可变排量控制等技术工作原理;
2. 掌握涡轮增压、机械增压技术原理,了解节能减排方案。

技能目标

了解替代燃料汽车技术应用的典型车型。

单元导读

  2019 年,现代汽车集团发布了全球首款"连续可变气门持续期"系统(Continuously Variable Valve Duration,以下简称"CVVD")。同时,对外展示了首款采用该技术的 Smart StreamG1.6 T-GDi 发动机。这是一项具有划时代意义的技术,突破了发动机可变气门技术的种种限制,不仅能够让发动机的性能与燃油效率整体得到提升,同时还减少了尾气的排放量。

  现代的 CVVD 技术不但优化了发动机的性能和燃油效率,而且可让发动机变得更加环保。该气门控制技术可根据行驶工况,对气门的开关持续时间进行调节。仅在 500 ms 时间内,CVVD 技术可进行 1 400 步超精密吸气气门开启状态的调整,从而可将发动机性能提升 4%,燃油效率提升 5%,此外还将尾气排放减少 12%。

  现有的可变气门控制技术是管理气门开关的时间,如"连续可变气门正时"系统(Continuously Variable Valve Timing,简称 CVVT),或者通过调节气门深度以控制进气量如"连续可变气门升程"系统(Continuously Variable Valve Lift,简称 CVVL)。宝马公司的 Vanos,丰田公司的 VVTI,本田公司的 VTEC 都属于以上两种气门管理技术的范围。这些可

图 5-1 K5 凯酷,使用 CVVD 发动机

变气门控制技术与 CVVD 最大的区别是 CVVT 和 CVVL 不能调节气门开关时间。而 CVVD 技术的可根据定速行驶、加速行驶等行驶条件,合理控制气门开启持续时间,从而同时实现阿特金森、奥托、米勒三种发动机循环的优质效果。不仅如此,CVVD 技术可将发动机的有效压缩比在 4:1 至 10.5:1 范围内进行灵活调整,实现可变压缩比效果。

现代推出的新款 4 缸汽油涡轮发动机 Smart StreamG1.6 T‑GDi 发动机,是第一款运用了 CVVD 技术的发动机。SmartStream G1.6 T‑GDi 最大输出功率为 180 马力,最大扭矩为 265 N·m。可以这么说,现代 CVVD 技术的诞生,是内燃机百年发展史上的一次里程碑式进步。

虽然未来的汽车环保方向,会向混合动力汽车、电动汽车、燃料电池汽车或其他新能源汽车方向发展,但日益高涨的环保意识已经让现有的汽车生产商对传统的内燃机付诸更多的技术研发。基于现有发动机的新技术也层出不穷,汽车厂商不断提高发动机性能,同时降低发动机的油耗,减少 CO_2 的排放,尽可能通过新技术让发动机更环保,适应往绿色汽车发展的趋势。

模块一　可变气门正时技术

VVT 是英文 Variable Valve Timing 的缩写,中文译为可变气门正时技术。它是汽油发动机技术发展的一个里程碑。其主要设计思路是根据发动机的运行情况,调整进气(排气)量和气门开闭时间、角度,使进入的空气量达到最佳,提高燃烧效率,同时提高燃油经济性。

活塞式四冲程发动机都由进气、压缩、做功、排气 4 个行程完成。汽缸进气的基本原理是"负压",也就是汽缸内外的气体压强差。当发动机低速运转时,气门的开启程度不可太大,否则会造成汽缸内外压力均衡,负压减小,使进气不充分,此时需要以短行程的方式加以控制;当发动机高速运转时,需要更多的进气量,因此,需要长行程的气门升程。为了适应各种行车情况,发动机在低转速时要有出色的转矩,在高转速时能释放出更高的功率,但往往鱼和熊掌不能兼得,直到 VVT 技术的出现。

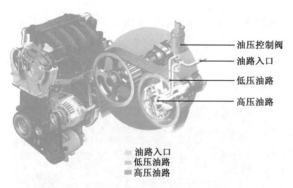

油压控制阀
油路入口
低压油路
高压油路

油路入口
低压油路
高压油路

图 5‑2　可变气门正时控制机构原理图

图 5‑2 是一个典型的可变气门正时控制机构。在凸轮轴与正时齿轮之间有两个液压室。一个为高压油区,另一个为低压油区。因此,只要调节两个油区之间的压力差,就能改变配气正时角了,而两个油区的油压是通过图 5‑2 所标示的油压控制阀调节的。油压调节阀实质上就是一个电磁阀,通过电脑传输过来的脉冲电流来控制阀门的通断。当高压油路(图中深色的通道)接通时,整个油室处于加压状态,根据图中深色箭头的方向很容易判断,此时配气正时被推迟,重叠角增大,适用于低转速;当电磁阀控制浅色区域压力高于深色区域压力时,凸轮轴会如图中浅色箭头所示,提前一个角度,这样重叠角减小,适用于高

转速。

对于这项技术,许多厂家都已经掌握,它们的原理万变不离其宗,只不过名称和具体实施细节略有不同。知名汽车品牌的 VVT 技术名称如下:

本田:VTEC、i-VTEC

丰田:VVT-i、双 VVT-i

三菱:MiVEC

马自达:S-VT

现代:CVVT

雷诺/日产:VTC、C-VTC

宝马:Valvetronic、双-VANOS

保时捷:Variocam

奥迪:AVS

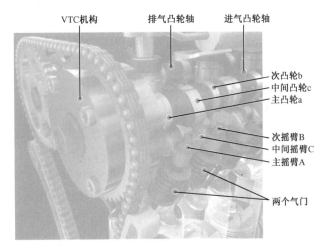

图 5-3　可变正时控制机构

一、本田 i-VTEC

VTEC 系统的全名是"Variable Valve Timing and Lift Electronic Control",中文译为"可变气门正时及升程控制系统"。VTEC 机构最早出现在 1989 年,由于技术先进,一直享有"可变气门技术的代名词"美誉。与普通发动机相比,VTEC 发动机同样是每缸 4 气门(2进 2排),同样有凸轮轴和摇臂等,不同的是凸轮与摇臂的数目及控制方法。

除了原有控制两个气门的一对凸轮(主凸轮 a 和次凸轮 b)和一对摇臂(主摇臂 A 和次摇臂 B)外,还增加了一个较高的中间凸轮 c 和相应的摇臂(中间摇臂 C),三根摇臂内部装有由液压控制移动的小活塞。通过电磁阀对液压系统的控制来移动小活塞,可以根据需求来决定用哪个凸轮来控制摇臂,从而达到控制升程的目的。

VTEC 系统对于配气正时的改变仍然是阶段性的,也就是说其改变配气正时只是在某一转速下的跳跃,而不是在一段转速范围内连续可变。为了改善 VTEC 系统的性能,本田推出了 i-VTEC 系统。

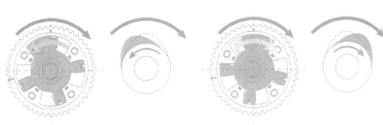

图中深色部分是凸轮轴末端,白色部分是正时齿轮

图 5-4　VTEC 机构操作图

简单来说,i-VTEC 系统是在 VTEC 系统的基础上,增加了一个称为 VTC(Variable

Timing Control,即"可变正时控制")的装置（一组进气门凸轮轴正时可变控制机构），即 i-VTEC=VTEC+VTC。此时，排气门的正时与开启的重叠时间是可变的，由 VTC 控制，VTC 机构的导入使发动机在大范围转速内都能有合适的配气正时，这在很大程度上提高了发动机的性能。

二、宝马 VANOS

VANOS 是宝马发动机连续可变气门正时技术的简称，它是一套液压及机械机构组成的凸轮轴控制装置。VANOS 技术可分为单-VANOS（单凸轮轴可变气门正时系统）和双-VANOS（双凸轮轴可变气门正时系统）。

单-VANOS 是指进气门正时可变（排气门正时不可变）技术，系统能够根据发动机转速及加速踏板行程来调节进气门正时。机构图如图 5-5 所示。

双-VANOS 是进气门正时和排气门正时都可变的技术。相对于单-VANOS 只能对高低转速进行调节的能力，双-VANOS 可以让功率在整个转速范围内都得到优化。双-VANOS 可持续调节进气门和排气门的凸轮轴位置，结果是低转速时转矩明显增大，高转速时功率更高，同时降低油耗和排放。机构图如图 5-6 所示。

在低发动机转速时，移动凸轮轴的位置，使气门延时打开，提高怠速质量并改善功率输出的平稳性；在发动机转速增加时，气门提前打开，增大转矩，降低油耗并减少排放；高发动机转速时，气门重新又延时打开，为全额功率输出提供条件。

双-VANOS 还控制循环返回进气歧管的废气量以增强燃油经济性。系统在发动机预热阶段使用一套专用参数以帮助三元催化转换器更快达到理想工作温度并降低排放。

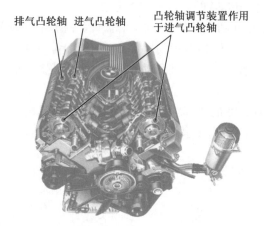

图 5-5 宝马 单-VANOS 机构图

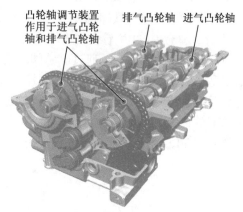

图 5-6 宝马 双-VANOS 机构图

三、宝马 Valvetronic 电子气门

顾名思义，Valvetronic 意为电子气门。在普通的发动机进气歧管当中，有一个节气门来控制空气的进入流量以输出从加速踏板传递过来的驾驶意图。Valvetronic 取消了传统的节气门，而是通过进气门升程的变化来控制混合气吸入量，进而减少发动机的泵吸损失。

与传统的双顶置凸轮轴发动机相比，Valvetronic 系统增加了一根辅助偏心轴、一台步进电动机和带复位弹簧的中间杠杆等部件。原理图及原理分解图如图 5-7、图 5-8 所示。

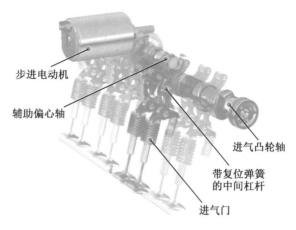

步进电动机
辅助偏心轴
进气凸轮轴
带复位弹簧
的中间杠杆
进气门

图 5 - 7　Valvetronic 原理图

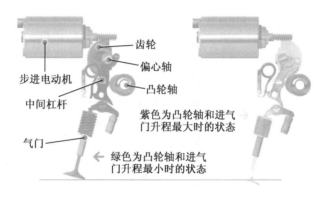

步进电动机
中间杠杆
齿轮
偏心轴
凸轮轴
气门
紫色为凸轮轴和进气
门升程最大时的状态
绿色为凸轮轴和进气
门升程最小时的状态

图 5 - 8　Valvetronic 原理分解图

Valvetronic 工作原理如下：发动机管理系统根据车辆的功率及转矩需求，通过电气系统驱动步进电动机；步进电动机通过齿轮传递给偏心轴；偏心轴发生转动，其转角变化导致带复位弹簧的中间杠杆发生改变，控制摇臂，使气门升程根据需要产生变化。简单来说，当驾驶人用力踩加速踏板时，进气门便开得深（升程大）；反之，驾驶人轻踩加速踏板时，进气门便开得浅（升程小）。

Valvetronic 摒弃了传统发动机的节气门，减少了泵吸损失，进而可以大大节省耗油量，特别是当发动机处于低转速区时。同时，没有节气门阻流效应的进气门周围进气流速加快，加速了燃油/空气混合物的雾化，提高了燃烧速度。所以，Valvetronic 在提高燃油经济性的同时，还能够提高发动机功率、转矩输出和降低排放。

四、保时捷 VarioCam/VarioCam Plus

以水平对置发动机闻名于世的保时捷同样也有气门正时系统：VarioCam。VarioCam技术最早运用在 1991 年的 968 车型上，它利用正时链条改变凸轮轴的相位角，因此，它能分三段改变气门正时。这是最早的保时捷气门正时系统，其缺点是不能实现大范围的气门相位角变化。原理图如图 5 - 9 所示。

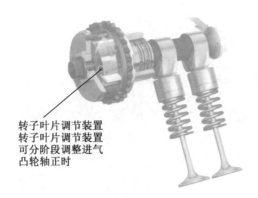

转子叶片调节装置
转子叶片调节装置
可分阶段调整进气
凸轮轴正时

图 5‑9　保时捷 VarioCam 原理图

为了达到连续可变气门正时的目标,保时捷开发了 VarioCam Plus 系统,用液压机构取代了链条机构。VarioCam Plus 系统(如图 5‑10)每个气门被三个凸轮控制,很明显中间的凸轮带来较小的气门行程(仅 3 mm)和较短的气门开启时间,即低速凸轮。外部的两个凸轮形状相同,它带来的是高速正时和更长的行程(10 mm)。凸轮由气门顶部的液压机构顶杆来选择,在气门顶的内部,设计有液压顶杆,它们能在液压的作用下,把气门和气门顶锁在一起,通过这种方法,可以使高速凸轮轴驱动气门。如果气门与气门顶没有锁在一起,那么气门则被中间的低速凸轮直接驱动,气门顶的运动与气门无关。

这套可变气门行程机构结构简单,可变气门顶比普通的可变气门行程机构占用更少的空间,但是目前 VarioCam Plus 仅在进气系统上配备。

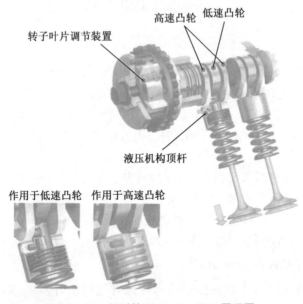

高速凸轮　低速凸轮
转子叶片调节装置

液压机构顶杆

作用于低速凸轮　作用于高速凸轮

图 5‑10　保时捷 VarioCam Plus 原理图

五、奥迪 AVS

奥迪 AVS(Audi Valvelift System)即可变气门升程系统针对汽油发动机进气门正时和升程加以控制,功能类似于本田 i‑VTEC,但机械结构略有不同:AVS 在负责控制进气门的凸轮轴上具备两组不同角度的凸轮和负责改变升程的螺旋沟槽套筒。螺旋沟槽套筒由电磁阀加以控制,以切换使用两组不同的凸轮,改变进气门的开启升程。原理图如图 5 - 11 所示。

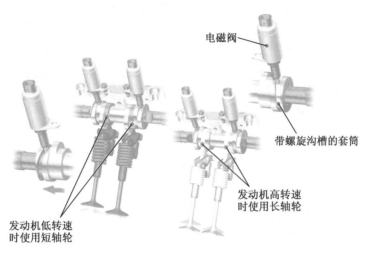

图 5 - 11　奥迪 AVS 原理图

在发动机高负载的情况下,AVS 系统将凸轮向右推动 7 mm,使角度较大的凸轮得以推动气门顶杆;在此情况下,气门升程可达 11 mm,以提供燃烧室最佳的进气量和进气流速,实现更强劲的动力输出。

在发动机低负载的时候,为了追求发动机节油性能,此时 AVS 则将凸轮推至左侧,以较小的凸轮推动气门顶杆。此时气门升程可在 2~5.7 mm 之间进行调整。

由于采用不对称的进气升程设计,因此,空气以螺旋方式进入燃烧室,可让汽缸内的油气混合状态进一步优化,在省油的同时,燃烧更充分。

模块二　GDI 燃油直喷技术

GDI 就是 Gasoline Direct-Injection,中文意为汽油直接喷射。直喷式发动机与一般汽油发动机的主要区别在于汽油喷射的位置。目前一般汽油发动机上所用的汽油电控喷射系统,是将汽油喷入进气歧管或进气管道里,与空气混合成混合气后再通过进气门进入汽缸燃烧室内被点燃做功;而缸内喷注式汽油发动机顾名思义是在汽缸内喷注汽油,它将喷油嘴安装在燃烧室内,将汽油直接喷注在汽缸燃烧室内,空气则通过进气门进入燃烧室与汽油混合成混合气被点燃做功。直喷技术能有效地降低热损耗,从而增加动力输出、降低燃油消耗。目前有很多汽车生产商都有自己的直喷技术,比如三菱 GDI、大众/奥迪 FSI、通用 SIDI、奔驰 CGI、保时捷 DFI、菲亚特 JTS、福特 ECOBOOST 等。

一、奥迪 FSI

FSI 是 Fuel Stratified Injection 的简写,中文意指燃料分层喷射技术。FSI 系统通过一个活塞泵提供所需的 10 MPa(100 bar)以上的压力,将汽油提供给位于汽缸内的电磁喷射器,再经电脑控制喷射器将燃料在最恰当的时刻直接注入燃烧室。

FSI技术采用了分层燃烧和均质燃烧两种燃料方式。在发动机低、中速运转时采用分层燃烧,此时节气门为半开状态,空气进入汽缸撞在活塞顶部,由于活塞顶部制作成特殊形状而在火花塞附近形成期望中的涡流。当压缩过程接近尾声时,少量的燃油喷出,形成可燃气体。分层燃烧方式可充分提高发动机的经济性,因为在转速较低、负荷较小时除了火花塞周围需要形成浓度较高的油气混合物外,燃烧室的其他地方只需空气含量较高的混合气即可。

当节气门全开,发动机高速运转时采用均质燃烧。大量空气进入汽缸形成较强涡流并与汽油均匀混合,从而促进燃油充分燃烧,提高发动机的动力输出。电脑不断地根据发动机的工作状况改变燃烧模式,始终保持最适宜的供油方式。不仅提高了燃油的利用效率和发动机的输出,还改善了排放。

分层燃烧　　　　　　　均质燃烧

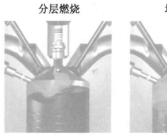

图 5-12　分层喷射图示

二、奔驰 CGI

CGI是奔驰的燃油直喷、分层燃烧技术。它同样包含分层燃烧和均质燃烧两种燃烧模式,分别服务于正常行驶和高速行驶。与其他直喷技术相比,CGI技术最大的一个特点是采用了压电技术,这样就可以更直接地控制汽油喷射,通过气门来决定气流的大小,这种直接的控制方式使每一次气门开合都非常精准、稳定,可变负荷的压电控制器还保证了气流的连续性。压电技术为高效率的燃烧过程提供了保证。CGI发动机还采用了新型的喷射器,在任何喷射和操作条件下,它都能形成成分稳定的燃烧混合气。此外,高达 20 MPa(200 bar)的油压保证了燃油喷射的连续稳定。这些技术所带来的结果就是:燃油喷射非常精确,大幅度地降低了油耗。

图 5-13　奔驰 CGI 布局(中置压电喷油嘴)

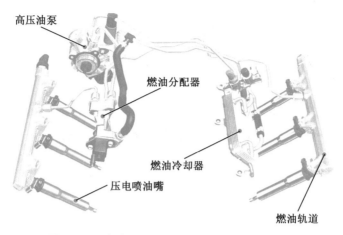

图 5 - 14 奔驰 V6 CGI 汽油发动机燃油喷射系统

模块三 VDE 可变排量控制技术

VDE 是可变排量发动机的英文简称。不难发现,豪华汽车通常都采用 V6、V8、V10 甚至 V12 的多汽缸大排量发动机,但日常行驶中,大多数情况下并不需要大功率的输出,大排量多汽缸就显得有点浪费,不但费油,而且 CO_2 排放严重。VDE 发动机便有了其生存的空间,本田的 VCM、通用的 DoD、克莱斯勒的 MDS 都是相同的可变排量理念,只不过方法不同而已。

一、本田 VCM

本田的 VCM 系统是 Variable Cylinder Management 的简称,意思是可变汽缸管理。在早先的 VCM 系统中,可以按需关闭一半的汽缸,也就是双数的汽缸,而新的 3.5 LV6 发动机可在 3、4、6 缸之间变化,使用发动机排量也能在 1.75~3.5 L 之间变化。简单来讲,这台 3.5 L 发动机,既可以作为 V6 发动机工作,也可以同时根据发动机工况需要,"变身"为直列 3 缸发动机或者 V 形 4 缸发动机。

VCM 有三种不同的模式以适应各种驾驶情形:

| 6缸运行 | 3缸运行 | 4缸运行 |

图 5 - 15 VCM 三种不同的模式

在发动机起动、加速或者低挡位爬坡时,发动机会起动所有的 6 个汽缸来运行,这样主要是为了满足发动机起动初期缸体的各个部分加热均匀,或者是满足动力输出的需求。此时,发动机可以以最快速度满足最大功率或者最大转矩的动力需要。

当车辆处于中低速的定速巡航或者发动机低负荷需求时(怠速状态下),VCM 会通过控制 VTEC 关闭发动机一侧的三个汽缸的进、排气以及供油来完成从 V6 发动机到直列 3 缸发动机工作模式的切换。此时,这台 3.5 L 发动机的工作排量只有 1.75 L。

在中等加速、高速巡航和缓坡行驶时,发动机将会用 4 个汽缸来运转。此时,VCM 系统会仅仅保持发动机每一列三个汽缸中最靠近远端的两个汽缸的正常工作状态,相对靠近中心的那个汽缸则会被关闭。

图 5-16　VCM 三种模式在实际驾驶状况下的工作状态

图 5-17　3.5 L V6 VCM 工况图

二、通用 DoD

DoD(Displacement on Demand)是通用公司的可变排量控制技术。工作时,中央处理器会根据从各传感器收集到的信息进行综合分析判断。当发动机的载荷较小,不需要那么多的动力时,电脑发出指令,停止半数缸——也就是 4 个缸的喷油、点火工作,让另外的 4 个缸继续完成的工作。而当驾驶人踩下加速踏板,或车辆在自动巡航时遇到上大坡的情况,电脑迅速反应,开启所有汽缸投入工作,提供充足动力。这一切都是自动进行,DoD 状态的切换时间以毫秒记,而且对发动机运转的平顺性无任何影响,驾驶人根本无需操心,也感觉不到。

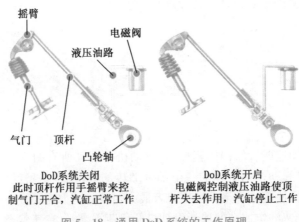

DoD系统关闭
此时顶杆作用手摇臂来控制气门开合,汽缸正常工作

DoD系统开启
电磁阀控制液压油路使顶杆失去作用,汽缸停止工作

图 5-18　通用 DoD 系统的工作原理

DoD 带来的最直接的好处就是在发动机的动力性、排放和噪声振动等性能保持不变的前提下，获得极佳的燃油经济性。测试证明，它可节省最高达 8% 的油耗。

模块四　涡轮增压技术

涡轮增压的英文名称为 Turbo Charger。一般来说，如果在汽车尾部看到 Turbo 或者 T，即表明该车采用的发动机是涡轮增压发动机。

涡轮增压的主要作用就是提高发动机进气量，从而提高发动机的功率和转矩。它的作用是很有现实意义的，比如现在最常见的 1.8 L 排量发动机，经过增压后，输出的功率可以与 2.4 L 发动机水平相当，但是耗油量却比普通型 1.8 L 发动机并不高多少。因此，我们并不需要仅靠大排量才能获得高功率，在另外一个层面上来说就是提高燃油经济性和降低尾气排放。

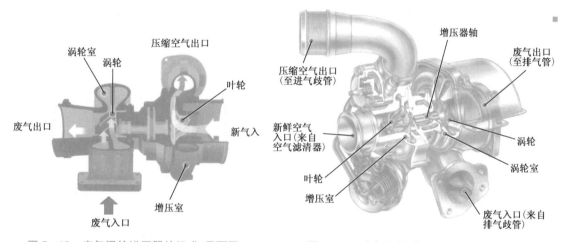

图 5-19　废气涡轮增压器的组成（平面图）　　　图 5-20　废气涡轮增压器的组成（立体图）

涡轮增压有很多种类型，最常见的涡轮增压装置是一种空气压缩机，通过废气带动叶轮来压缩空气以增加发动机的进气量，因此，也称为废气涡轮增压装置。它主要是由涡轮室和增压器组成。首先是涡轮室的废气入口与发动机排气歧管相连，废气出口则接在排气管上。然后增压器的新鲜空气入口与空气滤清器管道相连，压缩空气出口接在进气歧管上。最后涡轮和叶轮分别装在涡轮室和增压器内，二者同轴（增压器轴）刚性连接，组成一个完整的废气涡轮增压装置。

涡轮增压都是利用发动机排出的废气惯性冲力来推动涡轮室内的涡轮，涡轮又带动同轴的叶轮，叶轮压缩由空气滤清器管道送来的空气，使之增压进入进气歧管。当发动机转速加快，废气排出速度与涡轮转速也同步加快，叶轮就压缩更多的空气进入进气歧管，空气的压力和密度增大可让更多的空气进入燃烧室，相应增加燃料量和调整发动机的转速，就可以增加发动机的输出功率了。

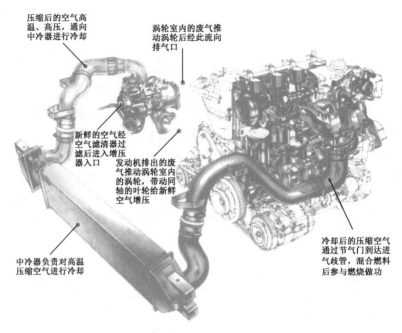

压缩后的空气高温、高压，通向中冷器进行冷却

涡轮室内的废气推动涡轮后经此流向排气口

新鲜的空气经空气滤清器过滤后进入增压器入口

发动机排出的废气推动涡轮室内的涡轮，带动同轴的叶轮给新鲜空气增压

中冷器负责对高温压缩空气进行冷却

冷却后的压缩空气通过节气门到达进气歧管，混合燃料后参与燃烧做功

图 5–21　废气涡轮增压运行原理图

模块五　机械增压技术

涡轮增压是靠发动机的废气推动涡轮来加大空气压力的，也就是说，发动机必须达到一定的转速，涡轮增压器才可能介入工作。而机械增压器(Super Charger)却不用这么麻烦，在发动机起动之后，机械增压器就可以开始工作了。机械增压器不仅解决了车辆起步前段加速能力偏弱的不足，还解决了发动机在高转速区域会出现的进气效率低下的问题。

机械增压器采用皮带与发动机曲轴皮带轮连接，利用发动机转速来带动机械增压器内部转子，以产生增压空气，送入发动机进气歧管内，整体结构相当简单。

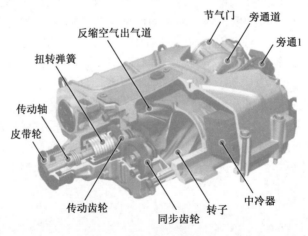

节气门　旁通道

反缩空气出气道　　　　　　　　　　旁通1

扭转弹簧

传动轴

皮带轮

传动齿轮　　　同步齿轮　　转子　　中冷器

图 5–22　机械增压的组成

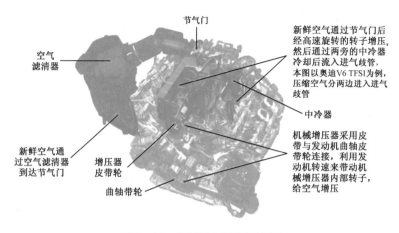

节气门

空气
滤清器

新鲜空气通过节气门后
经高速旋转的转子增压,
然后通过两旁的中冷器
冷却后流入进气歧管,
本图以奥迪V6 TFSI为例,
压缩空气分两边进入进气
歧管

中冷器

机械增压器采用皮
带与发动机曲轴皮
带轮连接,利用发
动机转速来带动机
械增压器内部转子,
给空气增压

新鲜空气通
过空气滤清器
到达节气门

增压器
皮带轮

曲轴带轮

图 5-23 机械增压运行原理图

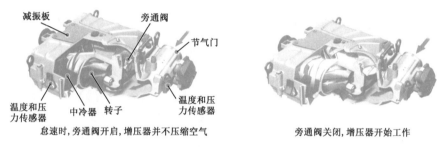

减振板

旁通阀

节气门

温度和压
力传感器

中冷器 转子

温度和压
力传感器

怠速时,旁通阀开启,增压器并不压缩空气

旁通阀关闭,增压器开始工作

图 5-24 机械增压器的空气流

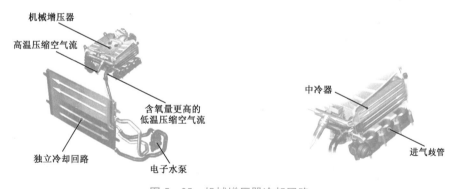

机械增压器

高温压缩空气流

中冷器

含氧量更高的
低温压缩空气流

进气歧管

独立冷却回路

电子水泵

图 5-25 机械增压器冷却回路

　　机械增压对于冷却系统要求没有涡轮增压严格,不过为了获得更充足的空气,现在的机械增压系统仍配备了相当完善的冷却系统。以奥迪 3.0 V6 TSFI 发动机为例,集成在两个转子旁边的两个铝制的水冷式中冷器还连接在一个独立冷却回路上,经过其中的压缩热空气被再次冷却,从而提高了进入燃烧室空气的含氧量。

模块六　节能减排整体方案

　　单一的技术改进或措施,对于节能减排的贡献有限,不过,将这些措施组合起来形成一个整体的方案,其效果就非常可观。目前,很多欧洲厂商都采用了由各种技术和措施形成的整体方案,来达到节能减排的目的。这些方案包括进一步改善内燃发动机以及附件的性能,降低车辆动力传动系统损失(例如因传动和轮胎摩擦引起的能量损失),广泛使用轻质材料以及结构设计,使用主动空气动力学技术等。

在 2008 年的日内瓦车展上,欧宝推出了一系列采用 ecoFlex 技术的环保车型,首款欧宝 ecoFLEX 车型为 Corsa 1.3 CDTI,该车的 CO_2 排放量仅为 119 g/km。欧宝 ecoFlex 系列车型的核心是生态涡轮增压发动机(Eco-Turbo)和压缩天然气(CNG),它通过新型涡轮技术以及替代能源的应用,满足节能环保的要求。新型的生态涡轮发动机与自然吸气式发动机相比,既可缩小发动机所占的空间,实现更高的工作效率和燃油经济性,同时显著降低发动机的摩擦、提高热效能,让发动机以最经济的方式运行,从而减少燃油消耗以及 CO_2 排放。生态涡轮增压发动机概念,可同时应用于汽油发动机和柴油发动机。此外,欧宝也推出了压缩天然气增压发动机(TNG),使压缩天然气发动机的动力性能得以进一步提升。

2009 年,欧宝开始为 ecoFlex 车系升级,除了将核心的发动机技术保留以外,还采用了其他不同的措施来降低排放和油耗,包括采用优化的 5 速手动变速器、降低压缩比、采用停车/起步系统、配置柴油颗粒过滤器、降低车身、使用低滚动阻力轮胎等等。

图 5‐26 2010 款欧宝 Corsa 1.3CDTI ecoFLEX

思考与练习

一、简述分析题

1. 简述可变气门正时技术的结构原理。
2. 可变气门正时技术的典型应用车型有哪些?
3. 机械增压与涡轮增压的结构区别是什么?
4. 燃油直喷技术的工作原理是什么?

太阳能汽车

单元导读

在 2011 年 10 月 16 日举行的世界太阳能车挑战赛中，来自 21 个国家的 37 支车队一展身手。根据比赛规则，参赛团队必须驾驶太阳能汽车，从澳大利亚的达尔文市出发，一路向南，穿越澳大利亚大陆 3 000 公里的沙漠地带，抵达终点阿德莱德市。比赛过程中允许车手给赛车电池充电，但功率不得超过 5 kW，然后只能靠太阳能或再生制动装置跑完其余的路程。

比赛过程异常艰辛，其中面临的最大挑战就是强风，50～60 km/h 的风速极易把赛车吹离赛道。世界太阳能汽车挑战赛创办于 1987 年，每两年举办一次，旨在宣传绿色环保理念和促进太阳能汽车技术的发展。2011 年是第十一届，把"环保汽车挑战赛"这项环保赛事与世界太阳能汽车挑战赛合并在一起，组成了全新的全球绿色汽车挑战赛。

10 月 20 日，整个挑战赛落下了帷幕。来自日本东海大学的车手从一出场就保持领先位置，平均时速达 91.54 km/h，最终第一个抵达阿德莱德市。而来自美国的密歇根州大学车队获得第三名，第四名和第五名分别是芦屋大学和特温特大学。

图 6-1　世界太阳能车挑战赛参赛车

日本队参赛的太阳能车被命名为"东海挑战者号"（Tokai Challenger），该款汽车由东海大学研究太阳能汽车高速行驶的团队制造完成。流线型光滑的车身长 4.98 米，高 1 米，设计类似于乔治简特森的汽车，车身外壳上覆盖有 2 176 个最新型号的光伏电池。虽然重量还不足 150 千克，但功率可达到 1 800 kW。该车有 3 个轮子，全部材质采用碳合成纤维。东海大学在上届赛事中首次夺冠，当时使用了夏普的太阳电池。此次则采用了太阳能光电转换效率更高、在高温环境下性能较稳定的 HIT 太阳电池，能将 30％ 的太阳能转化成电能。赛车单靠太阳能提供动力的最高时速为 90 km/h,但这项技术使得"东海挑战者号"时速最高可达 150 km/h。

太阳能汽车是利用太阳能电池将太阳能转换为电能,并利用该电能作为能源驱动行驶的汽车,它是电动汽车的一种。

图 6-2　太阳能汽车外形图

【知识点 1】　太阳能汽车结构原理

太阳能汽车主要由太阳能电池组、自动阳光跟踪系统、驱动系统、控制器、机械系统等组成。

1. 太阳能电池组

它是太阳能汽车的核心,由一定数量的单体电池串联或并联组成电池方阵;太阳能单体电池由半导体材料制成,当太阳光照射在该半导体材料上时,半导体的电子-空穴对被激发,形成"势垒",也就是 p-n 结;由于势垒的存在,在 p 型层产生的电子向 n 型层移动而带正电,而在 n 型层产生的空穴向 p 型层移动而带负电,于是在半导体元件的两端产生 p 型层为正的电压,即形成了太阳能电池。太阳能电池的电流大小与太阳光照射强度的大小和太阳能电池面积的大小成正比。车用太阳能电池将很多太阳能电池排列组合成太阳能电池板,以产生所需要的大电流和高电压。

2. 向日自动跟踪器

太阳能电池能量的多少取决于太阳能电池板接收太阳辐射能量的数量,由于相对位置的不断变化,太阳电池板接收的太阳辐射能量也在不断变化。向日跟踪器的作用就是保持太阳电池板正对着太阳,最大限度地提高太阳电池板接收太阳辐射能的能力。

3. 驱动系统

太阳能汽车采用的驱动电动机主要有交流异步电动机、永磁电动机、直流电动机等,其驱动系统与 EV 基本相同。

4. 控制器

控制器主要对太阳能电池组进行管理和对电动机进行控制,其作用与电动汽车控制系统相同。

5. 机械系统

机械系统主要包括车身系统、底盘系统和操纵系统等。太阳能汽车最具魅力的可以说是车身了。除满足汽车的安全和外形尺寸要求外,汽车的外形是没有其他限制的。一般来说,太阳能汽车的外形设计要使行驶过程中的风阻尽量小,同时又要使太阳能电池板的面积尽量大。太阳能汽车要求底盘的强度和安全度达到最大,而且重量尽量轻。

太阳能汽车由太阳能电池板在向日自动跟踪器的控制下始终正对太阳,接收太阳光,并转换成电能,向电动机供电,再由电动机驱动汽车行驶。它实际上是一种电动汽车,其工作原理与串联式混合动力汽车(SHEV)基本相同。

由于太阳能电池的能量较小,而且受天气的影响,在阴天、下雨时,太阳能电池的转换效率会降低或停止,所以太阳能汽车往往与蓄电池组共同组成太阳能混合动力电动汽车。当太阳强烈,转换的电能充足时,由太阳能电池板将太阳能转换为电能后,通过充电器向动力电池组充电,也可以由太阳能电池板直接提供电能,通过电流变换器将电流输送到驱动电动机,驱动汽车行驶,其驱动模式相当于串联式混合动力电动汽车(SHEV)。一般采用智能控制系统来控制其运行。当太阳较弱或阴天时,则靠蓄电池组对外供电。

【知识点 2】 太阳能电动车的关键技术

目前太阳能应用于汽车主要有三种方式:第一种是利用太阳能给蓄电池充电;第二种是太阳能在传统汽车车身上做辅助供电用,不作为汽车的驱动力;第三种是利用太阳能制氢,太阳能先发电,电解水把氢气制出并储存,给汽车里的燃料电池加氧,氧气和氧气发生反应释放出电能,提供给汽车使用。当然,最能充分利用太阳能的方式是将太阳能直接作为汽车的动力,但是因为太阳能的分散性、不稳定性以及太阳能收集装置的效率低、成本高、技术不成熟等缺点,目前还很难实现将太阳能作为电动汽车的主动力源。较多的做法还是将其作为辅助动力,配合储能设备驱动电机。

太阳能电动车的应用技术涉及光电、电机、电子、控制、汽车工程、机械、化学等各个方面。作为电动车密不可分的一部分,其应用技术可以归纳为五个主要方面:光电技术、车体技术、电力驱动技术、储能电池技术和能量管理系统技术。

1. 光电技术

太阳能电池也称作光伏电池,是太阳能电动车的主要能量转换装置。硅光伏电池是目前太阳能电池的主要构成部分,提高光电转换效率是目前研究的重点。

半导体的禁带宽度决定了光伏电池转换效率的理论极限。单晶硅光伏电池是最早问世的太阳能电池,用硅来制造光伏电池,原料丰富,但提炼困难。所以人们在生产单晶硅光伏电池的同时,又研究了多晶硅光伏电池和非晶硅光伏电池。单晶硅光伏电池转换效率的理论极限是28%,多晶硅光伏电池的理论极限是22%,而非晶硅光伏电池的理论极限是15%。光伏电池可以从其性能指标、产量、价格等方面来评价,光伏电池的性能指标有短路电压、填充因子、光电转换效率等多项,其中最主要的指标是光电转换率。除硅系列外,还有Ⅱ-Ⅵ族光伏电池(如 CdTe 电池)、Ⅲ-Ⅴ族化合物太阳电池(如 GaAs、InP 电池)、CuInSes 薄膜太阳电池和叠层电池。

2. 车体技术

太阳能电池的性能严重制约了太阳能电动车车体技术的发展。首先,目前太阳能电池转换效率低,若要达到车辆行驶所需功率需要安装大面积的太阳能电池,这会使车身过大,行驶不够灵活;其次,受生产材料的影响,太阳能电池板不具备一定的柔性,很大程度上限制了车身外形的设计;第三是车体轻量化技术,汽车工业协会报告称,车辆质量每减少10%,燃油消耗可降低6%～8%。

目前由于太阳能装置的收集率低,车体的有效利用率和太阳能提供的电能有限,因此,在车体的设计中,要重点考虑车身轻量化。优化结构,尽量减少零部件,使用轻量化材料,采用合适的连接方式都是降低整车质量的有效手段。

3. 电力驱动技术

动力传动装置是太阳能车的心脏,必须根据系统要求匹配动力特性和装配系统。电驱动系统包括三方面,即电机技术、控制、功率电子器件。开发高效、廉价的驱动系统是电动车研究的重点之一。尽管现在对哪种电机最适合车辆电驱动还没有确切答案,但是对于电机需具备的特点已经达成了共识。针对电动车辆的特殊要求以及各种驱动电机的特性研究,目前电动车辆驱动电机的形式主要有三种——感应电机、永磁电机以及开关磁阻电机,其中无刷永磁直流电动机是研究重点。

4. 储能电池技术

除了太阳能电池的因素外,储能电池技术也是阻碍太阳能电动车进入实用化阶段的主要因素之一。储能电池与汽车用的汽油燃料相比,其可靠性、使用方便性以及价格方面都有很大差距。因此,储能电池的发展是电动车发展的重要一环。铅酸电池是目前汽车普遍使用的储能电池,但将其用作电动车电源尚有许多不足。现在的储能电池大部分是化学电池,除铅酸电池外,镍氢电池、锂电池、锂聚合物电池等发展势头迅猛。

5. 能量管理系统

电动车能量管理系统是发展电动车的关键技术之一,它对于其整车整体性能有着重要的意义。能量管理系统的功能包括以下几方面:

(1) 电池状态(主要是剩余容量)的监视和报警;

(2) 电池的充放电控制;

(3) 自动管理调配车辆各种用电装置的用电量。

加强对电池及其能量系统的有效管理,合理匹配及正确的使用与维护,不但能大大提高电动汽车的续驶里程,而且在提高电池使用寿命的同时降低了电动车成本。但是,由于储能电池的电容量与电压、电流严重非线性,能量管理系统还缺乏准确的数学模型。

【知识点3】 太阳能汽车特点

太阳能汽车的能源来自太阳,是真正的绿色能源汽车。根据太阳能汽车的要求,它的结构与普通汽车又有很大的不同,概括起来,太阳能汽车的特点如下。

1. 节约能源

由于太阳能汽车的主要能量来源是太阳,而太阳的能量是取之不尽、用之不竭的,所以说太阳能汽车是一种非常节能的汽车。

2. 能源利用率高

太阳能汽车很少通过齿轮机构传递能量,可以防止能量损耗,同时驱动电机的能量利用率又非常高(可以达到98%),这一点是内燃机汽车所不能比拟的(最高一般30%左右)。

3. 减少环境污染

太阳能汽车消耗的能量是电能,不产生废气,这样就减少了大气中的一氧化碳、碳氢化合物的含量，也大大减少了二氧化碳的含量。

4. 灵活、操控性好

由于太阳能汽车中很多部件都是电子部件，所以可以保证很好的操作性。在电子部件发生损坏时，可以通过信号诊断方便地检测出故障点。

目前研发的太阳能汽车主要用于实验或竞赛，实用型的太阳能汽车还比较少。制约太阳能汽车发展的主要因素是太阳能电池的转换效率低，因此，最有发展前途的太阳能汽车是太阳能电池和蓄电池组合式的汽车。今后，太阳能汽车的研究方向主要集中在提高太阳能电池的转换效率，提升最大功率跟踪技术和蓄电池充放电技术水平等。

思考与练习

简述分析题

1. 简述太阳能汽车的结构原理。

2. 太阳能汽车的特点是什么？

3. 太阳能汽车有哪些关键技术？

参考文献

［1］西部证券.中美欧三大汽车市场分析及 2022 年展望［N］.证券研究报告,2021 年 8 月 27 日.

［2］TESLA T-S E X Y.汽车行业:特斯拉远景规划及中国供应链的机遇［J］.知识星球,2020(3).

［3］比亚迪公司.比亚迪—DM-i 超级混动专用发动机及系统介绍［J］.知识星球,2021(6).

［4］招商证券.比亚迪企业研究:产品周期叠加电池加速外供,迈上新台阶［N］.证券研究报告,2021 年 8 月 12 日.

［5］西部证券.2021 年 8 月特斯拉系列报告之全球智能电动技术持续引领者［N］.证券研究报告,2021 年 8 月 27 日.

［6］天风证券.比亚迪企业研究:厚积者终有成,新能源汽车龙头前景可期［N］.证券研究报告,2022 年 1 月 10 日.

［7］何洪文,祝嘉光,李剑.混合动力电动汽车技术发展与现状［J］.车辆与动力技术,2004(2).

［8］胡晔,宋慧等编.电动汽车(第二版)［M］.北京:人民交通出版社,2006.

［9］陈清泉,孙逢春.混合电动车辆基础［M］.北京:北京理工大学出版社,2001.

［10］徐顺余等.混合动力汽车车用镍氢动力电池分析［J］.新能源汽车,2006(2).

［11］贾高峰,韩赞东,王克争.电动汽车用动力电池组性能测试系统［J］.电源技术,2004(11).

［12］李国洪,田静.混合动力汽车与动力电池及动力系统匹配研究［C］.全国电动车电池系统技术研讨会论文集,2004(6).

［13］张华,吴震,马春熠.我国天然气汽车、液化石油气汽车的发展概况［J］.节能,2001(6).

［14］储军,陈杰,李忠学.电动车用超级电容器充放电性能的实验研究［J］.机械,2004,31(3):20-22.

［15］张慧妍.超级电容器直流储能系统分析与控制技术的研究［D］.北京:中国科学院电工研究所,2004(6).

［16］尹忠东,甄晓亚.电动汽车中超级电容技术的应用［J］.电气时代,2011.

［17］李晓.天然气在汽车领域中的应用［J］.山东内燃机,2000(3).

［18］何东胜.天然气作为汽车替代燃料的分析［J］.上海节能,2004(4).

［19］颜增品.遍地开花的天然气汽车［J］.汽车与配件,1996(5).

［20］王军,李有东.让"绿色"汽车更多地走进我们的生活［J］.安全,2000(2).

［21］王瑞,李聚献.天然气汽车和电动汽车发展的几个问题[J].汽车技术,1998(5).

［22］蔡乾博."绿色"汽车的发展趋势[J].城市公共交通,1999(4).

［23］刘文展,夏景山.我国城市应大力发展天然气汽车[J].城市车辆,1997(4).

［24］王云鹏,鹿应荣,任有,贺敬凯.天然气汽车发展现状与对策[J].公路交通科技,1998(3).

［25］赵惠敏,刘洁,胡丽慧,张存信.天然气汽车的发展与未来展望[J].兵器材料科学与工程,2004(1).

［26］朱金海.LPG发动机系统及其应用[J].起重运输机械,2003(6).

［27］吴限.浅谈LPG双燃料汽车的使用与保养[J].应用能源技术,2003(2).

［28］章镛初.桑塔纳LPG双燃料出租汽车[J].汽车与配件,1999(30).

［29］李静.汽油——LPG双燃料汽车LPG系统的使用与维修[J].济南交通高等专科学校学报,2000(4).

［30］周凯波.广州市公交车改用液化石油气(LPG)的费用效果分析[J].科技进步与对策,2001(7).

［31］液化石油气(LPG)汽车的燃料供给装置[J].小型内燃机,1995(1).

［32］张春化,刘生全,边耀章.液化石油气在汽油机上的应用研究[J].世界汽车,1997(12).

［33］天然气和液化石油气汽车标准化分技术委员会成立[J].世界汽车,1997(12).

［34］付宁.天然气MID/GC/MS检测及其应用[J].质谱学报,1998(2).

［35］王会.可变涡轮增压技术及其实验研究[J].北京工业职业技术学院学报,2006(1).

［36］张俊红,李志刚,王铁宁.车用涡轮增压技术的发展回顾、现状及展望[J].小型内燃机与摩托车,2007(1).

［37］陈红.汽油机废气涡轮增压技术的研究及发展前景[J].内燃机,2008(1).

［38］张志强,黄锦成,黄豪中,王耀东,邱森.汽油机废气涡轮增压系统方案的模糊优选研究[J].内燃机与动力装置,2008(5).

［39］王应红,郑国璋.废气涡轮增压与发动机匹配的理论计算研究[J].内燃机,2004(1).

［40］姚树平.浅谈废气涡轮增压发动机[J].农业装备技术,2010(4).

［41］大斌.宝马N54发动机新技术剖析(五)[J].汽车维修技师,2009(5).

［42］毛海兵.废气涡轮增压器的常见故障及预防[J].汽车科技,2007(1).

［43］钱人一.轿车和商用车发动机的两级调节增压[J].汽车与配件,2005(36).

［44］唐梓青,陈洪林.正确使用维护废气涡轮增压器[J].重型汽车,2006(5).

［45］陈海峰,杨宝华.汽车涡轮增压器的正确使用[J].汽车运用,2006(10).

［46］杨挺洁.废气涡轮增压器的不正当使用[J].实用汽车技术,2008(1).

［47］郑生良.康明斯柴油机废气涡轮增压器的使用与维护[J].汽车维修,2006(3).

［48］王德辉.福田欧曼车发动机"飞车"[J].汽车维护与修理,2011(1).

［49］朱华.康明斯B系列柴油机废气涡轮增压器的正确使用与维护[J].汽车维护与修理,2003(12).

［50］史玉茜.绿色环保汽车——太阳能汽车[J].节能技术,2009(1).

［51］张琪,黄东,郑宏飞.太阳能在汽车上应用的前景与挑战[J].太阳能,2006(4).

［52］柴彬.现代汽车环保与安全技术发展分析［J］.科技信息,2010(18).

［53］刘延宇.浅谈汽车产业的节能与环保［J］.科协论坛(下半月),2010(4).

［54］何登峰.太阳能汽车离我们有多远［J］.少年科技博览,2003(5).

［55］张彦荣.浅析水利工程建设与环保并举［J］.黑龙江科技信息,2009(33).

［56］邵邛南.发展天然气为汽车燃料的环保和经济前景［J］.甘肃科技,2005(7).

［57］本刊编辑部.太阳能汽车离我们还有多远［J］.安徽科技,2009(8).

［58］Alisdair McClymont.设计太阳能汽车,引领低碳潮流［J］.国外电子测量技术,2011(8).

［59］胡兴军.探索中的太阳能汽车［J］.交通与运输,2009(1).

［60］史玉茜.绿色环保汽车——太阳能汽车［J］.节能技术,2009(1).

［61］朱则刚.太阳能在汽车上的应用［J］.汽车工程师,2009(4).

［62］卢磊,陈效华,严伟,王秀田,刘淑娟.一种在汽车上应用太阳能技术的设计方案［J］.新材料产业,2010(1).

［63］高峰.太阳能汽车向我们驶来［J］.交通与运输,2010(2).

［64］李剑,栾玥,罗光辉,盛力伟,李存斌.太阳能汽车光伏系统的设计与经济性分析［J］.太阳能,2010(8).

［65］太阳能汽车面临的问题［J］.工程质量,2006(12).

［66］冯逸,陈礼璠,杜爱民.太阳能汽车发展现状及其实用化对策研究［J］.上海汽车,2006(12).